徐中远 著

毛泽东奋斗人生十二讲

人民出版社

目 录

前　言 ·· 1

第一讲　坚信马克思主义，一生追求共产主义 ······························ 1

一、一部《共产党宣言》57 年相伴相随 ································ 3

二、把马克思主义运用于中国具体实际 ································ 6

第二讲　生命不息，读书不止 ·· 15

一、读书使毛泽东更睿智、更坚定、更伟大 ······················ 16

二、在读书中树立追求真理、拯救民族危难和
共产主义的远大志向 ··· 23

第三讲　重视历史，博览群史，以史为鉴，古为今用 ·············· 27

一、从青少年到老年读过的部分史籍 ·································· 30

二、一部二十四史反反复复读了 24 年 ······························· 32

三、为什么一生爱读中国史籍 ·· 39

四、"古为今用"三例 ·· 43

第四讲　敢于反抗，敢于斗争，善于斗争 ································ 49

一、毛泽东敢于反抗、敢于斗争、善于斗争思想的形成 ······· 50

二、打破国民党军队三次"围剿"斗争片段············56

第五讲　艰苦奋斗，俭朴一生············67

一、毛泽东艰苦奋斗，俭朴生活片段············68

二、毛泽东为什么能做到一生艰苦奋斗、俭朴生活············79

第六讲　独特的军事思想，非凡的军事才能············89

一、毛泽东军事思想要点············90

二、毛泽东军事思想形成和发展的三大要素············94

三、三大战役的伟大胜利············106

第七讲　全心全意为人民服务、为人民谋利造福············113

一、毛泽东创造性提出党的"全心全意为人民服务"
　　的根本宗旨············114

二、心系人民群众，关注百姓生产生活的片段············118

三、全心全意为人民谋利造福的一家人············128

第八讲　坚持党的群众路线，深入实际调查研究············133

一、毛泽东关于党的群众路线的重要思想············134

二、毛泽东坚持党的群众路线，深入实际调查研究
　　工作生活片段············144

三、为适应新的实际需要，制定和建立一系列规定、制度············152

**第九讲　严明纪律、严肃执纪，教育党员干部
　　　　　永葆党的初心**············159

一、毛泽东对马克思列宁主义关于党的纪律建设思想的
　　丰富和发展············160

二、毛泽东关于党的纪律建设的"三严"之道············165

第十讲　同党外人士肝胆相照，恪守民主合作共谋国事⋯⋯171
一、毛泽东践行党的统一战线的主要特点⋯⋯172
二、毛泽东开展统一战线工作的片段⋯⋯176

第十一讲　虚怀若谷学习科学知识⋯⋯195
一、学习钻研自然科学知识⋯⋯196
二、虚心向科学家求教⋯⋯202
三、关注前沿科学讨论⋯⋯207

第十二讲　毛泽东的精神风范、高尚情怀和独特气质⋯⋯213
一、毛泽东的精神风范⋯⋯214
二、毛泽东的高尚情怀⋯⋯216
三、毛泽东的独特气质⋯⋯223

后　　记⋯⋯229

前　言

为了表达对伟大领袖毛泽东主席的无限崇敬与深切怀念，结合毛泽东一生带领中国人民进行的具体革命斗争实际，笔者撰写了《踏遍青山人未老——毛泽东奋斗人生十二讲》一书。

"踏遍青山人未老，风景这边独好。"毛泽东一生不畏困难，乐观奋斗，以激昂向上的人生态度，带领中国革命走向成功、带领中国人民走向成功。本书是笔者从"奋斗人生"这一视角，探索研究毛泽东工作生活与伟大精神的一种新的思维、新的思路、新的实践。笔者退休已16个春秋，根据毛泽东晚年读书的实际和笔者在实际服务工作中的所见所闻、所摘所记、所写所录、所思所想，这16年里先后撰写出版了《毛泽东晚年读书纪实》、《毛泽东读书十法》、《毛泽东是怎样读二十四史的》、《毛泽东读书生活十二讲》、《毛泽东晚年读书研究札记》、《毛泽东批注圈画二十四史解读》、《毛泽东晚年读书生活20问》、《像毛泽东那样读书》等多本图书。这些书基本上都是以毛泽东晚年读书生活为主题的实话实说，如同"实况转播"，是对毛泽东的读书生活实际的多角度、全方位、最真实、最有据的解说。对广大读者全面真实了解毛泽东晚年的读书生活、学习了解毛泽东的读书方法和勤奋刻苦读书精神，发挥了较好的作用。

《踏遍青山人未老——毛泽东奋斗人生十二讲》则是笔者由之前

的"读书生活"视角拓展到"奋斗人生"的一种新的尝试。"读书生活"与"奋斗人生"是两个既有联系又有很多区别的视角。相同之点都有读书,"读书生活"的视角主题就是读书;"奋斗人生"是着重阐述毛泽东人生的道路、方向、思想、理念和途径、办法及其与之相联系的社会生活实践。"奋斗"当然也需要读书,读书只是毛泽东人生"奋斗"中的一个重点或者是一个重要的途径。"奋斗人生"的视角比"读书生活"的视角要广阔得多,这对笔者的要求也就更高、更难了。共产党员应当向更高、更难的目标追求与攀登。

《踏遍青山人未老——毛泽东奋斗人生十二讲》一书,以毛泽东83年的人生历程为主线,贯穿其做人、做事,读书、学习,成长、成才,以及所经历的革命活动、战争岁月、日常的工作生活等人生奋斗实践,结合笔者的一些感性认识与理性思考,将其主要的、突出的、有重点的"奋斗"实践及其主要的思想、理念,用通俗的、简洁的语言文字表达出来。全书既有理性的阐述和分析,又有个人生活的实际片段,是一本史实与思考相结合的通俗读物。

毛泽东是从湖南韶山冲走出来的一个普通农民的儿子。经过华夏母亲无限的培育和火热的革命熔炉的锤炼及艰苦岁月的磨炼,使他成长为伟大的马克思主义者和无产阶级革命家、战略家、理论家,成为深受全党和全国各族人民爱戴的伟大领袖。各族人民敬仰毛泽东,爱戴毛泽东,华夏儿女一代一代感恩毛泽东。毛泽东的丰功伟绩,毛泽东的历史地位,毛泽东的出众才华,是他与战友们一起在领导中国人民艰苦卓绝的革命斗争和社会主义建设事业的无数实践中,一天一天、一页一页浓墨重彩书写出来的。它已经深深刻印在中国共产党领导中国人民进行新民主主义革命斗争以及探索社会主义革命和建设道路的史册上。

回顾毛泽东的奋斗人生,笔者认为最为重要的原因有以下几点。一是坚信马克思主义,一生追求共产主义。马克思主义科学理论的指导、共产主义思想的引领,照亮了毛泽东人生前进的征程。对崇高的共产主义理想矢志不渝的追求,是毛泽东人生不断前进的动力源泉。

二是读书。读书（包括读"有字之书"和"无字之书"）是毛泽东生活实践的重要组成部分。读书贯穿于毛泽东成长、成才、成功的全过程。黄金非宝书为宝，毛泽东在成长中读书，在读书中成长。生命不息，读书不止，是毛泽东奋斗人生的真实写照。

三是重视历史，博览群史，了解把握"古今学说制度的大要"。从历史中寻求、汲取治理国家的智慧、方略、启示、经验和教训，"治天下者以史为鉴，治郡国者以志为鉴"，"以史为鉴，可知兴替"，"以志为鉴"，"古为今用"，让历史为现实服务、为今天服务、为人民谋利造福服务。

四是具有敢于反抗、敢于斗争、善于斗争的精神。毛泽东一生与天斗，与地斗，与人斗；与蒋介石国民党反动派斗，与美帝国主义斗，与日本侵略者斗。反抗、斗争，几乎贯穿他的一生。毛泽东勇于反抗，敢于斗争，善于斗争。在反抗中起步，在斗争中进步。毛泽东是勇于反抗、敢于斗争、善于斗争的一面光辉旗帜。

五是艰苦奋斗，俭朴一生。毛泽东一生在日常生活上一直保持劳动人民的本色。在困难的岁月里，没有条件的时候，他能保持劳动人民的本色。建立了新政府，条件好转了，特别是成为了国家最高领导人之后，他仍然能保持普通劳动人民的本色，一生都过着非常俭朴的生活，这是令人敬佩的。

六是独特的军事思想和非凡的军事才能。把马克思列宁主义军事思想运用于我国军事斗争的具体实际，形成了伟大的毛泽东军事思想，加上他本人具有的高超的军事指挥艺术和气吞山河的雄才大略，所以他能运筹帷幄，决胜千里，战胜国内外强大的敌人，夺取中国人民革命斗争一个又一个的伟大胜利。

七是全心全意为人民服务，为人民谋利造福。把"全心全意为人民服务"作为党的根本宗旨。心系广大人民群众，关心关注百姓生产生活问题，一心想着人民，一切为了人民，心里始终装着人民，时时、事事、处处与广大人民群众同甘苦、共命运，与广大人民群众心

连心。"人民万岁"是毛泽东人生的信仰、信念。

八是坚持党的群众路线，深入实际调查研究，以维护广大人民群众根本利益为主旨。坚信两个基本点，突出一条基本要求，抓住一个根本，关注两个"积极性"，践行一条好方法。深入实际，调查研究，他的著名口号是"没有调查，没有发言权"。他始终相信群众，依靠群众，密切联系广大人民群众。

九是从严明纪律，严肃执纪执法入手，从严治"官"，引以为戒，教育广大党员干部永葆党的初心。不忘初心，牢记使命，清正廉洁，恪守党纪政纪军纪，坚决严惩党内、军内腐败分子。

十是坚持党的统一战线，践行与党外不同政治力量民主合作共谋国是，恪守原则，顾全大局，照顾多数，实事求是，一切从实际出发。与党外各方面人士交往以诚相待，肝胆相照，广交朋友，同心同力建设社会主义新中国。

十一是虚怀若谷，虚心学习自然科学技术知识和最新科学理论。对自然、技术的学习和钻研，一生充满兴趣，从不满足。为振兴发展自然科学技术虚心向科学家求教，不知疲倦，生命不息，奋斗不止。

十二是精神风范、高尚情怀和独特气质是毛泽东获得成功的三大要素。精神激励奋进、树立信心，情怀保持本质、恪守初心，气质增强斗志，勇往直前。精神、情怀、气质三个独特要素，融为一体，朝着成功的目标同时发力。

上述列举的十二方面，只是笔者认为毛泽东能够不断克服困难、获得成功的一些原因，也是毛泽东奋斗人生独特精彩的一些重要方面，是值得我们学习传承弘扬的精神财富。

撰写本书，主要是为广大中青年党员、干部与高校师生共同学习毛泽东的思想理念、革命实践和革命精神、革命情怀与高尚品德树立一个学习的榜样，提供一本具有正能量的简洁明了的学习读物。书中阐述的观点和看法是笔者的粗浅之见，不当之处，敬请有关专家、学者和广大读者指教斧正。

第一讲　坚信马克思主义，一生追求共产主义

> 我们的事业是正义的。正义的事业是任何敌人也攻不破的。
>
> 领导我们事业的核心力量是中国共产党。
>
> 指导我们思想的理论基础是马克思列宁主义。
>
> ——《为建设一个伟大的社会主义国家而奋斗》（1954年9月15日），《毛泽东文集》第六卷（人民出版社1999年版，第350页）

马克思主义是引领毛泽东人生不断奋斗、不断前行的光辉旗帜和指路明灯，是指引毛泽东人生不断取得成功、夺取一个又一个伟大胜利的强大的思想武器。

坚信马克思主义思想理论，坚信共产主义，是毛泽东开始人生新征程、创造人生新辉煌、迈向人生新高峰的最大的法宝。马克思主义思想理论，为毛泽东人生奋斗、攀登指明了方向，增强了信心，增添了力量。马克思主义思想理论，是毛泽东奋斗人生取之不尽、用之不竭的智慧的宝库，也是他战胜敌人、战胜一切艰难险阻的力量源泉。

信仰就是信服、坚信和景仰。有信仰、有景仰，才有追求。有追求，才有行动。毛泽东终生信仰马克思主义。所以，他不懈追求马克思主义，不断结合我国的具体实际践行马克思主义、发展马克思主义、丰富马克思主义。这是毛泽东一生不断获得成功、不断战胜敌人取得胜利的法宝。

坚定信仰马克思主义的基本原理，科学运用马克思主义思想理论指导中国人民进行伟大革命斗争，不唯书，不尽信书，不死读书，而是紧密联系中国人民革命斗争的具体实际，一切从实际出发，实事求是，具体问题具体分析，活学活用，灵活运用。在实际中运用，在实际中丰富和发展，在实践中开拓和创新。

毛泽东是马克思主义中国化的引领者、实践者、开拓者。用马克思主义科学理论指导中国人民的革命斗争，密切联系中国社会的具体实际运用马克思主义，形成毛泽东思想这一马克思主义中国化的理论成果，这是毛泽东一生为中国共产党、为中国各族人民作出的重大的贡献，也是毛泽东为华夏儿女留下的伟大精神财富。

一、一部《共产党宣言》57年相伴相随

《共产党宣言》是青年毛泽东读到的第一本马列主义著作,时间是1920年,当时毛泽东27岁。

《共产党宣言》是1848年马克思、恩格斯为共产主义者同盟起草的纲领,是共产主义的第一个纲领性文献。列宁曾评价说:"这部著作以天才的透彻而鲜明的语言描述了新的世界观,即把社会生活也包括在内的彻底的唯物主义、作为最全面最深刻的发展学说的辩证法以及关于阶级斗争和共产主义新社会创造者无产阶级肩负的世界历史性革命使命的理论。"① 五四运动以后,《共产党宣言》的基本观点为中国先进分子所接受,毛泽东就是这群具有初步共产主义思想的先进分子中杰出的代表。

《共产党宣言》是马克思主义的划时代著作,是毛泽东选择科学社会主义的入门向导。毛泽东自己曾说,读了《共产党宣言》等书后,"我才知道人类自有史以来就有阶级斗争,阶级斗争是社会发展的原动力,初步地得到认识问题的方法论。可是这些书上,并没有中国的湖南、湖北,也没有中国的蒋介石和陈独秀。我只取了它四个字:'阶级斗争',老老实实地来开始研究实际的阶级斗争。"②

《共产党宣言》是引领毛泽东成长成才的向导、是指引毛泽东获得成功的强大的思想武器,是毛泽东战胜国内外一切敌人、战胜一切艰难险阻的智慧、信心和力量的源泉。

毛泽东从1920年读《共产党宣言》起,到1976年9月9日逝世时止,身边总有《共产党宣言》和多种马列著作相伴。说到毛泽东读马列著作,笔者曾把它概括为八个字:终生不懈,至死方休。

毛泽东是《共产党宣言》和马克思主义坚定的信仰者,也是《共

---

① 《列宁选集》第2卷,人民出版社2012年版,第416页。
② 《毛泽东文集》第二卷,人民出版社1993年版,第379页。

产党宣言》与马克思主义矢志不渝的践行者。毛泽东的一生，是孜孜不倦地学习《共产党宣言》等马列著作的一生，也是始终坚持不懈把《共产党宣言》与马克思主义理论运用到中国、并结合中国的具体实际加以发展和创新的一生。毛泽东是马克思、恩格斯、列宁等革命导师最忠诚、最优秀的学生，也是马克思主义中国化的开拓者。毛泽东由读马列、信马列，到运用马列、丰富马列、发展马列、创新马列，从而成为中国人民最伟大的引路人。

新中国成立之后，面对新的工作、新的实际情况，毛泽东自己又多次用心研读《共产党宣言》，一边读，一边思考，一边在书上圈圈画画。这本书中有关废除资产阶级所有制，剥夺资产阶级占有他人劳动、奴役他人劳动的权力，与传统的所有制观念决裂等处，都作了密密麻麻的圈画。1958年8月北戴河会议之后，各地迅速掀起全民炼钢和人民公社化运动的高潮。这年9月以后，毛泽东对《共产党宣言》中有关建立公有制方面的论述读得更加仔细，在很多地方作了圈点批画。《共产党宣言》是指导中国新民主主义革命不断取得胜利、社会主义革命和建设事业不断开拓前进的强大思想武器。我国28年的新民主主义革命，新中国成立初期的社会主义革命和建设事业，都是前人没做过的伟大事业。毛泽东在领导全国各族人民的实践中进行探索。在探索、实践中历尽磨难、历尽艰辛。面对前进道路上遇到的种种艰难险阻，种种没有想到而实际遇到了的困难和问题，怎么办？毛泽东一条重要的方法就是读《共产党宣言》，从《共产党宣言》中寻求克服困难、解决问题的信心和力量，找到战胜困难、解决问题的启示、思路、途径和办法。对于这一点，毛泽东自己曾这样说过："要学马列主义经典著作，要精读，读了还要理解它，要结合中国国情，结合自己的工作实践去分析、去探索、去理解。理论和实践结合了，理论就会是行动的指南。"毛泽东还说："遇到问题，我就翻阅马克思的《共产党宣言》，有时只阅读一两段，有时全篇都读，每阅读一次，我都有新的启发。我写《新民主主义论》时，《共产党宣言》就翻阅过多少次。"①

毛泽东不但研究中文版的《共产党宣言》，而且对英文版的《共产党宣言》也颇有兴趣。从1954年秋天起，毛泽东重新开始学习英语。据他当时的英文秘书林克回忆："毛主席想学一些马列主义经典著作的英文本，第一本选的就是《共产党宣言》，这本书的文字比较艰深，而且生字比较多，学起来当然有不少困难，但是他的毅力非常坚强。我发现他在《共产党宣言》的第一页到最后一页，全部都密密麻麻地用蝇头小字注得很整齐，很仔细，他的这种精神，很感人。"②对于这部英文版的《共产党宣言》，一直到晚年，毛泽东每重读一遍，就补注一次。他老人家还风趣地说："我活一天就要学习一天，尽可能多学一点，不然，见马克思的时候怎么办？"③一部《共产党宣言》传到中国，毛泽东前后读了57年。57年里，不知道他到底读过多少遍呢！20世纪30年代末，毛泽东就曾说过《共产党宣言》他读了不下一百遍，后来的几十年里他又读了多少遍（包括读英文版的《共产党宣言》），这谁能说清楚呢！我们知道的是：《共产党宣言》陪伴毛泽东57年，毛泽东读《共产党宣言》也读了57年。《共产党宣言》是毛主席一生中读的时间最长，也是读得最多的一本马列主义著作。

毛泽东的成功，与他一生坚持联系中国具体实际学习运用《共产党宣言》基本原理，坚定不移、毫不动摇信仰《共产党宣言》基本原理是密切相连的。《共产党宣言》基本原理是引领毛泽东走向成功的旗帜，是方向，是指南，是武器，是信心，是力量，是胜利。多种版本的《共产党宣言》57年来一直就放在他的身边，遇到实际问题他随时翻看随时请教，随时从中找答案，找解决问题的思路、途径和方法。像毛泽东这样57年孜孜不倦，不懂就问，不会就学，学以致用，

---

① 《缅怀毛泽东》（上），中央文献出版社1993年版，第400—401页。
② 林克：《真理的召唤》，《人民日报》1990年8月15日。
③ 转引自龚育之等：《毛泽东的读书生活》，三联书店1986年版，第251页。

学而不厌,对《共产党宣言》读而不倦是不多见的。《共产党宣言》是与毛泽东相伴一生的诸多书籍中最夺目耀眼的一部马列主义经典著作。毛泽东在读书中追求,在实践中追求。在追求、行动中,不断获得辉煌,获得成功。

二、把马克思主义运用于中国具体实际

对《共产党宣言》这部马克思主义的经典文献,毛泽东不仅在研读上下功夫,而且在密切联系中国革命实际问题、解决实际问题上下功夫。他把《共产党宣言》中的思想和理论运用于解决中国革命和社会主义建设中的具体问题。用他自己的话说:"遇到实际问题","我就翻阅马克思的《共产党宣言》"。面对前进道路上遇到的种种艰难险阻和实际困难问题,怎么办?毛泽东一条重要的思想方法就是读《共产党宣言》、用马克思主义思想,从《共产党宣言》和马克思主义思想的"锦囊妙计"中找到克服困难、解决问题的信心和力量,找到战胜困难、解决问题的启示、思路、途径和办法。这里仅以毛泽东引领中国共产党人创建井冈山革命根据地为例,向读者介绍以毛泽东为代表的中国共产党人运用马克思主义基本原理解决中国革命中的具体问题的举措。

当时,中国共产党人面对的国际情势是:马克思晚年在探索东西方革命问题时提出东西方将有不同的发展道路,指出俄国可能跨越资本主义"卡夫丁峡谷"。列宁根据时代发展,提出资本主义发展不平衡理论,结合俄国的具体情况,鲜明地提出社会主义革命有可能在资本主义链条相对薄弱的一环首先取得胜利的著名论断,并指导俄国取得十月革命的伟大胜利。但是,这些马克思主义革命导师对于处在半殖民地半封建社会形态下的中国革命问题应当怎样进行,谁都没有提出也不可能提出明确的、系统的、具有指导性的论断。中国革命的道路只能由中国共产党人领导中国人民自己来探索。这是第一方面的

实际。

第二个方面的实际是，中国共产党人领导的中国人民的革命斗争，在反革命势力掌握强大武装并占据中心城市的情况下，通过城市起义夺取政权行不通，南昌起义、广州起义、秋收起义等都遭受重大的挫折。实践证明，走俄国式革命道路不符合中国的具体实际。

第三个方面的实际是，中国当时是半殖民地半封建农业国家，城乡发展不平衡，农民占全国人口的80%，在广大农村特别是贫困落后的山村，敌对势力统治力量一般都比较薄弱，产业工人力量也相对弱小。

依据上述国际国内的具体实际，毛泽东在革命斗争实践中认识到，中国革命必须要适合中国国情，根据中国国情寻求自己的革命道路。以毛泽东为代表的中国共产党人主张中国革命只有在敌人统治力量薄弱的农村，积蓄力量，才能夺取革命胜利。毛泽东指出：湖南秋收暴动单靠农民的力量是不行的，必须有一个军事的帮助。我们党从前的错误是忽略了军事，现在应以百分之六十的精力注意军事运动；应"实行在枪杆子上夺取政权，建设政权"。① 毛泽东的主张可以概括为三条：一是在敌人统治力量薄弱的农村，积蓄力量，才能夺取革命胜利；二是单靠农民的力量是不行的，必须有一个军事的帮助；三是应以百分之六十的精力注意军事运动，应"实行在枪杆子上夺取政权，建设政权"。毛泽东的这三条真知灼见充分体现了他的战略眼光和过人之处。特别是用"枪杆子"夺取政权、建设政权的思想指引着中国革命根据地建设，对推动中国共产党领导中国革命事业的发展都有极其重要的意义。

这是毛泽东从当时具体国情出发提出的三条真知灼见，完全符合当时中国革命的具体实际。据史料记载，秋收起义遭受挫折后，在湖

---

① 参见《建党以来重要文献选编（1921—1949）》第四册，中央文献出版社2011年版，第540—541页。

南省委原攻打长沙计划无法实现的情况下,毛泽东断然从长计议,带领秋收起义部队向南转移到敌人统治力量薄弱的农村山区,寻找落脚点,保存革命力量,再谋发展。而在此时,敌对势力通力"追剿",通令各军,"如获毛逆者,赏洋五千元"。在这个艰难的时刻,毛泽东根据湘军战斗力强而赣军战斗力较弱的实际情况,率领秋收起义部队辗转进入江西沿湘赣边界罗霄山脉南行来到井冈山。这从表面看,似乎是一种退却,但实质上是我们党对敌斗争战略上的一个重大突破。从进攻大城市转而向薄弱的农村进军,开启中国人民革命斗争具有决定意义的重大转折。

就当时的全国情形来看,广大农村地区的敌人统治力量都相对薄弱,但为什么选择井冈山?这是因为:井冈山有其特殊的地理位置和其特有的自然环境。它地处湘赣边界罗霄山脉中段,介于湖南酃县和江西宁冈、遂川、永新四县之交,总面积约有4000平方公里。大革命时期,这几个县都建立了党的组织和农民自卫军,群众基础比较好。山上的茨坪、大小五井等地都有水田和村庄,周围各县农业经济可供部队筹措给养。这里还远离中心城市,交通不便,国民党统治力量薄弱。同时井冈山崇山峻岭,地势险要,森林茂密,只有几条狭窄弯曲的小路通往山内,进可攻,退可守。

除了这些独特的自然条件,当时井冈山上还有两支绿林式农民武装队伍,由袁文才和王佐带领。此二人为拜把子兄弟,各有150来人,60来支枪。袁文才部驻在井冈山北麓的宁冈茅坪,王佐部驻在山上的茨坪和大小五井等处,两部互为犄角,遥相呼应,把守井冈山一直十分稳固,在当地颇有影响。

毛泽东1927年9月29日随秋收起义部队来到永新县的三湾村,利用休整的机会,对部队进行了著名的"三湾改编"。在三湾,毛泽东提出了一个重要问题:我们要和地方结合起来,要取得地方的支持。一方面,我们把伤兵员交给他们,由他们把伤兵员安置好;另一方面,我们可以发枪给他们,帮助他们发展起来,这样我们就不会被敌人打垮。三湾已经接近袁文才、王佐的活动范围。后来在中共江西省委、中共永新县委等地方党组织的支持帮助下,毛泽东与袁文才、王佐二人有了直接的接触。对井冈山的了解就更多了。毛泽东的坦诚、胆识、气魄、诚意与一系列的具体工作,消除了袁、王二人的疑虑,得到了他们二人的支持。1927年10月27日,王佐派人接应毛泽东率领的部队来到井冈山茨坪。经过实地考察,毛泽东认为在此建立革命根据地,以宁冈为中心是最为适宜的。他后来说:"整个的罗霄山脉我们都走遍了;各部分比较起来,以宁冈为中心的罗霄山脉的中段,最利于我们的军事割据。"① 毛泽东从此开始创建以宁冈为大本营的井冈山革命根据地。

此时,毛泽东把党建工作作为创建以宁冈为大本营的井冈山革命根据地工作的根本。在进驻茅坪的当晚,毛泽东就召集在井冈山"打埋伏"的永新、宁冈、莲花县部分党员开座谈会。11月上旬,又在茅坪召开宁冈、永新、莲花等县原党组织负责人会议,1928年1月攻克遂川后,召开了前委和万安、遂川县委联席会议。在这些会议上,他要求大家在斗争中重建和发展党的组织,并从军队里抽调一批有政治工作经验的党员干部,到农村基层去开展党建工作。到1928年2月,湘赣边界各县党组织初步恢复发展起来,成立了宁冈、永新、茶陵、遂川等县委,酃县特别区委,莲花特别支部;各县区、乡两级大都建立起党的组织。前委还同万安县委建立了联系。在抓党建工作的同时,也重视军队自身建设,明确提出这支军队应担负起三大任务:打仗消灭敌人,打土豪筹款子,做群众工作。针对军队在群众纪律方面出现的一些问题,毛泽东规定了三项纪律:行动听指挥、不拿群众一个红薯、打土豪要归公;后来又宣布了六项注意:上门板、捆铺草、说话和气、买卖公平、借东西要还、损坏东西要赔。此后又增加了洗澡避女人和不搜俘虏腰包,发展成八项注意。军队的这些做

---

① 《毛泽东选集》第一卷,人民出版社1991年版,第79页。

法，效果明显，得到当地民众的支持和欢迎。随着作战环境的变化，"三大纪律八项注意"成为党和军队建设的传家宝。

在全力做好上述各方面工作的同时，毛泽东还很重视改造袁文才、王佐两支地方武装。在真心帮助提高袁文才所部军政素质的同时，毛泽东亲自做袁文才的工作，多次与他促膝交谈，帮助他提高政治思想水平。袁文才对毛泽东心悦诚服，对部下说："跟毛委员一起干革命不会错"。对王佐部队，先是由袁文才做工作，促进其态度的转变。在征得袁、王同意后，在他们部队里先后建立起党的基层组织和士兵委员会。工农革命军又派出20多名党员干部，分任袁、王部队的连长、排长和党代表。1928年初，毛泽东又派何长工到王佐部队任党代表，专门开展对王佐部的改造工作。特别是在帮助王佐消灭了多年的宿敌尹道一之后，完全取得了王佐的信任，王佐同意改编他的部队。2月中旬，袁、王部队正式改编为工农革命军第1师第2团，袁文才任团长，王佐任副团长，何长工任党代表。毛泽东率领的工农革命军，在井冈山站稳了脚跟。

与此同时，国民党李宗仁和唐生智两集团之间爆发战争，江西的朱培德部也将主力调往赣北。井冈山周围各县国民党兵力几乎都抽调走了，只留下一些地主武装靖卫团和挨户团。毛泽东针对这一向外发展的大好时机，于1927年11月18日拂晓，率领工农革命军攻克茶陵县城。28日，茶陵县工农兵政府成立，这是湘赣边界的第一个工农兵政权，工人谭震林被选为主席。1928年1月4日，攻占遂川县城。工农革命军乘胜前进，建立中共遂川县委和县工农兵政府，颁布《遂川工农县政府临时政纲》，召开全县工农兵代表大会，正式选举人民委员会为全县执掌政权的机关。这个《遂川工农县政府临时政纲》集中反映当地劳动群众的要求和愿望，成为井冈山乃至赣南、闽西革命根据地建设的蓝本。不久，工农革命军攻占宁冈县城新城，建立起宁冈县工农兵政府。

到1928年2月，仅用不到半年的时间，工农革命军就由不足一个团很快发展为一个师两个团,并且同当地农民运动紧密结合,摧毁了茶陵、遂川、宁冈三县的旧政权,建立起新的工农政权以及赤卫队、游击队。一个以宁冈为中心的巩固的农村革命根据地在井冈山初步建立起来,开创了实现工农武装割据的新局面。① 这是20世纪20年代到30年代,由中国共产党人自己独立创建的第一个农村革命根据地。毛泽东就是当时这一伟大探索的主要领路人和实践者。

中国人民革命斗争的事实证明:南昌起义、广州起义、秋收起义遭到严重挫折后,毛泽东审时度势,率领秋收起义部队选择向农村进军,创建井冈山根据地,开始了全党工作重心由城市向农村的战略转移。这是中国革命具有转折意义的伟大起点,开启了保存和发展革命力量的新的道路,代表了中国革命的正确方向。它为党领导各地起义部队建立、发展农村根据地树立了榜样,带了个好头。

秋收起义和由此而开创的井冈山道路,成为中国革命道路的重要里程碑。毛泽东在领导秋收起义、开创井冈山道路过程中,不断总结经验教训,及时把新的革命实践上升为革命理论,逐步从实践上和理论上形成了土地革命、武装斗争、根据地建设"三位一体"的农村包围城市、武装夺取政权的中国革命新的道路。这条新的道路,把大革命失败后革命的退却与革命的进攻结合起来——在国民党严密统治的城市实行退却,向国民党统治力量薄弱的农村发动进攻。这是一条与俄国革命以城市为中心完全不同的道路:在农村开展游击战争,建立革命根据地,以保存和发展革命力量。这条道路代表了大革命失败以后中国革命的正确发展方向,引领中国革命走向了胜利。

井冈山革命根据地的创建,为中国革命武装夺取政权开辟了一条农村包围城市,最后夺取城市直至全国胜利的正确道路,是以毛泽东为代表的共产党人科学运用马克思列宁主义思想理论指导中国人民革

---

① 参见邵维正主编:《中国共产党90年创新实录》,解放军出版社2011年版,第97—107页。

命斗争的一种新的探索。

井冈山革命根据地的创建，是毛泽东同党内、革命队伍内种种错误思想观念斗争的产物，是毛泽东从中国国情实际出发，探索中国革命道路的具体体现。

井冈山革命根据地创建的过程，倾注了毛泽东的无限心血，是毛泽东本人思想、智慧、才能体现，及其勇于斗争、敢于斗争革命精神的结晶。

井冈山革命根据地的创建，是以毛泽东为代表的中国共产党人的伟大创造，是马克思主义普遍原理同中国革命具体实践相结合的光辉典范，是中国化马克思主义的伟大篇章，是被历史实践证明了的引领中国革命走向胜利的创新之路。

井冈山革命根据地的创建，是对马克思列宁主义暴力革命学说在理论上和实践上的重大发展，是对巴黎公社和俄国十月革命的重大丰富。其意义重大而深远，不仅改变了中国20世纪的历史，也改变了中国的未来。

井冈山革命根据地的创建，是在极其艰苦的环境和条件下实现的。1928年2月—6月，江西的国民党军队分别发动了四次"围剿"，7月中旬，湘赣两省国民党军队又向井冈山发动了第五次"围剿"，年轻的井冈山根据地时刻处在风雨飘摇之中。毛泽东带领中国工农红军和井冈山地区广大人民群众共同流血牺牲、英勇抵抗、顽强奋战。

井冈山革命根据地的创建，对全国根据地建设具有示范意义，帮助许多红军和根据地领导人开阔了眼界，加快了全国农村革命根据地创建的进程，有效推动了闽西、湘鄂西、鄂豫皖、闽浙赣、湘鄂赣、湘赣、左右江、东江、琼崖等全国各地根据地建设和革命形势的蓬勃发展。井冈山革命根据地的星星之火，终于形成了不可阻挡的燎原之势。

井冈山革命根据地的创建，是以毛泽东为代表的中国共产党人在中国人民革命斗争最艰难的时期，用无数的革命先烈鲜血和生命构筑起来的非常符合中国革命斗争实际的一条新路。毛泽东就是这条新路的引路人。1927年，毛泽东34岁。毛泽东的理论创新和实践创新，都已载入中国革命斗争和井冈山革命根据地创建的史册。毛泽东踏遍井冈山山山水水的足迹还都深深印在井冈山儿女的心中。

井冈山青松翠柏四季常青，以毛泽东为代表的中国共产党人创建井冈山革命根据地的光辉业绩流芳千古！

第一讲 坚信马克思主义，一生追求共产主义

第二讲　生命不息，读书不止

为学之道，先博而后约，先中而后西，先普通而后专门。

——《致湘生信》（1915年6月25日），《毛泽东早期文稿》（湖南人民出版社1990年版，第7页）

读书是学习，使用也是学习，而且是更重要的学习。从战争中学习战争——这是我们的主要方法。没有进学校机会的人，仍然可以学习战争，就是从战争中学习。革命战争是民众的事，常常不是先学好了再干，而是干起来再学习，干就是学习。

——《中国革命战争的战略问题》（1936年12月），《毛泽东选集》第一卷（人民出版社1991年版，第181页）

一、读书使毛泽东更睿智、更坚定、更伟大

读书包括读"有字之书"和"无字之书",两方面都是毛泽东人生实践的重要组成部分。读书贯穿于毛泽东奋斗人生的全过程。毛泽东在成长中读书,在读书中成长。

读书是毛泽东在人生奋斗实践中不断从胜利走向新的胜利、不断从人生的一个高峰攀登到另一个高峰的梯子、桥梁和路径。毛泽东与书结缘,与书相伴。从湖南韶山冲到井冈山、到江西瑞金、在长征路上、在延安窑洞,再到西柏坡,再到北京中南海丰泽园、游泳池,毛泽东身边不能没有书,毛泽东每天不能不读书。

成长、成才需要读书,需要多读书、广读书、读好书。书中有知识,书中有思想,书中有智慧,书中有做人做事的道理。

1. 读"有字之书"生命不息,读书不止

读书是毛泽东开启人生征程、踏上奋斗人生之路的风帆。毛泽东奋斗人生之路源于读书,始于读书。即便是在他生命将要结束的时刻,也就是在他老人家临终前一天的5时50分,在全身布满多种监护抢救器械的情况下,他还是要读书。根据当时工作人员的记录,他读了7分钟。那一刻,他老人家结束了一生的读书生活。

1893年12月26日,毛泽东诞生在湖南湘潭韶山冲一个农民家庭。他8岁开始读儒家的四书五经,先在韶山本地一个私塾里读书,一直读到13岁。

1912年春,他以第一名的优异成绩考取了著名的湖南全省高等中学校(后改名为湖南省立第一中学)。半年后他又离开了湖南省立

第一中学,到湘乡会馆(依托湖南省立图书馆)自学读书。在这里他如鱼得水,在知识的海洋里遨游。每天图书馆一开门,他是第一个进门的人。中午肚子饿了就吃两个饼子充饥,一直到图书馆晚上关门,他才最后一个出来。他自己曾回忆这一段的读书生活时,这样说道:进到图书馆,看到图书馆书架上放满的书籍,就一本接一本地不停地读。如同牛跑进了菜园子,看到到处是新鲜的青菜,一个劲地不停地吃!这时候,他读书的兴趣已不再仅仅是《三国演义》、《水浒传》、《西游记》等中国古典小说和《史记》、《左传》等书籍,而是扩充到近代具有改良主义思想的书籍,如郑观应的《盛世危言》、冯桂芬的《校邠庐抗议》、顾炎武的《日知录》等等,还有18—19世纪西方资产阶级民主主义和近代科学的著作,如卢梭的《民约论》、达尔文的《物种起源》、亚当·斯密的《原富》、孟德斯鸠的《法意》、赫胥黎的《天演论》等,这些书籍的研读,使他比较集中地接受一次中国近代民主主义思想和西方近代思想文化的启蒙教育。

1917—1918年,毛泽东在湖南省立第一师范学校读书时读《伦理学原理》(德国泡尔生著,蔡元培译),他边读边用心思考,随思、随想、随批。本书全书原文共约10万字,毛泽东用近似7号铅字大小的蝇头行楷写下的批注文字共达1.2万余字。它是毛泽东早年读过并保存下来的最完整、批注文字最多的一本书。从万字有余的批注和密密麻麻的批画符号中,可见毛泽东青少年时代读书所下的功夫是非同一般的。

《共产党宣言》是毛泽东青年时代读的第一本马列主义著作,当时是1920年,毛泽东27岁。后来的57年里,他还读了很多的马列主义哲学、政治经济学、军事学,还有列宁、斯大林的著作等等。《共产党宣言》这本马克思主义的经典著作,毛泽东不知反复读过多少次,这本书中的许多精辟论断,他几乎全能背下来。

走上革命道路,踏上革命征程,创建井冈山革命根据地,万里长征大转移,转战陕北、东渡黄河、华北抗战,来到西柏坡,辽沈、淮

海、平津三大战役,进京赶考,住进中南海,直到耄耋之年,毛泽东始终不懈在读书上下功夫,夜以继日地在书山上攀登。在他的中南海游泳池住地的办公室里、会客室里、卧室床上、吃饭桌旁,甚至卫生间里,到处都放着他在读要读的书籍。他睡觉的木板床上大半边放满了书籍,只留下一个人睡觉的地方。在耄耋之年,在身患多种疾病的情况下,他老人家每天还以惊人的毅力不停地读书。

一生酷爱读书,一生重视读书,他把读书作为自己日常生活的一部分,生命不息,读书不止。他在读书中成长,在读书中增加知识、增长智慧,提高水平和能力。读书为成功架桥,读书为成功铺路,读书为成功护航。读书丰富人生,读书成就人生。

2. 读"无字之书"至死方休

毛泽东一生中读了两部大书:一部是"有字之书",一部是"天下国家万事万物"的"无字之书"。什么叫读"无字之书"呢?就是深入社会、深入自然、深入到万事万物中去观察、认识、了解真实的社会和自然,下真功夫调查、研究、把握社会和自然界之实际。从而由感性认识上升到理性认识,成为制定战略战术绘制革命蓝图的重要基础和依据。这个读"无字之书"的过程,就是接触实际、认识实际、研究实际、把握实际的过程,就是由感性认识到理性认识的过程。

1913年,毛泽东在湖南第四师范读书时整理的课堂笔记《讲堂录》中,写有这样一段话:"闭门求学,其学无用。欲从天下国家万事万物而学之,则汗漫九垓,遍游四宇尚已。"①毛泽东从青年时代就很重视读"无字之书"。1917年夏,他邀同学萧子升,利用暑假,以"游学"方式,游历了湖南长沙、宁乡、益阳、沅江、安乡五县农村,广泛了解农村农民生活。1918年夏,又和蔡和森到湖南益阳、沅江、岳阳、

---

① 《毛泽东早期文稿》,湖南人民出版社1990年版,第587页。

汉寿等县农村进行半个多月的社会考察。毛泽东虽然没有走出国门，壮游世界，但他走向了中国的穷乡僻壤，走向了社会的最底层，住茅屋，吃南瓜。通过调查了解中国社会问题和劳动人民的生活状况，从读"无字之书"中获得了丰富的社会历史知识。

青年毛泽东成为一个马克思主义者之后，更加注意走向社会，深入实际，走进工农群众之中。他把社会实际和奇妙无限的自然界作为学无止境的人生大课堂。后来，他还在许多讲话和谈话中，联系古今中外的历史事实，反复说明一个道理：一个人光有书本知识是不行的，一定要投身到社会实际生活中去学习实际的知识。他认为这是最丰富最生动的人生永远学不完的知识。

纵观他老人家一生的读书生活实践，就是读"有字之书"和读"无字之书"的有机结合。读"有字之书"，毛泽东一生下了很大的功夫，花费了很多的时间和精力，作了大量的读书批注和圈画，读"有字之书"达数万卷。读"无字之书"，毛泽东一生中也下了很多的功夫，花费了很多的时间和精力，走遍了大江南北，行走数万公里，深入机关、工厂、学校，深入农村、农民家中，走到哪里，学到哪里。留下了很多的读"无字之书"的感想、感言和佳话，写下了很多的具有真知灼见的高水平的调查研究文稿。读"无字之书"，他老人家"欲从天下国家万事万物而学之"，青年时代立下的志向，躬行一生，坚持不懈，几十年里，读"有字之书"之外的时间，他总是用来读"天下国家万事万物"这部大大的"无字之书"，一生下功夫，一生不倦。读"无字之书"，毛泽东也堪称我们共产党人的楷模。

毛泽东渊博的知识、卓越的才能、深邃的思想和运筹帷幄的领导指挥艺术，一是来源于实践，二是来源于读书，三是来源于人民群众。毛泽东非常重视书本知识和实际知识，也非常重视向广大人民群众学习。在繁忙的工作中，他总是挤出时间深入到城市、农村的广大人民群众中去。广袤的社会天地，艰难曲折的革命道路，火热的革命斗争实际，浩瀚无垠的书籍海洋，亿万人民群众的鲜血、生命和汗

水，把这位从湖南韶山冲走出来的一个普通农民的儿子培育、磨炼、锻造成为伟大的马克思主义者和无产阶级革命家、战略家、理论家，成为中国各族人民的伟大领袖。

3. 有自己独特的读书需求和明确的读书目的

毛泽东一生酷爱读书，一生废寝忘食、孜孜不倦地拼命读书。他之所以能做到这样，就是因为他从思想认识上、从心理追求上都很明白、很清楚"为什么要读书"。正因为他有自己独特的需求和明确的读书目的，所以，他把读书作为自己前进征途上的如同每天吃饭、睡觉那样一种自觉自愿的行动，作为人生一种从不懈怠的生活实践。

青少年时期毛泽东为什么酷爱读书？因为他从所读的大量书籍里发现，那些王侯将相大多拥有土地，他们根本不种地、不劳动，他们吃的、喝的、用的全靠种地的农民供养。相反，常年辛勤耕种土地的农民却要当牛做马，受压迫、受剥削，吃不饱、穿不暖。他认为这种不合理的社会制度必须要彻底改变，劳苦大众应当当家作主。青少年时代的毛泽东通过读书和思考，在心中埋下了改变旧制度的种子。后来在湖南省立图书馆读书时，他每天看到挂在图书馆墙上的那张《世界坤舆大地图》时，更使他感到世界之大、湖南之小。由此，他联想到，韶山的劳动人民生活苦，湘潭的劳动人民生活苦，湖南的劳动人民生活也很苦，那么全中国、全世界的劳动人民又何尝不是如此呢？这种大多数人受苦，少数人享受的现象，是不合理的，应当彻底改造！由此，我们可以清楚地看出，毛泽东从青年时代就胸怀祖国，放眼世界，具有拯救中国乃至全世界受苦受难的人民的思想认识，这是毛泽东在青年时代发奋读书的心理追求。

万里长征大转移来到陕甘革命根据地，在延安时期，毛泽东为什么夜以继日、伏案苦读大量的马列主义著作和哲学书籍呢？是因为中国共产党领导全国人民的革命斗争需要新的革命理论指导，照搬当时共产国际、苏联的那一套理论不符合中国社会当时的实际，一些教条主义者主张照搬照套，使中国人民的革命斗争遭受巨大损失。新的实践需要新的理论指导，所以，毛泽东大量阅读马列著作，读哲学著作，目的就是为了总结出符合中国革命斗争实际需要的新的理论。毛泽东曾说过，"我们在第二次国内革命战争末期和抗战初期写了《实践论》和《矛盾论》，这些都是适应于当时的需要不能不写的"[1]。这一时期，他还撰写了《论联合政府》、《中国革命战争的战略问题》、《抗日游击战争的战略问题》、《论持久战》、《战争和战略问题》、《中国革命和中国共产党》、《新民主主义论》等等光辉著作。毛泽东总结撰写出来的这些新的理论成果，是指导中国人民新民主主义革命斗争、抗日战争、解放战争取得新的伟大胜利的强大思想武器。对于这一点，中国人民革命斗争的实践已经证明了。

新中国成立之后，随着党的工作重心的转移，毛泽东读书的重点也随之转移到政治经济学经典著作上来了。这段时间他先后阅读过的马列主义经济学方面的著作有：《哥达纲领批判》、《政治经济学批判》、《经济学大纲》、《资本论》、《帝国主义是资本主义的最高阶段》、《列宁有关政治经济学论文十三篇》、《马恩列斯论共产主义社会》、《苏联社会主义经济问题》、《俄国资本主义的发展》等。读得最多、下功夫最多的是《苏联社会主义经济问题》和苏联《政治经济学教科书》（社会主义部分）。社会主义新中国成立初期，摆在中国共产党人面前的种种困难和实际问题很多很多。如何解决这些困难和矛盾？毛泽东此时带领各级党组织和广大共产党员开展马列主义政治经济学经典著作读书学习活动，就是希望从这些著作中找到答案，找到启示，找到解决中国问题的途径和办法。

毛泽东晚年还不分昼夜地读二十四史，读《资治通鉴》、《续资治通鉴》、《纲鉴易知录》、《通鉴纪事本末》、《续通鉴纪事本末》等多种

---

[1] 《毛泽东传》第五册，中央文献出版社2011年版，第2012页。

中国历史典籍，更深入地了解中国"古今学说制度的大要"，这是为了借鉴历史，为了从历史中寻求、汲取治理国家的智慧、方略、启示、经验、教训。学习了解中国几千年的文化遗产，有批判地继承和发展我们民族的文化遗产，汲取对我国政治、经济、科学、文化等建设和发展有益的东西，让其更好地为社会主义建设事业服务，这是毛泽东晚年孜孜不倦、夜以继日地用心阅读多种历史书籍的主要目的。

尽管毛泽东晚年在探索社会主义建设的实践中，遇到了很多困难，走了一些曲折的路，但这没有挫伤或损害他对真理、对远大志向的追求，改造旧中国、建设社会主义新中国，全心全意为中国各族人民谋利造福的初心和使命，依然激励着毛泽东从书本中、从实践中、从群众中去探索和思考，寻找解决问题的方法。这是他的逻辑理念，也是他的心理企盼，这是毛泽东一生不懈读书的真谛。

毛泽东是一个非常自信的人，也是一个坚强、从不服输的人。在他生命的最后岁月，面对国际国内错综复杂、千变万化的情况，在党和国家十分危难的时刻，病魔缠身的他依然每天不停地读书，不停地思考，不停地追求，毅然统帅中国这艘伟大的航船乘风破浪，朝着远大的目标不断前行。这是毛泽东晚年为什么每天还不停读书的最主要的内在动力。

纵观毛泽东一生的读书生活实践，我们可以清楚地看到，毛泽东一生发奋读书，就是为了实现他的崇高理想、远大抱负和人生追求。正是因为他有这样明确的目的，所以他读书有信心、有恒心，有用之不竭的动力。与此同时，他在不同的历史时期、不同的社会发展阶段，面对阻碍中国人民革命斗争胜利发展的种种问题和困难，他还会根据具体的需求来选定读书范围、读书内容，希望从读书中获得启发，从而寻求解决实际问题的途径和办法。

二、在读书中树立追求真理、拯救民族危难和共产主义的远大志向

1910年秋天,17岁的毛泽东离开家乡韶山,走向外面更广阔的天地。临行前,他怀着非常激动的心情抄写一首诗夹在他父亲每天必看的账簿里,以作告别。这首诗是这样写的:

孩儿立志出乡关,学不成名誓不还。
埋骨何须桑梓地,人生无处不青山。

毛泽东用此诗表达自己一心求学、胸怀四方的志向和决心。据说,这首诗原是日本人所作,陈独秀主编的《青年》杂志第1卷第5号曾译载此诗。毛泽东将原诗的"学不成名死不还"中的"死"字改成"誓"字。一字之改,就把毛泽东一心求学、胸怀祖国、面向未来的崇高志向和追求,鲜明地表达了出来。

少年时读儒家四书五经,读中国古典小说,青年时读中国经史子集,书中的种种社会不公让他深感农民大众的疾苦,为他推翻旧社会、建立新社会打下了思想基础。青年时代对中外书籍的广泛涉猎,更让他从思想上、从心灵深处形成了胸怀祖国,放眼世界,决心拯救中国乃至全世界受苦受难的人民的志向。

德国人泡尔生的《伦理学原理》一书中,有一段这样的话:"……征之历史,国民皆不免有老衰萎缩之时,若思惟行为一定之习惯,若历史沿袭之思想,若构造,若权利,与时俱增。于是传说足以阻革新之气,……而此历史界之有机体,卒不免于殄灭。当是时也,各人又安有能力,用以生殖传衍,本旧文明之元素,以构新历史之实质耶?人类全体亦然。虽非历史所能证明,而以此论推之,知其不免于绝灭。征之物理学,恒星及太阳系统,皆当历生长老死之阶级。其生也,自他星体而分离,由是发展焉,成熟焉,经无量数之生活,而乃

老衰焉，萎缩焉。若地球，若人类，亦莫不然。"1917年秋，读了这段文字后，毛泽东联系了国家、民族、社会、人民、人类、宇宙及他本人的思想认识实际，从旁写下了密密麻麻的470字批注。批注的开头写道："中华民国正处此地位"。书中的内容让毛泽东联系到当时的"中华民国"。紧接着，他又写道："吾于此处之解释，亦如上文。一人生死之言，本精神不灭、物质不灭为基础（精神物质非绝对相离之二物，其实即一物也，二者乃共存者也）。世上各种现象只有变化，并无生灭成毁也，生死也皆变化也。既无生灭，而只有变化，且必有变化，则成于此必毁于彼，毁于彼者必成于此，成非生，毁非灭也。……国家有灭亡，乃国家现象之变化，土地未灭亡，人民未灭亡也。国家有变化，乃国家日新之机，社会进化所必要也。今之德意志即从前之日耳曼，土地犹是也，人民犹是也。吾尝虑吾中国之将亡，今乃知不然。改建政体，变化民质，改良社会，是亦日耳曼而变为德意志也，无忧也。惟改变之事如何进行，乃是问题。吾意必须再造之，使其如物质之由毁而成，如孩儿之从母腹胎生也。国家如此，民族亦然，人类亦然。各世纪中，各民族起各种之大革命，时时涤旧，染而新之，皆生死成毁之大变化也。宇宙之毁也亦然。宇宙之毁决不终毁也，其毁于此者必成于彼无疑也。吾人甚盼望其毁，盖毁旧宇宙而得新宇宙，岂不愈于旧宇宙耶！"①

从上述等大量的批注文字中，我们可以清楚地看到，24岁的毛泽东在读书求学时就心系祖国，心系中华民族，胸怀全球全人类，对半封建半殖民地的旧中国，他明确提出了"吾意必须再造之，使其如物质之由毁而成，如孩儿之从母腹胎生也"。他认为，"国家如此，民族亦然，人类亦然"，并主张"时时涤旧，染而新之"。青年毛泽东的宏伟抱负和人生追求跃然显现在读书批注的字里行间。

1919年，26岁的毛泽东在《〈湘江评论〉创刊宣言》中写道："时

---

① 《毛泽东早期文稿》，湖南人民出版社1990年版，第199—202页。

机到了！世界的大潮卷得更急了！洞庭湖的闸门动了，且开了！浩浩荡荡的新思潮业已奔腾澎湃于湘江两岸了！顺他的生，逆他的死。"青年毛泽东"书生意气，挥斥方遒。指点江山，激扬文字"，既有"问苍茫大地，谁主沉浮"的仰天长问，又有"到中流击水，浪遏飞舟"的浩然壮气。毛泽东青年时期就形成的追求真理、拯救中华民族危难的远大志向，在读了马克思、恩格斯的著作《共产党宣言》之后就越来越坚定了。后来的57年里，对这本马克思主义的经典著作，毛泽东不知反复读过多少次，这本书中的许多精辟论断，他几乎全能背下来。《共产党宣言》成为毛泽东选择科学社会主义的入门向导。开始了他对真理漫漫的执着追求。在此后的革命生涯中，不管是"倒海翻江卷巨澜"，还是"雄关漫道真如铁"，毛泽东始终都矢志不移、执着追求。

毛泽东的一生是读书实践的一生，是执着追求真理、拯救中华民族危难的一生，是追求共产主义的一生，是全心全意为各族人民求解放、谋幸福的一生。

第三讲　重视历史，博览群史，
　　　　以史为鉴，古为今用

> 指导一个伟大的革命运动的政党，如果没有革命理论，没有历史知识，没有对于实际运动的深刻的了解，要取得胜利是不可能的。
> ——《中国共产党在民族战争中的地位》(1938年10月)，《毛泽东选集》第二卷(人民出版社1991年版，第533页)

> 学习我们的历史遗产，用马克思主义的方法给以批判的总结，是我们学习的另一任务。我们这个民族有数千年的历史，有它的特点，有它的许多珍贵品。对于这些，我们还是小学生。今天的中国是历史的中国的一个发展；我们是马克思主义的历史主义者，我们不应当割断历史。
> ——《中国共产党在民族战争中的地位》(1938年10月)，《毛泽东选集》第二卷(人民出版社1991年版，第533—534页)

毛泽东非常重视学习历史。他反复强调和要求，我们的党员，各级领导干部要重视历史，多读历史，研究历史。

1938年10月14日，毛泽东在党的六届六中全会上所作的政治报告中号召："一切有相当研究能力的共产党员，都要研究马克思、恩格斯、列宁、斯大林的理论，都要研究我们民族的历史，都要研究当前运动的情况和趋势；……指导一个伟大的革命运动的政党，如果没有革命理论，没有历史知识，没有对于实际运动的深刻的了解，要取得胜利是不可能的。"①

延安整风运动前后，毛泽东所作的许多报告、讲话中，都反复强调学习历史的重要意义。

1941年5月19日，在延安的干部会议上，毛泽东作《改造我们的学习》的报告，他在报告中指出："对于自己的历史一点不懂，或懂得甚少，不以为耻，反以为荣。特别重要的是中国共产党的历史和鸦片战争以来的中国近百年史，真正懂得的很少。近百年的经济史，近百年的政治史，近百年的军事史，近百年的文化史，简直还没有人认真动手去研究。有些人对于自己的东西既无知识，于是剩下了希腊和外国故事，也是可怜得很，从外国故纸堆中零星地检来的。"②"不论是近百年的和古代的中国史，在许多党员的心目中还是漆黑一团。许多马克思列宁主义的学者也是言必称希腊，对于自己的祖宗，则对不住，忘记了。认真地研究现状的空气是不浓厚的，认真地研究历史的空气也是不浓厚的。"③他号召："应用马克思列宁主义的理论和方

---

① 《毛泽东选集》第二卷，人民出版社1991年版，第532—533页。
② 《毛泽东选集》第三卷，人民出版社1991年版，第798页。
③ 《毛泽东选集》第三卷，人民出版社1991年版，第797页。

法，对周围环境作系统的周密的调查和研究。不是单凭热情去工作，而是如同斯大林所说的那样：把革命气概和实际精神结合起来。在这种态度下，就是不要割断历史。不单是懂得希腊就行了，还要懂得中国；不但要懂得外国革命史，还要懂得中国革命史；不但要懂得中国的今天，还要懂得中国的昨天和前天。"①

1942年2月，在中共中央党校开学典礼上，毛泽东作《整顿党的作风》的报告，指出："现在我们党的中央做了决定，号召我们的同志学会应用马克思列宁主义的立场、观点和方法，认真地研究中国的历史，研究中国的经济、政治、军事和文化，对每一问题要根据详细的材料加以具体的分析，然后引出理论性的结论来。"②毛泽东强调说："学习我们的历史遗产，用马克思主义的方法给以批判的总结，是我们学习的另一任务。我们这个民族有数千年的历史，有它的特点，有它的许多珍贵品。对于这些，我们还是小学生。今天的中国是历史的中国的一个发展；我们是马克思主义的历史主义者，我们不应当割断历史。从孔夫子到孙中山，我们应当给以总结，承继这一份珍贵的遗产。这对于指导当前的伟大的运动，是有重要的帮助的。"③

1959年6月29日，毛泽东同志来到江西庐山。有一天，他老人家津津有味地与方志纯同志谈起了读书的问题。当谈到读什么书时，毛泽东说："除了马列的书外，还要读些历史书。古人说：'治天下者以史为鉴，治郡国者以志为鉴'，这是很有道理的。"④

博览史籍、了解把握中国几千年的文明史，了解把握中国"古今学说制度的大要"，这是毛泽东一生读书的重要实践，也是毛泽东一生的不懈的追求。重视对历史的学习和对历史经验的总结与运用，善于从不断认识和把握历史规律中探寻治国理政的大政方针、找到前进

---

① 《毛泽东选集》第三卷，人民出版社1991年版，第800—801页。
② 《毛泽东选集》第三卷，人民出版社1991年版，第814—815页。
③ 《毛泽东选集》第二卷，人民出版社1991年版，第533—534页。
④ 《缅怀毛泽东》（下），中央文献出版社1993年版，第327页。

的道路和正确方向。这是我们党的一贯做法，也是毛泽东一贯提倡、反复强调和要求的。

一、从青少年到老年读过的部分史籍

毛泽东青少年时代就爱读中国历史书籍。他在青少年时代用心读过《纲鉴易知录》（清代吴乘权、周之炯、周之灿编纂）、《御批通鉴辑览》（胡汝霖收藏，乾隆皇帝读《资治通鉴》时写下的批注文字和他认为比较重要的章节辑录而成）、《论语》、《孟子》、《庄子》、《荀子》、《管子》、《老子》、《诗经》、《礼记》、《易经》、《尚书》、《国语》、《左传》、《孙子》、《列子》、《吕氏春秋》、《史记》、《汉书》、《晋书》、皇甫谧《帝王世纪》、《吴越春秋》、《农书》、《昭明文选》、《韩昌黎全集》、杜佑《通典》、苏洵《嘉祐集》、司马光《资治通鉴》、《朱子文集》、《河南程氏遗书》、《张载集》、《陆九渊集》、方苞《方望溪先生全集》、姚鼐《惜抱轩文集》、牛运震《空山堂文集》、吴伟业《梅村家藏稿》、黄宗羲《明儒学案》和《宋元学案》、顾炎武《日知录》、王夫之《读通鉴论》、魏际瑞《魏伯子文集》、潘耒《朴学斋稿序》、《红楼梦》、《曾文正公文集》、《郭嵩焘日记》等等书籍。从中我们可以看出，毛泽东青年时代涉猎之广、下功夫之多，是非同一般的。

1916年2月29日，正在湖南第一师范读书的毛泽东在给友人萧子升的一封信中这样写道："经之类十三种，史之类十六种，子之类二十二种，集之类二十六种，合七十有七种。据现在眼光观之，以为中国应读之书止乎此。苟有志于学问，此实为必读而不可缺。"①

1920年9月9日，毛泽东、彭璜、何叔衡、易礼容等主办的文化书社正式成立。据《文化书社社务报告》第二期所载，自书社营业起，7个月内销量较大的比较重要的书有《马克思资本论入门》、《社会主

---

① 《毛泽东早期文稿》，湖南人民出版社1990年版，第37页。

义史》、《新俄国之研究》、《劳农政府与中国》、《晨报小说第一辑》、《杜威五大演讲》、《社会与教育》、《克鲁泡特金的思想》、《托尔斯泰传》、《白话书信》、《尝试集》、《现代教育趋势》、《新标点儒林外史》、《新标点水浒》、《人生之意义与价值》等，还有销售最多的《劳动界》、《新青年》、《新生活》、《新教育》、《时事新报》、北京《晨报》等杂志报纸。这些公开销售的书刊大都是毛泽东亲自挑选的，对毛泽东学习马克思主义进步思想影响很大。①

1936年，毛泽东在陕北同斯诺的一次谈话中说过："关于中国古代帝王尧、舜、秦皇、汉武的记载使我着迷，我读了许多有关他们的书。""我读过经书，可是并不喜欢经书。我爱看的是中国古代传奇小说，特别是其中关于造反的故事。……许多故事，我们几乎都可以背出来，而且反复讨论过许多次。……我认为这些书对我的影响大概很大，因为这些书是在易受感染的年龄里读的。"②

后来走上革命道路，担当起革命的重担。在繁忙的领导工作岗位上，在日理万机的岁月里，他对历史书籍依然是深嗜笃好。这一爱好贯穿于他的一生。

中国革命被迫转移来到延安之后，特别是1949年3月来到北京之后，毛泽东不仅多次反复号召全党都要"学点历史"，而且率先垂范，持之以恒，终生不懈，下苦功博览阅读历史书籍。中国历史、外国历史、古代历史、近代历史、通史、断代史、哲学史、政治史、经济史、思想史、文学史，等等，他都非常爱读。我国的很多历史典籍，例如《左传》、《吕氏春秋》、二十四史、《资治通鉴》、《续资治通鉴》、《纲鉴易知录》、《通鉴纪事本末》、《续通鉴纪事本末》、《礼记》、《易经》、《论语》、《孔子》、《孟子》、《老子》、《庄子》、《孙子》、《列子》、《山海经》等等，他都读了又读，画了又画，批了又批。

---

① 参见《文化书社社务报告》（第二期），1921年4月。
② 《毛泽东一九三六年同斯诺的谈话》，人民出版社1979年版，第16、8页。

20世纪70年代之后,毛泽东身体状况越来越差,在身患多种疾病的情况下,还坚持读了《世界通史》、《古代社会》(美国·摩尔根著)、《中国近代史》上册(范文澜著)、《拿破仑论》(福尔著)、《拿破仑传》(叶·弗·塔尔利著)、《藏书》(李贽著)、《焚书》(李贽著)、《老子校诂》(马叙伦校)、《王文公文集》(王安石著)、《老子注译》(高亨著)、《中国文学发展史》(刘大杰著)、《史通通释》(浦起龙著)等很多的书籍,留下了大量批注文字。其中读得最多的、批注批画最多的历史书籍还是二十四史。清乾隆武英殿木刻线装大字版二十四史与毛泽东朝夕相伴24年,他阅读之刻苦,阅读遍数之多,批注文字之长,思考之深,理解之透,古今中外很少有人能够与他相比。

毛泽东不仅在阅读历史书籍时作了大量的批注、批画,对各种历史演义小说如《三国演义》、《西游记》、《聊斋志异》等;还有冯梦龙编的《智囊》、姚鼐编选的《古文辞类纂》、梁章钜辑的《楹联丛话》、梁晋竹著的《两般秋雨庵随笔》、沈廷松编的《明人百家小说》等;还有沈德潜选的《古诗源》、项家达编的《初唐四杰集》、蘅塘退士编的《注释唐诗三百首》等唐诗、宋词、元曲以及李白、杜甫、李贺、李商隐、罗隐、范仲淹、辛弃疾等人的诗作、词作等等,毛泽东也在阅读中作了批注和圈画。

非同寻常的历史造诣,非常深厚的历史功底,为毛泽东成长、成功拓宽了眼界和思路,增添了很多的历史知识、智慧、谋略、启示,提供了丰富的经验、教训,为毛泽东的成长成功增加了信心和力量。

二、一部二十四史反反复复读了24年

中南海毛泽东故居藏书中有一部清乾隆武英殿版的二十四史。这部二十四史是1952年身边的工作人员根据毛泽东读中国古籍的广泛需要而添置的。此后的24年里,无论在外出的火车上、轮船上,还是在住地的会客厅里、书房里、办公室里、卧室里,无论是白天还是

黑夜，身边工作人员经常看到他老人家凝神静气地读二十四史的身影。这部二十四史里留下了他众多的批注文字、批画符号，成为一部非常珍贵的古籍。

这部二十四史包括《史记》、《汉书》、《后汉书》、《三国志》、《晋书》、《宋书》、《南齐书》、《梁书》、《陈书》、《魏书》、《北齐书》、《周书》、《隋书》、《南史》、《北史》、《唐书》、《新唐书》、《五代史》、《新五代史》、《宋史》、《辽史》、《金史》、《元史》、《明史》。这部恢弘巨典系统记述了从黄帝时期到明崇祯年末长达4000多年的历史。全书计约3200余卷，800多册，4720万字。《史记》是司马迁公元前90年左右撰写成书，到1739年清朝张廷玉等撰著完成《明史》，历经1800多年。其著期之长、涵盖之广、工程之巨，是历史上少见的。

二十四史以王侯将相纪传为主线，贯穿历史事件，辅以"表""志"等内容，比较系统地全面地反映了中国历史的全貌。全书记载的人物，包括帝王、贵族、官吏、政治家、军事家、文学家、说客、谋士、游侠、商贾、医卜等等，非常之多；记载的社会生活，包括政治、军事、经济、法律、典章、外交、文学、科技、财税、天文、地理、风水及宗教、民族、民俗等等，非常之全。二十四史是学习中国历史、研究中国历史必读之书。它不仅具有极其重要的史学价值，而且具有极其重要的文学价值，是我国传统文化遗产中的瑰宝。

1. 全面、系统研读二十四史

如果说毛泽东青年时代阅读二十四史还只是读单本篇章，那么从1952年毛泽东开始读清乾隆武英殿版的二十四史起，就是全面系统地研读了。直到1976年9月他老人家辞世，这部二十四史，毛泽东整整读了24年。特别是1971年之后，毛泽东已经是重病在身了，还夜以继日地阅读这部史著，真是感人至深，令人心折。

有一张社会上流传很广的毛泽东夜晚坐在沙发上读书的照片，读的就是这部二十四史，时间是1961年。毛泽东读二十四史常常是废

寝忘食的，就是吃饭时他也常常边吃边看，一天吃几顿饭，对他老人家来说并不重要，吃完饭把碗筷往旁边一推，又继续看书。他老人家读书，也没有固定的时间，有空就读。他喜欢晚上看书，常常是看着看着睡着了，睡着睡着又醒了，醒来接着看。晚年他老人家看书大多是躺在床上看的。即使病重期间，他还坚持天天读书。他的这种精神和毅力是十分感人的。

  这部二十四史的全部文字他至少都通读过一遍。他读得最多的是《史记》、《汉书》、《后汉书》、《三国志》、《唐书》、《新唐书》、《晋书》、《五代史》、《明史》等。毛泽东特别感兴趣的内容还有《后汉书》卷一《光武帝纪》、卷七十五《袁安传》、卷一百零一《皇甫嵩传》，《晋书》卷五十《郭象传》、《庾纯传》、卷五十五《潘尼传》、卷八十《王羲之传》，《宋书》卷五十一《宗室传刘道怜》、卷七十五《王僧达传》，《隋书》卷二《高祖本纪》，《南史》卷一《宋高祖本纪》、卷六《梁高祖本纪》、卷十六《王镇恶传》、卷十八《臧质传》、卷二十一《王弘传》、卷二十六《袁粲传》，《北史》卷九《周本纪》、卷十一《隋本纪》、卷二十《王建、罗结、娄伏连……》列传第八，《唐书》卷一本纪第一《高祖》、卷五本纪第五《高宗》、卷五十八《平阳公主传》、卷六十四《李元昌传》、卷六十九《盛彦师传》、《刘世让传》、《李君羡传》、卷七十四《马周传》、《崔仁师传》，《新唐书》卷七十八《李汉传》、卷八十《李恪传》、卷一百二十四《姚崇传》、卷一百二十六《韩休传》、卷一百四十五《窦参传》、《吴通玄传》、卷一百四十八《康承训传》、《田弘正传》，《五代史》卷一《梁书·太祖本纪》、卷三《梁书·太祖本纪》、卷二十七《唐书·庄宗本纪》、卷六十《唐书·李袭吉传》、卷八十九《晋书·桑维翰传》，等等。此外，许多著名战役，如宋襄公的宋楚之战、楚汉成皋之战、曹袁官渡之战、孙刘曹赤壁之战、孙刘彝陵之战、晋秦淝水之战，以及城濮之战、井陉之战，等等；历史上著名的农民起义领袖，如陈胜、吴广、项羽、刘邦、张鲁、李密、窦建德、王仙芝、黄巢、朱元璋、张献忠、李自成，等等；许多皇帝、将相、大臣们的御批、高论、奏章等；《史记·项羽本纪》中描写的项羽不杀刘邦反而把刘邦放跑的故事，萧何实行的"耕三余一"的办法；《史记·张仪列传》中记载的苏秦故意刺激张仪的故事；《史记·郦生陆贾列传》中记述的刘邦不见儒生，郦食其发火，刘邦向其道歉，并采纳了郦食其意见的故事；《汉书·赵充国传》中记述的赵充国关于屯田的疏奏故事；《后汉书·陈寔传》中记载的陈寔的故事，《黄琼李固传》中记述的李固写给黄琼的信；《三国志·郭嘉传》中袁绍优柔寡断、不会用将的故事，等等；毛泽东都反复读过四五遍……翻开毛泽东生前读了24年的这部二十四史，我们可以清楚地看到，许多册的封面、封底和其他的一些地方都磨破了，纸张断裂了，有的分册装订的丝线也断了，还有许多册上留有毛泽东当年阅读时的种种痕迹。每当我们看到这部二十四史时，他老人家晚年在病榻上勤奋读史的形象就浮现在我们的眼前，激起我们深深的思念！

最让人难忘的是，1975年，毛泽东已经82岁高龄，两只眼睛都患白内障，逐渐看不清东西了，医生建议他每天不看书或少看书。他对医生的话毫不在意，每天照样看书。实在不能看了，就让身边工作人员给他读书。1975年5月下旬，专门请来了北京大学中文系讲师芦荻同志给他读书。那些时日，芦老师几乎每天都要给他读二十四史，读鲁迅著作，读其他书籍。他们边读边谈，毛主席有时还向芦老师提问，或者平等地交换看法。1975年8月上旬，毛主席有一只眼睛做了白内障摘除手术。一个星期后，视力稍有好转，马上又开始读二十四史了，一边读，一边用颤抖的手提笔在《晋书》三个分册的封面上分别写了"一九七五，八"，在五个分册的封面上分别写了"一九七五，八月再阅""一九七五，九月再阅"。

这些字虽然写得不很流畅，笔画有些歪斜无力，但它是毛泽东晚年读二十四史的真实记录。重病在身的毛泽东，话已说得很少，两腿不能自如走动，每天几乎在床上或者半躺着，或者臂靠在床头上，默默地读着、静静地想着。

笔者曾作过粗略统计，毛泽东晚年读二十四史，写有批注文字的一共有15种史198条，3583个字。其中《史记》批注文字3条，20个字；《汉书》批注文字3条，15个字；《后汉书》批注文字6条，77个字；《三国志集解》批注文字25条，1739个字；《晋书》批注文字6条，60个字；《宋书》批注文字2条，10个字；《隋书》批注文字1条，4个字；《南史》批注文字50条，513个字；《北史》批注文字5条，25个字；《唐书》批注文字是23条，233个字；《新唐书》批注文字24条，375个字；《五代史》批注文字19条，202个字；《新五代史》批注文字16条，138个字；《宋史》批注文字8条，112个字；《明史》批注文字7条，60个字。批注文字，一条最少的就写了2个字，最多的一条写有914个字，大部分批注都是十几个字到三四十个字。清乾隆武英殿刻板的二十四史，天头空的地方比较大一些，所以，毛泽东写的批注文字几乎都写在天头上，个别少量的文字写在地脚上。除天头、地脚写有批注文字之外，还有少量的批注文字是写在正文的字里行间或相关分册的封面上的。写在封面上的批注文字大多是提示说明性的，例如，在《后汉书》卷九十一至九十四第21册封面上，毛泽东写了："送陈毅同志阅陈寔传黄琼传李固传。""送刘、周、邓、彭一阅。"又如，在《辽史》的封面上，毛泽东除了列出"本纪三十、志三十二、表八、列传四十五，总计为一百一十五卷"的总目外，还写有下面一段话："《辽史》总列一百一十五卷，而本纪、志、表、列传，分数总合为一百一十四卷，错在志十七上，又有十七下，和其他条体例不合，按其他各项体例，则应为十七、十八，应加改正。类推，则志当为三十二卷。"

在《明史》封面上，也写得密密麻麻，不仅全录出《明史》的册数和每册中的卷数，而且还列出了众多传主的姓名，如"60册，列传107，张四维，马自强""67册，131—132，东林党传"之类，有的在传主的姓名之下加圈，有的在传主的姓名之后画括弧加注，等等。对二十四史这样的一部巨著，读得如此认真，考核如此之细，这在古今读者中是不多见的。而对于毛泽东这样的党和国家领导人来说，繁忙公务之余还治学如此严谨，读书如此用心，更令我们景仰，更值得我们学习。

毛泽东读二十四史写的批注和所作的圈画、圈点，先后用笔是不一样的。20世纪50年代、60年代初，批注、批画有时还用毛笔，后来大部分批注、批画用的是特制的笔芯比较粗的中华牌铅笔。铅笔也有好几种，有黑铅笔，有红铅笔，还有蓝铅笔。毛泽东晚年读书批注、批画，大部分用的是黑铅笔，有时也用红铅笔和蓝铅笔。"不动笔墨不看书"，这是毛泽东按照徐特立老师的指教终生遵循的一种读书方法。他读书的地方不固定，尤其是晚年，身体越来越差，腿脚越来越不方便，读二十四史大多是坐在沙发上，笔就放在茶几上。有时也半躺在床上，身边也放有笔。他批注的二十四史，留下的笔迹有红有蓝，有铅有墨。从不同笔迹的批注、批画可以看出，许多人物传、本纪等内容，他读过多遍。他老人家曾说过，《资治通鉴》一书，他读过17遍。至于二十四史读过多少遍，他没有说。据笔者统计，从批注、批画的笔迹来看，至少读过5遍以上，有的篇章不会少于十几遍。书中的许多内容、文字、人物、典故、战争、战役、事迹、警句、名言、立论、定策、筹谋、政纲等等，他都一一熟记在心里，自如地运用于喻事喻理的言谈中。像毛泽东这样熟读二十四史、熟记二十四史、熟用二十四史、熟评二十四史，在中国近代、现代史上是无人能比的。他是我们学习历史的典范，也是我们运用历史的楷模。

2. 读二十四史的主要特点

结合毛泽东读二十四史这部巨著的实际和他在书上所作的批注与圈画等种种的标志，笔者归纳了毛泽东读二十四史的八大特点：

一是延续时间长。从1952年到1976年9月9日他老人家逝世，前后系统研读24载。24年孜孜不倦，24年手不释卷，24年学而不厌。

二是批注文字多。写有批注文字的一共有15种史，198条，3583

个字。批注文字，一条最少的是2个字，最多的一条写了914个字，大部分批注一条都是十几个字到三四十个字。主要的批注都是关于历史人物和战争、战役及其战略战术的。

三是批画、圈点符号多。这部史书的人物志、帝纪、传记部分几乎都作了批画、圈点，竖线、横线、波浪线、问号和圈、点、钩、三角、叉、两条横线、一个圈、两个圈、三个圈等多种符号画得密密麻麻，比比皆是。

四是批注联系实际多。许多长一些的批注都是紧密联系实际，联系过去的革命斗争实际、当前的社会实际、工作实际、生产生活实际。笔者还清晰记得，毛泽东读《新唐书》时写过一条批注，涉及岳飞、文天祥、瞿秋白、杨虎城等古今历史人物达9人之多，时空跨越2000多年。

五是有重点、有选择地读，重点部分反反复复读。这部史书，毛泽东是通读过的。书中的人物志、帝纪、传记部分更是读过多遍的，读得多、批注得多、批画得多。许多人物传记至少读过5遍以上，例如《南史》韦睿传，《唐书》徐有功传、马周传，《后汉书》光武帝纪，等等。

六是阅读的视角多。这是毛泽东读书的一大特点。二十四史是史书，但毛泽东能从政治的视角去读，从政策和策略的视角去读，从战略和战术的视角去读，从外交的视角去读，从组织工作选人用人的视角去读，从生产和生活的视角去读，从民族统一和民族团结的视角去读，等等。因为毛泽东读二十四史的视角多，所以他常读常新，越读越有兴趣，越读越爱读。

七是把两种或两种以上的书对照着读、对比着读。例如《汉书》和《后汉书》，《唐书》和《新唐书》等等，他从对同一个历史人物、同一个历史事件的不同描写中考察历史的真相，考察哪种史书写得更好些、更真实些。例如，他读了《唐书》和《新唐书》之后认为：《唐书》比《新唐书》好，《唐书》简单而材料多确切。在读二十四史过程中，毛泽东有时把《南史》、《北史》对照着看，对比着读。有时还把《南史》、《北史》与《旧唐书》相比较，相比较之后他认为："《南史》、《北史》的作者李延寿有倾向统一的思想，比《旧唐书》更好些。"

八是人到哪里，把二十四史带到哪里。在火车上，在飞机上，去外地视察工作，参加会议，调查研究，去杭州、去长沙、去武汉、去庐山等等，他都要带上二十四史，有空就读。书随人走，人不离书，24年相依相伴，苦读深思，熟记于心，自如运用。

三、为什么一生爱读中国史籍

很多历史著作毛泽东是从青年读到老年的。到了晚年，住地睡觉的床边、办公桌上、会见厅的书架上、茶几上，到处都放着各种版本的史书，他想读时伸手就可以拿着阅读。毛泽东为什么对史籍如此爱不释手，到底有些什么原因呢？笔者认为，除了史籍本身记载的我国长达几千年的社会历史无所不包，无所不有，既有史学价值，又有文学价值的原因之外，毛泽东爱读史籍，至少还有以下三个方面的原因。

1. 为了深刻把握"吾国古今学说制度的大要"

毛泽东青年时代的不少朋友、同学都出国求学了。他的同学也都劝毛泽东出国磨砺。如新民学会会友罗学瓒在给毛泽东的信中说："惟弟甚愿兄求大成就，即此刻宜出洋求学。若少迟延，时光既过，人事日多，恐难有多时日求学矣。……润之兄啊！你是一个有志的人，是我们同伴中所钦佩的人，你如何带一个头……学他十年八载。异日回国……各抒所学以问世，发为言论作社会之唤醒提倡者。"[①]其言辞之恳切，期望之宏大，真是感人。但毛泽东最终还是留在了国内。他认为留在国内探索的好处有三点：其一，"看译本较原本快迅

---

① 《新民学会资料》，人民出版社1980年版，第69—70页。

得多",利于在"较短的时间求到较多的知识"。其二,"世界文明分东西两流,东方文明在世界文明内,要占个半壁的地位。然东方文明可以说就是中国文明。吾人似应先研究过吾国古今学说制度的大要,再到西洋留学才有可资比较的东西"。其三,"吾人如果要在现今的世界稍为尽一点力,当然脱不开'中国'这个地盘。关于这地盘内的情形,似不可不加以实地的调查及研究。这层功夫,如果留在出洋回来的时候做,因人事及生活的关系,恐怕有些困难。不如在现在做了"。① 在另一处,他还说:"我觉得关于自己的国家,我所知道的还太少,假使我把时间花费在本国,则对本国更为有利。"②

毛泽东没有走出国门,壮游世界,而是走向了中国的穷乡僻壤,走向了社会的最底层,住茅屋,吃南瓜。通过调查了解中国社会问题和劳动人民的生活状况,从读"无字之书"中获得了丰富的社会历史知识。

毛泽东青年时期的这些想法、看法、做法,特别是他的"似应先研究过吾国古今学说制度的大要"的主张,与他后来下功夫读中国史籍是密切联系的。前者是因,后者是果。毛泽东晚年还那样不分昼夜地读二十四史、读《资治通鉴》等种种史籍,就是为了更好地、更深入地了解把握中国"古今学说制度的大要",就是为了对自己的国家知道得更多一些。

要全面地了解中国几千年的历史,不可不读二十四史,不可不读《资治通鉴》等史籍。正如 1975 年毛泽东与芦荻老师关于读二十四史的谈话时所说的:"一部二十四史大半是假的,所谓实录之类也大半是假的。但是,如果因为大半是假的就不读了,那就是形而上学。不读,靠什么来了解历史呢?反过来,一切信以为真,书上的每句话,都被当作证实的信条,那就是历史唯心论了。正确的态度是用马克

---

① 《毛泽东早期文稿》,湖南人民出版社 1990 年版,第 474 页。
② 《新民学会资料》,人民出版社 1980 年版,第 399 页。

思主义的立场、观点和方法，分析它、批判它。把颠倒的历史颠倒过来。"①

2. 为了"以史为鉴"，从历史"宝库"中寻求治国理政的启示、经验、教训

学习研究中国历史，了解把握"古今学说制度的大要"，是为了治国安邦，是要为现实斗争服务。"以史为鉴可以知兴替"。鉴往知来，是为了把我们国家建设得更富强、更美好。学习了解中国几千年的文化遗产，有批判地继承和发展我们民族的文化遗产的精华，汲取对今天、明天以及对政治、社会、经济、科学、文化等建设和发展有益的东西，让其更好地为现实斗争和建设事业服务，这是毛泽东酷爱历史，孜孜不倦地学习研究历史一贯的主张。

1938年10月14日，毛泽东在中共六届六中全会的政治报告中指出："学习我们的历史遗产，用马克思主义的方法给以批判的总结，是我们学习的另一任务。我们这个民族有数千年的历史，有它的特点，有它的许多珍贵品。对于这些，我们还是小学生。今天的中国是历史的中国的一个发展；我们是马克思主义的历史主义者，我们不应当割断历史。从孔夫子到孙中山，我们应当给以总结，承继这一份珍贵的遗产。"②

1960年12月24日，毛泽东会见古巴妇女代表团和厄瓜多尔文化代表团时说："对中国的文化遗产，应当充分地利用，批判地利用。中国几千年的文化，主要是封建时代的文化，但并不全是封建主义的东西，有人民的东西，有反封建的东西。要把封建主义的东西和非封建主义的东西区别开来。封建主义的东西也不全是坏的。我们要注意区别封建主义发生、发展和灭亡不同时期的东西。当封建主义还处在

---

① 芦荻：《毛泽东读二十四史》，《新华文摘》1994年第2期。
② 《毛泽东选集》第二卷，人民出版社1991年版，第533—534页。

发生和发展的时候,它有很多东西还是不错的。反封建主义的文化也不是全部可以无批判地利用的。封建时代的民间作品,也多少都还带有封建统治阶级的影响。我们应当善于进行分析,应当批判地利用封建主义的文化,而不能不批判地加以利用。反封建主义的文化当然要比封建主义的好,但也要有批判、有区别地加以利用。我所了解的是这样,我们现在的方针是这样。至于充分利用文化遗产,我们现在还没有做到。中国古典著作多得很,现在是分门别类地在整理,用现代科学观点逐步整理出来,重新出版。"①

"对中国的文化遗产,应当充分地利用,批判地利用。"这样的主旨是毛泽东读史的内在动机。

3. 让历史为现实服务,为人民服务

中国历史源远流长,悠悠五千年,史籍浩瀚似海。史籍记载的历朝历代人物,包括帝王、贵族、官吏、政治家、军事家、文学家、说客、谋士、游侠、商贾、医卜等等,非常众多;记载人们的社会文化生活丰富、全面、多姿,有历朝历代政治、军事、经济、法律、典章、财税、外交等大事要事的记载,还有文学、科技、天文、地理、风水及宗教、民族、民俗等文明史、文化史的记载。

毛泽东之所以一生废寝忘食地读,孜孜不倦地读,反反复复地读,笔者认为,除了上述两个方面的原因之外,从主观和客观的视角来看,还有两个方面的原因:一方面是他老人家主观上渴求知识,高度重视对历史的学习和对历史的总结与"古为今用";另一方面就是中国史籍蕴涵着十分丰富的历史经验和宝贵的思想文化遗产,有许多涉及对国家、社会、民族的治理及成与败、兴与衰、安与危、正与邪、荣与辱、义与利、廉与贪等等方面的具体实践和实际事例。学习、研究这些具体实践和实际事例,对改进和做好为人民服务的各项

---

① 《毛泽东文集》第八卷,人民出版社1999年版,第225页。

具体工作，无疑都是很为有益的。

中华历史典籍是我国传统文化遗产中的"瑰宝"。学习历史文化，研究历史文化，弘扬历史文化，是广大中华儿女的重大责任和光荣任务。所以，毛泽东一生爱读，一生下功夫钻研学习，一生在"古为今用"上下功夫。

四、"古为今用"三例

让昨天的历史、典籍为今天所用，为今天服务。这种做法就是"古为今用"。毛泽东博览古籍，娴熟古籍，信手拈来，自如运用，以典说理，贴切无比，"古为今用"，皆深入浅出，妙趣横生，生动活泼，恰到好处。

1.《为人民服务》和《愚公移山》

《为人民服务》是毛泽东1944年9月8日在普通战士张思德追悼会上的讲话。他说："中国古时候有个文学家叫做司马迁的说过：'人固有一死，或重于泰山，或轻于鸿毛。'为人民利益而死，就比泰山还重；替法西斯卖力，替剥削人民和压迫人民的人去死，就比鸿毛还轻。"生死道理，经引用古人司马迁的"人固有一死，或重于泰山，或轻于鸿毛"①，再加上毛泽东本人的解释，成了人们熟记的千古名言。

《愚公移山》则是毛泽东在中国共产党第七次全国代表大会上的闭幕词，毛泽东把帝国主义和封建主义比作两座大山，把共产党比作愚公，表示我党坚决反对帝国主义、反对封建主义的决心。毛泽东说："中国古代有个寓言，叫做'愚公移山'。说的是古代有一位老人，住在华北，名叫北山愚公。他的家门南面有两座大山挡住他家的出路，一座叫做太行山，一座叫做王屋山。愚公下决心率领他的儿子们要用

---

① 《毛泽东选集》第三卷，人民出版社1991年版，第1004页。

锄头挖去这两座大山。有个老头子名叫智叟的看了发笑,说是你们这样干未免太愚蠢了,你们父子数人要挖掉这样两座大山是完全不可能的。愚公回答说:我死了以后有我的儿子,儿子死了,又有孙子,子子孙孙是没有穷尽的。这两座山虽然很高,却是不会再增高了,挖一点就会少一点,为什么挖不平呢?愚公批驳了智叟的错误思想,毫不动摇,每天挖山不止。这件事感动了上帝,他就派了两个神仙下凡,把两座山背走了。现在也有两座压在中国人民头上的大山,一座叫做帝国主义,一座叫做封建主义。中国共产党早就下了决心,要挖掉这两座山。我们一定要坚持下去,一定要不断地工作,我们也会感动上帝的。这个上帝不是别人,就是全中国的人民大众。全国人民大众一齐起来和我们一道挖这两座山,有什么挖不平呢?"①全会场响起了热烈的掌声,与会代表一致赞成拥护毛泽东的讲话。

此外,还有《三国演义》的故事、《水浒》的故事、《西游记》的故事等等中国的历史典故,经毛泽东"古为今用",皆深入浅出,通俗易懂,充满哲理,妙趣横生,令人喜爱,吟传至今。

2. 创作《沁园春·雪》

毛泽东充满无限情怀、文采洋溢的《沁园春·雪》,创作于红一方面军1936年2月由陕北准备东渡黄河进入山西西部的时候。毛泽东自己写的批注是:"雪:反封建主义,批判二千年封建主义的一个反动侧面。文采、风骚、大雕,只能如是,须知这是写诗啊!难道可以谩骂这一些人们吗?别的解释是错误的。末三句,是指无产阶级。"②

这首词是毛泽东经过二万五千里长征来到陕北之后,在"新的民族革命高潮"就要到来的时候写的。1935年12月25日,党中央在陕北瓦窑堡召开了政治局会议,讨论并决定建立抗日民族统一战线问

---

① 《毛泽东选集》第三卷,人民出版社1991年版,第1102页。
② 《毛泽东文集》第七卷,人民出版社1999年版,第461页。

题。27日，毛泽东在党的活动分子会议上作了《论反对日本帝国主义的策略》的报告。会后，立即组织了"东征部队"，准备东渡黄河对日寇作战。1936年1月26日"东征部队"由陕北子长县出发，挺进至清涧县高杰村的袁家沟一带，部队在这里休整了16天，并庄严发布了《东征宣言》。据有关史料记载，毛泽东在这里居住期间，曾下过一场大雪，可看到长城内外，白雪皑皑，隆起的秦晋高原，冰封雪盖。那平日奔腾咆哮的黄河，一经冰封，顿失滔滔。毛泽东《沁园春·雪》就是据此情景写成的。①

这首词是毛泽东"古为今用"划时代的杰作，是毛泽东借古颂今的绝代名篇。全词仅114个字，把毛泽东对两千多年封建主义的批判之情，对历朝历代封建统治者的蔑视之情，对祖国壮丽河山的无比热爱之情，对中国共产党的崇高事业忠贞追求之情，对中国工农红军正在进行的伟大事业必将取得胜利的豪迈之情，对中国无产阶级和全国各族人民必将夺取新的胜利豪情满怀的喜悦之情，等等，都充分表达了出来。

他借鉴古人的作词的风格，将革命现实主义与革命浪漫主义结合在一起。论古则纵贯千秋岁月，写人则关乎英雄成败，写景则横阔万里山河，他将千秋岁月、万里山河、英雄成败与当代中国共产党人拯救全民族的远大志向和他对党对国对亿万人民的无限情怀融汇为一体，形成这首114字的冠绝一世的咏雪词，成为那个时代的最强音。当代文化名流郭沫若曾挥笔称赞此词"气魄宏大，实在是前无古人"。这是毛泽东用他的智慧、文采和深似大海的情怀为中华民族和全中国人民写下的"古为今用"的千古典范。

3. "我党干部应学韦睿作风"

毛泽东在读《南史》卷五十八《韦睿传》时，写有一条批注："我

---

① 参见胡国强主编：《毛泽东诗词疏证》，西南师范大学出版社1993年版，第183—184页。

党干部应学韦睿作风。"这是毛泽东读史中"古为今用"的另一个典型的例子。

韦睿是南朝梁将，作战能攻善守，英勇果断，品德、作风也有许多过人之处。毛泽东对这位将才推崇备至。翻开毛泽东读过的《韦睿传》，在第一页天头处，毛泽东就画了又粗又重的四个圈，写上"梁将韦睿传"五个大字。传文中批画、圈点浓密，批注达25处之多，有些批注中还加了旁圈、套圈、单圈。此种少见的读书圈画、批注，足以表明毛泽东对韦睿的肯定、颂扬是多方面的。

《南史·韦睿传》记载："性慈爱，抚孤兄子过于己子，历官所得赐禄，皆散之亲故，家无余财。"毛泽东在此段文字旁逐字加了旁圈，写了"仁者必有勇"的赞语。又载：公元505年，韦睿攻打合肥时，"俘虏万余，所获军实，无所私焉"。毛泽东逐字旁圈，又写了"不贪财"的批语。李延寿记叙韦睿"雅有旷业之度，莅人以惠爱为本，所居必有政绩。将兵仁爱，士卒营幕未立，终不肯舍，并灶未成，亦不先食"。毛泽东逐字旁圈，对韦睿统兵打仗能身先士卒、以身作则、关爱士兵、关心将士生活的优良作风很为赞赏，欣然提笔写下了"我党干部应学韦睿作风"的批注。

《韦睿传》还记载：在攻打合肥的战斗中，身体素来羸弱的韦睿，每战都不曾骑马，而是坐在木板车上督励将士杀敌。毛泽东读到这段文字时写了"将在前线"四字批注。读到"魏军凿堤，睿与争"时，毛泽东又批写了"将在前线"四个字。毛泽东还对这两处引文，逐字加了旁圈。

《韦睿传》记载："睿每昼接客旅，夜算军书，三更起，张灯达曙，抚循其众，常如不及，故投募之士争归之。所至顿舍，修立馆宇，藩篱埠壁，皆应准绳。"毛泽东在这段文字旁逐字加圈，写下了"谦劳君子"称赞性的批注。

《韦睿传》还记载，梁武帝天监四年（505年），韦睿都督众军攻魏，小岘城久攻不破，韦睿亲临城下巡视。正在这时，魏兵数百人突然出击,随行诸将都建议回去调兵,韦睿不同意,坚决迎战,一鼓攻下小岘城。毛泽东在"睿巡行围栅"五个字旁分别画了圈,在天头上还画了三个大圈,并用铅笔写下批注:"躬自调查研究。"似乎对此批注称赞韦睿作风还觉得不够突出,毛泽东又在其批注中的"躬自"两字旁边加了旁圈,以加重"躬自"在调查研究中的重要性。

一鼓攻下小岘城之后,韦睿接着派人进攻魏占领的合肥,也是久攻不能下。韦睿到后,"案行山川"。毛泽东在"案行山川"四字旁分别画了圈,在相应的天头上画了三个大圈,并又一次写下批注:"躬自调查研究。"在"躬自"两字旁还加了双圈,"调查研究"四字旁加了单圈。毛泽东对韦睿能亲临战地调查研究是很为赏识的。此类批注在读《韦睿传》中还有不少,如"干部需和"、"仁者必有勇"。

从读史中想到我党干部的作风,并强调"我党干部应学韦睿作风"。什么是韦睿作风?就是指韦睿统兵打仗能身入前线阵地"躬自"调查研究,身先士卒、以身作则,关爱士兵、关心将士等等的优良作风。这就是毛泽东在读史中"古为今用"的范例。

类似的事例还有很多很多,这里不再列举。"古为今用"的前提是熟读史籍、博览史籍、理解史籍、熟记史籍,这样才能得心应手,自如应用,深入浅出,通俗易懂,充满哲理,妙趣横生。毛泽东在这方面也是我们学习的楷模。

博览群史、以史为鉴,读史学史、古为今用,终生不懈、至死方休,毛泽东的奋斗人生是与书为伴的人生。

第四讲　敢于反抗，敢于斗争，善于斗争

当着天空中出现乌云的时候，我们就指出：这不过是暂时的现象，黑暗即将过去，曙光即在前头。

——《目前形势和我们的任务》（1947年12月25日），《毛泽东选集》第四卷（人民出版社1991年版，第1245—1246页）

一切反动派都是纸老虎。看起来，反动派的样子是可怕的，但是实际上并没有什么了不起的力量。从长远的观点看问题，真正强大的力量不是属于反动派，而是属于人民。

——《和美国记者安娜·路易斯·斯特朗的谈话》（1946年8月6日），《毛泽东选集》第四卷（人民出版社1991年版，第1195页）

拿破仑曾经说过：中国是一只睡狮，一旦他醒来，整个世界都会为之颤抖。1949年10月1日下午3时，毛泽东在雄伟的天安门城楼上向全世界庄严宣告："中华人民共和国中央人民政府成立了。"毛泽东的宣告响彻云霄，天安门广场顿时欢声雷动，五十四门礼炮齐鸣。从此，一个崭新的时代开始了，占世界人口四分之一的中国人民站起来了。

从中国共产党1921年成立到1927年领导秋收起义、建立井冈山革命根据地，从数次反"围剿"胜利到二万五千里长征大转移，从东渡黄河进华北与日寇作战到1945年日本投降，从辽沈、淮海、平津三大战役到新中国诞生。这28年主要是与封建主义、帝国主义及国民党反动派斗争的28年。

新中国成立开启了中国社会主义革命和社会主义建设的新篇章。此后到毛泽东逝世的近28年中，中国的社会主义革命和建设也在斗争中探索、在探索中斗争。可以说，毛泽东的一生是斗争的一生。毛泽东的斗争思想、理念、精神与其实践过程中的智慧、才能、修养、境界等，都是留给我们的宝贵财富。

一、毛泽东敢于反抗、敢于斗争、善于斗争思想的形成

毛泽东敢于反抗、敢于斗争的思想、精神及其具体的人生实践不是生来就有，是在后天的社会生活、革命斗争实践过程中逐步形成并愈发坚定的。

纵观毛泽东的一生，他敢于反抗、敢于斗争思想的形成，在笔者看来，主要有以下三种来源：

1. 受群众实际生活情境的影响

毛泽东生长在半封建社会的湖南湘潭韶山农村。这里的现实环境同旧中国其他闭塞而贫穷的广大乡村没有多少两样。广大贫穷农民长时期遭受封建统治者的剥削和压迫，各种旧封建势力欺凌农民、欺辱百姓，广大农民长年累月生活在水深火热之中。

哪里有压迫，哪里就有反抗。这些广大农村农民所处的真实情境，毛泽东耳闻目睹，从小就与广大受剥削民众一样充满了斗争精神。

据有关史料记载：1910年4月，长沙发生饥民暴动。原因是荒年粮价飞涨，有人率全家投塘自尽。饥民们涌到巡抚衙门请愿，反而遭到枪击，当场打死14人，伤者更多。他们在忍无可忍的情况下，放火烧了巡抚衙门，捣毁了外国洋行、轮船公司等。清政府派兵镇压，饥民们的鲜血染红了浏阳门外的识字岭（二十年后，毛泽东的妻子杨开慧也是在这里牺牲的），被杀者的头颅高高挂在南门外示众。几个卖兰花豆的湘乡小贩逃出长沙，把饥民暴动的消息传到了韶山。大家激愤地议论了好几天。随着时间的推移，许多人对这件事逐渐淡忘了，毛泽东却久久不能平静下来。他觉得那些参加暴动的人都是善良的老百姓，只是被逼得走投无路才起来造反的，结果无辜被杀，这让他很痛心。几十年后，他很感慨地说：这件事"影响了我的一生"。①

1916年6月26日，离开长沙回韶山途中，毛泽东见到陆荣廷的桂军和声讨袁世凯的护国军扰乱群众的情形，愤然写信告诉同学萧子升。他在信中写道："招摇道涂，侧目而横睨，与诸无赖集博通衢大街，逻卒熟视不敢问"，"联手成群，狎居饭店，吃饭不偿值，无不怨之"。② 这些地方军阀、黑恶势力、官府衙门欺压穷苦人民的情形在

---

① 参见埃德加·斯诺著，董乐山译：《西行漫记》，三联书店1979年版，第110页。
② 《毛泽东早期文稿》，湖南人民出版社1990年版，第41页。

那个年代到处可见。

1927年1月,毛泽东在大革命高潮中用了32天的时间考察湖南的农民运动,在考察的基础上写下了光辉的篇章——《湖南农民运动考察报告》。就是在这次考察中,他耳闻目睹了不愿做奴隶的农民们纷纷起来造反、抗争的情景:他们举起他们那粗黑的手,加在绅士们头上,用绳子把劣绅们捆绑起来,牵着游乡;土豪劣绅的小姐少奶奶的牙床上,他们也可以踏上去滚一滚;他们把地主打翻在地,再踏上一只脚;农会会员漫山遍野,梭镖短棍一呼百应,土匪无处藏踪;女子和穷人不能进祠堂吃酒的老例被打破,女子们结队拥入祠堂,一屁股坐下便吃酒,族尊老爷们只好听她们的便。对一切代表农民利益的"反常"现象,毛泽东非常高兴地称之为:"这是四十年乃至几千年未曾成就过的奇勋。这是好得很。"① 毛泽东生长在农村,长时期和农民们生活在一起,他熟知农村和农民的疾苦。他很憎恶当时那些草菅人命、欺压百姓等极不合理的社会现象。他理解农民、同情农民,对农民和农民运动一直有着特殊的感情。广大农民在压迫中的反抗对年轻毛泽东斗争精神的形成有很大的影响。

2. 受中国古典小说的影响

毛泽东小时候在湖南韶山读书的时候,特别喜欢读反抗统治阶级压迫和斗争的故事,对《水浒传》、《三国演义》、《隋唐演义》、《西游记》等古典小说充满浓厚兴趣。

《水浒传》一书中描写并且颂扬的英雄人物,有打渔的,有种菜的,有打铁的,有卖膏药的,还有各种各样被压迫的贫苦人民。书中的人物面貌毛泽东都似曾相识;他们反抗官府、劫富济贫的种种行为,他们的言谈话语,他们的要求,他们的愿望,毛泽东好像也都是眼见过、耳听过、心想过、践行过。对于这样一部与农村和农民有密切联

---

① 《毛泽东选集》第一卷,人民出版社1991年版,第12—42页。

系的古典小说，引起毛泽东的兴趣和关注，是非常自然的。毛泽东在谈到早年读《水浒传》等古典小说对他产生的影响时说过："我认为这些书对我的影响大概很大，因为这些书是在易受感染的年龄里读的。"

说到旧小说中造反思想和反抗精神对毛泽东青少年时代产生的影响，1936年，在同斯诺的谈话中，毛泽东讲过这样一段话："有一件事我记得特别清楚。在我大约十三岁的时候，我父亲请了许多客人到家里；我们两人当着他们的面争论起来，父亲当众骂我懒而无用，这一下激怒了我。我回骂了他，接着就离家出走。我母亲追着我想劝我回去。父亲也追了上来，边骂边命令我回去。我跑到一个池塘边，并且威胁说如果他再走近一步，我就要跳进水里。在这种情况下，停止内战的要求和反要求都提出来了。我父亲坚持要我道歉并磕头。我同意如果他答应不打我，我可以跪一只脚磕头认错。战争就这样结束了。我从这件事认识到，当我用公开反抗的办法来保卫自己的权利的时候，我父亲就变软了下来；可是如果我保持温顺的态度，他只会更多地打骂我。"①

这段谈话中，"造反"的矛头固然是对着他的父亲，但字里行间都显示出少年毛泽东的反抗精神。

《水浒传》描写的是农民造反的传奇故事，书中塑造了李逵、鲁智深、武松、林冲等敢于反抗官府的诸多英雄形象。对这些英雄好汉的义气、侠行、胆识、才干等等，毛泽东是很敬佩和向往的。1944年1月9日，毛泽东看了平剧《逼上梁山》以后，当即高兴地给编导们写了这样热情赞誉的信："看了你们的戏，你们做了很好的工作，我向你们致谢，并请代向演员同志们致谢！历史是人民创造的，但在旧戏舞台上（在一切离开人民的旧文学旧艺术上）人民却成了渣滓，由老爷太太少爷小姐们统治着舞台，这种历史的颠倒，现在由你们再颠倒过来，恢复了历史的面目，从此旧剧开了新生面，所以值

---

① 《毛泽东一九三六年同斯诺的谈话》，人民出版社1979年版，第7—8页。

得庆贺"。"你们这个开端将是旧剧革命的划时期的开端,我想到这一点就十分高兴。"①这出戏,是《水浒传》的精髓,体现了作品强烈的反抗精神,受到毛泽东的赞誉,这是很自然的。在大革命高潮中,毛泽东说农民的"造反有理",因为这是"逼出来的","凡是反抗最力、乱子闹得最大的地方,都是土豪劣绅、不法地主为恶最甚的地方"。②毛泽东还常常把自己带队伍上井冈山说成是"没法子,被逼上梁山"。

1936年,毛泽东在与斯诺的谈话中也曾说过:"我读过经书,可是并不喜欢经书。我爱看的是中国古代传奇小说,特别是其中关于造反的故事。我读过《岳传》、《水浒传》、《隋唐演义》、《三国演义》和《西游记》等。"③《西游记》描写的是主人翁孙悟空七十二变,上天入地,翻江倒海,不畏任何艰难险阻,疾恶如仇,除恶务尽,爱憎分明,敢于造反的一个英雄形象,讲述了一个个想象丰富、曲折生动、语言诙谐、独具风格的造反故事。毛泽东对《西游记》这部神话小说一直很喜爱。直到晚年,仍保持着浓厚的兴趣。

说到孙悟空的造反是玉皇大帝逼出来的事,1945年10月,毛泽东在山城重庆与国民党蒋介石进行谈判期间,毛泽东同国民党的各色人物进行了接触。毛泽东认为,国民党是一个政治联合体,有左中右之分,不能把他们看成是铁板一块,为了促进谈判,也要找当权的右派。有一次,毛泽东去见陈立夫,他先从回忆大革命前国共合作情景谈起,然后以孙悟空自况,批评了国民党十年内战的反共政策。毛泽东说:"我们上山打游击,是国民党剿共逼出来的,是逼上梁山。就像孙悟空大闹天宫,玉皇大帝封他为弼马温,孙悟空不服气,自己鉴定是齐天大圣。可是你们连弼马温也不让我们做,我们只好扛枪上山了。"④

---

① 《毛泽东文集》第三卷,人民出版社1996年版,第88页。
② 《毛泽东选集》第一卷,人民出版社1991年版,第17页。
③ 《毛泽东一九三六年同斯诺的谈话》,人民出版社1979年版,第8页。
④ 《毛泽东传》第二册,中央文献出版社2011年版,第747页。

3.受马克思列宁主义的影响

毛泽东敢于斗争的思想和精神,最主要的影响还是在读了马克思列宁主义的著作以后,在马克思列宁主义思想武装、引领之下,逐步坚定的。前面说到的农村农民具体生活情境的影响、中国古典小说的影响,是有很大的关系,但这两方面的影响还是感性的影响,朴素情感的影响,最重要的、最本质的影响还是马克思列宁主义思想的影响。马克思列宁主义思想是科学的理论指引,是无产阶级进行斗争的科学理论,是引领无产阶级革命事业前进的旗帜,是无产者斗争取得胜利的最强大的思想武器。

毛泽东关于"阶级斗争"的思想理论,就是在反复学习《共产党宣言》之后获得的马克思主义思想的真谛,他从中取出"阶级斗争"四个字进行研究。毛泽东曾说,读了《共产党宣言》这本书,"我才知道人类自有史以来就有阶级斗争,阶级斗争是社会发展的原动力,初步地得到认识问题的方法论。可是这些书上,并没有中国的湖南、湖北,也没有中国的蒋介石和陈独秀。我只取了它四个字:'阶级斗争',老老实实地来开始研究实际的阶级斗争。"①1958 年 12 月 10 日在武昌读《魏书·张鲁传》时,他写下的读书批注是:"中国的历史,就是一部阶级斗争史。"②

从青年到晚年,直到生命的最后岁月,毛泽东对《共产党宣言》都充满着浓厚的兴趣。一本《共产党宣言》,毛泽东前后读了 57 年。有 1943 年延安解放社出版的博古译本,有 1949 年解放社根据苏联莫斯科外文书局翻印的版本,还有 1964 年人民出版社出版的中共中央马恩列斯著作编译局翻印的大字本等几种。1976 年 9 月毛泽东逝世以后,工作人员在整理他书房床边经常阅读的书籍时,还发现了两本

---

① 《毛泽东文集》第二卷,人民出版社 1993 年版,第 379 页。
② 《毛泽东著作专题摘编》(下),中央文献出版社 2003 年版,第 2393 页。

战争年代出版的《共产党宣言》。此外，他生前还读过的英文版的《共产党宣言》。当然，这也还不是全部的。1920年陈望道的翻译本，故居里就没有看到。还有战争年代他读过的已经丢失的各种版本。这本马列经典大作，多种版本长期放在他睡觉的床边，会客的书架上，他是随时可以翻阅的。《共产党宣言》陪伴毛泽东57年，毛泽东读《共产党宣言》也读了57年，这是毛泽东生前读的遍数最多的一本马列主义著作。

1936年同斯诺的谈话中，毛泽东自己还回忆说：正是《共产党宣言》这样的马克思主义著作，"使我树立起对马克思主义的信仰。我接受马克思主义、认为它是对历史的正确解释，以后，就一直没有动摇过"。① 从此，毛泽东就开始了他对真理执着的追求。在此后的革命生涯中，毛泽东在各色各样困难面前、各种斗争当中，始终都矢志不移。"任凭风浪起，稳坐钓鱼船"，"不管风吹浪打，胜似闲庭信步"。

二、打破国民党军队三次"围剿"斗争片段

毛泽东一生是敢于反抗、敢于斗争的一生。特别是面对数倍于自身的强敌而不畏，身临困境而不衰，始终保持着革命的斗志和必胜的信心。下面，以第二次国内革命战争时期，粉碎国民党军队三次"围剿"为例，分析毛泽东的斗争精神。

1. 打破国民党军队的第一次"围剿"

1930年10月，刚刚在中原大战获胜的蒋介石正是兵强马壮、羽翼日益丰满的时候，他调集十万大军向共产党在赣西南革命根据地大举进攻，开始第一次"围剿"，企图一举歼灭毛泽东、朱德指挥的红一方面军。

---

① 《毛泽东一九三六年同斯诺的谈话》，人民出版社1979年版，第39页。

此时的赣西南革命根据地,已在34个县建立了苏维埃政府,拥有9座县城,根据地人口达200多万,并已开展分田运动。地利、人和,为毛泽东、朱德率领的红军提供了得到民众全力支持的广阔的战场和充分的回旋余地。

面对蒋介石的十万大军,毛泽东、朱德红军确定"诱敌深入"的方针,先向根据地内退却,避开不利于红军的决战,在运动中发现和造成敌军的弱点,集中兵力,待机破敌。

国民党军队一进入根据地内就陷入困境。处处耳目闭塞,对红军的行动一无所知。红军部队却以逸待劳,消息灵通,对国民党军队的一举一动了如指掌。

毛泽东随红一方面军总部到达黄陂后,在12月上旬主持召开总前委扩大会议,根据敌我双方实际情况,具体分析研究制定作战方案。12月25日,又在小布召开誓师大会,会上,毛泽东具体生动地解释了"诱敌深入"的必要和好处。他还分析列举了"敌必败、我必胜"的六个条件,还印发宣传材料。大大增强了苏区军民反"围剿"的决心和胜利的信心。

毛泽东十分重视"慎重初战"的问题,要求部队一定要在有充分把握的情况下才打。就在誓师大会后的第三天,即是12月28日,蒋介石的嫡系鲁涤平命令所属各师向红军发动总攻击。一向骄横的鲁部第一纵队司令兼第18师师长张辉瓒得知红军内部"富田事变",以为正是大军进攻的好机会,立即出动。张辉瓒亲率师部和第52旅、第53旅,在第28师一个旅的配合下向龙冈推进。龙冈是接近红军主力集中的地方,群山环抱,中间是狭长的盆地,是红军设伏的好场所。张师出动的当晚,毛泽东、朱德向全军下达命令:"张辉瓒部经善和、藤田到达潭头,现向上固、龙冈推进中。""方面军决定改换目标,横扫在我左翼当前之敌。"第二天晚8时,毛泽东、朱德趁着张师刚刚进占龙冈、孤军深入、立足未稳的机会,下达攻击命令。

张辉瓒部由龙冈向五门岭推进,刚进入狭窄山路时,突然遭到预

先埋伏在这里的红军居高临下的猛烈袭击，退路又被切断。战斗从上午10时开始，激战到下午6时。由于红军集中了兵力，四面包围，全歼了第18师师部和两个旅近一万人，活捉张辉瓒。

红一方面军乘胜挥师向东，抄近路，直取谭道源部第50师。1931年1月3日晨，红军进抵东韶附近，向第50师发起攻击，经过激烈战斗，共歼该师3000多人。其他各路国民党军队仓皇退走。

五天内，红一方面军胜利打破了国民党军队的第一次"围剿"。共歼敌军一个半师1.5万余人，缴枪1.2万余支。

2.打破国民党军队的第二次"围剿"

毛泽东清醒地估计到，蒋介石在第一次"围剿"遭到失败后一定不会就此罢休，一定还会发动新的更大规模的进攻。因此，一定要发动根据地广大军民进行迎击新的更大的"围剿"的准备。

1931年初，蒋介石委派军政部长何应钦兼任南昌行营主任，统一指挥湘、鄂、赣、闽四省"围剿"部队。4月初，调集18个师另3个旅共20万人，投入的兵力比第一次增加一倍。在作战方式上也有很大变化，"以厚集兵力，严密包围及取缓进为要旨"，以"稳扎稳打、步步为营"为作战方针，从江西吉安到福建建宁构成东西八百里弧形战线，分四路向中央革命根据地步步推进。

根据敌军第二次"围剿"的态势，3月下旬，毛泽东、朱德发布红一方面军脱离同敌军接触，南移整训和筹款的命令，率领红一方面军主力3万多人从根据地北部边缘后撤到广昌、宁都、瑞金一带。毛泽东随方面军总部移驻宁都县的青塘。

这时，苏区的领导机构也有变化。1月15日，根据中共中央的决定，在宁都小布成立中共苏区中央局，项英任代理书记，毛泽东、朱德、曾山为委员；并成立以项英为主席的中央革命军事委员会，朱德、毛泽东担任副主席；同时撤销中共红一方面军总前委和中国工农革命委员会。因为项英来此不久，缺乏对敌作战经验，所以，在当时作战指挥上，毛泽东仍然能够起主要作用。

1931年3月18日，项英主持召开中共苏区中央局第一次扩大会议。会上，有人根据敌我力量悬殊的情况，主张红一方面军撤离根据地，另找出路。毛泽东坚决反对这种主张。毛泽东认为依托根据地内的有利条件，一定能打破国民党军队的"围剿"。

4月上旬，任弼时、王稼祥、顾作霖组成的中央代表团到达中央根据地，不日来到宁都青塘，参加苏区中央局的领导工作。17日，苏区中央局第一次扩大会议继续在青塘举行。

在国民党军队重兵压境的情况下，最紧迫的问题还是要确定第二次反"围剿"的战略方针。在会上，毛泽东反对"转移退却"和"分兵退敌"的两种主张，继续坚持依托根据地的有利条件，就地诱敌深入，依靠根据地内的军民来击破敌军的"围剿"，并力主集中兵力，指出分兵不但不能退敌，反而会给红军带来更大的困难。毛泽东的这个意见，会上只有朱德等少数人同意。因此，毛泽东又提出扩大会议范围来讨论这个至关重要的战略方针问题。参加扩大会议的除中央局成员外，包括各军的军长和政委，有时还有参谋长和政治部主任。经过参加会议人员的充分讨论，毛泽东等少数人的意见变成了多数人的意见。

打不打的问题解决后，接下来的问题就是反攻从哪里开始，会上又有各种不同的意见。毛泽东主张：我们现在主要的是选敌人弱点击破，打蒋光鼐、蔡廷锴没有绝对胜利的把握，我们应先打王金钰这路，因为这路敌人既弱且地势、群众都对我有利。毛泽东还指出，从富田地区的王金钰打起，向东横扫，可以在闽赣交界的建宁一带扩大根据地，征集资财，便于打破下一次"围剿"。如果由东向西打去，则限于赣江，战局结束后没有发展余地。若打完再东转，又劳师费时。毛泽东从实际情况出发，说服了与会的同志。

会议一结束，毛泽东、朱德立刻在4月19日签发命令："目前敌军的行动似以宁都为目标，步步为营地向我军前进"；本方面军"决

心以极迅速行动首先消灭王金钰敌军，转向敌军围攻线后方与敌军作战，务期各个消灭敌军，完成本军任务"。部队在龙冈一带集中完毕后，又向西推进20公里，在群众条件和地形都十分良好的东固地区逼敌而居，沉着地埋伏了25天，隐蔽待机。

这一决策发布后，根据地军民一齐动员。红军中各军都召开誓师大会，并广泛动员发动广大人民群众。在红军部队隐蔽待机过程中，毛泽东又耐心做一些部队指战员的思想工作，反复说明诱敌就我，待敌脱离阵地后将它歼灭于运动中的作战方法。

红军将士等了20多天，国民党王金钰部公秉藩第28师和第47师一个旅终于脱离富田阵地，分两路向东固地区进犯。5月13日晚，毛泽东、朱德果断地下达了消灭进攻东固之敌的命令。命令发出后又到白云山实地考察地形。得到敌人去"东固"的情报后，毛泽东、朱德决定：全军主力立刻从郭华宗师和蔡廷锴师之间的空隙中隐蔽西进，突然以两翼包抄的方式攻击王金钰部的背后。

各路红军奉命于清晨出发，快速行进。毛泽东得知在东固通向中洞的大路南侧，还有一条小路。毛泽东立刻改令红三军沿这条小路秘密前进。这一西进路线的改变，使红三军原行程缩短，争取了时间，对消灭公秉藩师起重要作用。5月16日拂晓前，毛泽东、朱德一起来到白云山指挥所指挥全线战斗。此时红三军主力已进到中洞南侧，处在居高临下的有利地形，待公秉藩师尾部离开中洞时，突然从山上猛攻下来，使毫无应战准备的公秉藩师顿时陷入一片混乱。双方激战到下午5时许，将该师大部歼灭。这是第二次反"围剿"中的第一个战斗，首战告捷为以后的连续作战创造了十分有利的条件。

5月19日，毛泽东、朱德指挥红军猛烈地向东横扫，在吉水县白沙歼灭郭华宗第43师一个旅和第47师第一旅残部。这是第二次反"围剿"中的第二个胜仗。5月21日，红军在中村歼灭高树勋的第27师一个旅大部。

连续三个胜仗之后，苏区中央局据当时的实际情况，为了统一领导红一方面军作战和战区的地方工作，重新组成中共红军第一方面军临时总前委，毛泽东为书记，朱德、彭德怀、林彪、黄公略、谭震林、周以栗为委员。

中村战斗结束后，5月25日晚，毛泽东在宁都和广昌交界处的洛口圩严坊村召开临时总前委第一次会议，决定方面军主力在第二天开到广昌县城西北的古竹集中，准备全力攻击退守南丰的朱绍良部3个师。

5月26日，毛泽东随总部进驻古竹，召开临时总前委第二次会议。会议根据变化后的实际情况，改变原有的全力攻取南丰的部署，而先集中主力进攻广昌。5月27日，经过一天激烈战斗，夺取广昌县城，歼灭国民党军第5师一部。这是第二次反"围剿"中的第四个胜仗。

在广昌，毛泽东主持召开总前委第三次会议。从整个战略形势考虑，会议决定再次调整作战部署，向东打国民党军刘和鼎的第56师，夺取福建的建宁县城。5月31日，红军出其不意地突袭建宁县城，歼灭刘和鼎师3个团，缴获大量武器和物资，缴到的西药就可供全方面军半年之用。这是第二次反"围剿"中的第五个胜仗，也是这次反"围剿"的最后一次战斗。

从5月16日到31日，半个月中，毛泽东、朱德指挥红一方面军从赣江东岸打到闽西北山区，横扫七百余里，连续打了富田、白沙、中村、广昌、建宁五个胜仗，歼敌3万余人，缴获各种武器2万余件和大量的军用物资，第二次反"围剿"取得了重大胜利。毛泽东非常兴奋，欣然填词《渔家傲·反第二次大"围剿"》：

　　白云山头云欲立，白云山下呼声急，枯木朽株齐努力。枪林逼，飞将军自重霄入。

　　七百里驱十五日，赣水苍茫闽山碧，横扫千军如卷席。有人泣，为营步步嗟何及！

3. 打破国民党军队的第三次"围剿"

国民党军队的第三次"围剿"比预计来的早得多，规模也比第二次"围剿"大得多。

1931年6月6日，蒋介石发表《为"剿匪"告全国将士书》。22日下午，他乘军舰从南京到达南昌。24日，任命何应钦为"围剿"军前敌总司令兼左翼集团军总司令，陈铭枢为右翼集团军总司令。何应钦直接指挥的左翼集团军包括7个师，其中大多是从中原战场调来的蒋介石的嫡系精锐部队，从左翼南城方面向根据地腹地实施"围剿"，寻求同红一方面军主力作战。陈铭枢指挥的右翼集团军包括7个师，从右翼吉安方面深入根据地"进剿"。此外，还有预备军、守备军、防堵军、航空处等。集中的总兵力达23个师又三个旅，共30万人。

国民党第三次"围剿"来得这样疾速，出乎红军总前委的预料，红军还没有做好充分的准备，指战员们在苦战之后尚未休整，人员也没有得到补充，红军部队远离原有根据地，一时没有集中起来。在这样严峻的局势面前，毛泽东、朱德十分沉着冷静，有条不紊地指挥部队收缩集中，绕道千里，回师赣南，在具有良好群众条件的根据地内部，"避敌主力，打其虚弱"，打破这次大规模"围剿"。

7月10日前后，毛泽东、朱德在闽赣边将红一方面军主力收拢后，急行回师赣南。在回师赣南途中，得知国民党左翼军陈诚部主力在13日已占领建宁以西的广昌，毅然决定红军向赣南后部集中。7月24日，红一方面主力抵达于都县北部的银坑，同奉中央命令由广西转战到江西的红七军以及原在赣南的红三军等会合。接着，又继续向西北隐蔽转移，于28日到达兴国西北的高兴圩，完成绕道千里、回师赣南的战略任务，为转入反攻创造了条件。

8月上旬，国民党各路军纷纷向高兴圩地区逼近，重兵密集，红一方面已处在北、东、南三面受敌和西临赣江的危险境地。毛泽东面对敌情作了冷静的分析，决定避强就弱，将原计划改为中间突破，向东面的莲塘、良村方向突进。为了造成对方错觉，红军以少量部队伪装主力，向赣江方向佯动。主力部队却在8月5日晚出其不意地连续急行军，翻越崇山峻岭悄悄东进，穿过国民党左翼集团军和右翼集团军之间20公里的空隙，于6日中午到达莲塘，跳出了敌军主力的包围圈。

红军一到莲塘，就发现上官云相的第三路军第47师一个旅正毫无戒备地开向莲塘。毛泽东、朱德决定集中兵力迅速歼灭该敌，取得第三次反"围剿"的初战胜利。

莲塘战斗后，红军挥师乘胜北进，包围驻在良村的国民党军第54师，攻占良村，歼灭该师大部。

这两次战斗胜利后，毛泽东、朱德一鼓作气又率红一方面军主力往东奔袭毛炳文师所在的宁都黄陂取得大捷，并从缴获的机密文件中得知，国民党两个师正向黄陂开来。毛泽东、朱德研究后，断定国民党已将主力掉头东来，企图围歼红军主力于黄陂地区。他们立刻下达紧急命令：红军停止追击，迅速打扫战场，当夜撤出黄陂，向君埠以东君岭脑地区隐蔽集中待机。接着，国民党其他军队也对黄陂、君埠地区形成东、南、北三面密集的包围圈。

8月13日，毛泽东、朱德在君埠召开军事会议，会议一致同意毛泽东的意见，认为应该避免同超过红军数倍的敌军决战，而要采取"声东击西"的战术，用一部分兵力继续向东牵开敌军，掩护红军主力秘密西进，回到兴国隐蔽待机。

红一方面主力迎着正在大举东进的国民党军精锐部队，寻找空隙，悄悄地向西疾进。在红十二军的掩护下，从蒋光鼐的第一军团和陈诚的第二路进击军两部之间只有10公里的狭窄缝隙中穿越过去。经过一整夜的急行军，再次突破重围，安全转移到兴国东北部的白石、枫边地区，在深山密林里休整。红一方面军采取这样大的行动，敌军丝毫没有察觉。

直到 8 月底，蒋介石、何应钦才猛然发现红一方面军主力早已西去，急忙命令"进剿"军主力又掉头向西，再到兴国北部地区寻找红军主力决战。这时，红一方面军主力已在白石、枫边地区从容休整了半个月。

国民党"进剿"军主力一再扑空，使他们精疲力竭，士气低落，已无力再在根据地同红军作战。9 月 4 日，何应钦按照蒋介石的决定，命令左、右翼两集团军实行退却。毛泽东、朱德抓住国民党军队撤退的大好机会，9 月 7 日，指挥红军一部在泰和县老营盘歼灭北撤的国民党军队第九师一个旅，并在兴国县高兴圩向蔡廷锴指挥的两个师发起攻击。15 日凌晨，红一方面军主力转移到东固以南的方石岭一带，抢先控制有利地形，全歼韩德勤师和蒋鼎文师一部，其他各路进击军纷纷撤出根据地。至此，蒋介石国民党军队的第三次"围剿"又被打破。①

蒋介石三次"围剿"红军主力，第一次用兵 10 万，第二次用兵 20 万，第三次用兵 30 万，一次比一次用兵多，把最有战斗力的嫡系部队都用上了，却遭受一次又一次的惨败。红一方面军主力仅有 3 万多人，而毛泽东就能用 3 万多打败蒋介石的 10 万、20 万、30 万多的敌军，这是毛泽东敢于反抗、敢于斗争、善于斗争的革命实践的真实的历史记录，也是毛泽东敢于反抗、敢于斗争、善于斗争思想精神的伟大胜利。

这段毛泽东反抗、打败蒋介石的三次"围剿"的斗争片段，只是毛泽东率领的中国共产党人和人民军队与蒋介石国民党反动军队几十年斗争的点滴。仅从此点滴的记述中，足以说明毛泽东的抗争精神、抗争谋略以及战略战术等。毛泽东晚年常谈到自己人生中的两件大事，其中一件就是："与蒋介石斗了那么几十年，把他赶到那么几个海岛上去了"。可见这件事在他革命生涯中的重要地位。毛泽东这样

---

① 以上参见《毛泽东传》第一册，中央文献出版社 2011 年版，第 242—268 页。

说，至少有三方面的意境：

第一方面说明毛泽东对蒋介石的蔑视。从1927—1949年，特别是在1930年至1931年上述的三次反"围剿"斗争中，3万多人的红军面对数倍于自身的敌军，不仅没有被打垮、没有被消灭，反而一次又一次把蒋介石军队击溃。"把他赶到那么几个海岛上去了"，毛泽东这里只用一个"赶"字，充分表明毛泽东对蒋介石的蔑视。三次反"围剿"斗争的胜利，灭了蒋介石军队的锐气，极大地鼓舞了红军的斗志和士气。

第二方面说明毛泽东对蒋介石的仇视。"与蒋介石斗了那么几十年"，这"几十年"包括三次反"围剿"前后的岁月，那时候，红军队伍走到哪里，蒋介石军队就"追打"到哪里，红军被迫万里大转移到延安，蒋介石还下令部队围追堵击，狂轰滥炸，8万多红军到陕北还剩下7000人，转移、长征途中多少红军将士冻死、饿死、病死，还有被敌军打死、杀害，这一幕幕、一次次、一件件战斗往事都是毛泽东亲历过的，都刻印在他心中。想起往日苦难，仇恨的怒火怎能不在心中燃起。一个"斗"字就很贴切地把对蒋介石的万般仇恨表现出来。

第三方面说明毛泽东对这件事的高度重视。作为人生中的两件大事之一，足以看出毛泽东对与蒋介石斗争的重视。中国共产党人、中国人民和中国人民军队都是在与蒋介石国民党反动派斗争中成长、发展、壮大起来的。

经过几十年的浴血斗争，中国人民用无数先烈的生命和鲜血、智慧和汗水换来了属于人民的成功和成就。毛泽东虽然把这简单地概括为他干的"两件大事"中的一件，却几乎用了他一生的时间。所以，毛泽东格外的重视这件事，这是他一生为之自豪和心悦的一件大事。这件大事是中国共产党和全中国人民、人民军队革命斗争史册上的最光辉、最夺目的华章。

毛泽东一生是敢于反抗、敢于斗争、善于斗争的一生。国内斗

争、国际斗争，党内的斗争、党外的斗争，有用枪杆子斗争、有用笔杆子斗争，政治战线的斗争、思想文化战线的斗争，长期的斗争、短期的斗争，等等。无论哪方面的斗争，毛泽东都在反抗中前进，在斗争中成长壮大，在善于斗争中走向成功。

第五讲　艰苦奋斗，俭朴一生

人没有饿死，就要做革命工作，就要奋斗。一万年以后，也要奋斗。共产党就是要奋斗，就是要全心全意为人民服务，不要半心半意或者三分之二的心三分之二的意为人民服务。

——《坚持艰苦奋斗，密切联系群众》（1957年3月18日），《毛泽东文集》第七卷（人民出版社1999年版，第285页）

中国的革命是伟大的，但革命以后的路程更长，工作更伟大，更艰苦。这一点现在就必须向党内讲明白，务必使同志们继续地保持谦虚、谨慎、不骄、不躁的作风，务必使同志们继续地保持艰苦奋斗的作风。

——《在中国共产党第七届中央委员会第二次全体会议上的报告》（1949年3月5日），《毛泽东选集》第四卷（人民出版社1991年版，第1438—1439页）

一、毛泽东艰苦奋斗，俭朴生活片段

"两个务必"是毛泽东在新中国即将成立的前夕，谆谆告诫全党同志的两句名言。"务必使同志们继续地保持谦虚、谨慎、不骄、不躁的作风，务必使同志们继续地保持艰苦奋斗的作风"。毛泽东是这样要求全党同志的，实际上他自己一直都是这样做的。毛泽东的一生，是革命的一生，也是艰苦奋斗的一生，更是俭朴生活的一生。

说到毛泽东艰苦奋斗、俭朴生活的故事，这里向大家介绍几个笔者耳闻目睹的生活片段。

1. 一件旧睡衣

毛泽东对生活不太讲究，比较随意。在家里爱穿睡衣，宽松、方便。有一件睡衣他生前穿了二十多年，上面的补丁多达67个。工作人员要换新的，他总是说："再穿一穿吧，过段时间再换。"一次毛泽东穿着这件睡衣吃饭，工作人员看到袖口、肘部都破了，又一次建议换一件新的。毛泽东一边吃饭一边对工作人员说："现在国家不是还很困难吗，我看再补一补就行了嘛！"

工作人员说："您的睡衣破成这个样子，洗衣房的师傅从水里也不好往外提，怕把它拽破了。师傅们说，您是主席，该换件新的了。"

毛泽东反问道："噢，我是主席，主席的睡衣就不能补一补吗？"说到这里，毛泽东看到这位工作人员穿的上衣上也有几块补丁，便说："你不是也穿着补丁的衣服吗？"

工作人员小声嘀咕说："您和我不一样。您是全党的主席啊。"

毛泽东放下手中的筷子，认真地说："为什么不一样，就因为我是全党的主席。难道我不也是人民中的一员吗？"

毛泽东这样说，工作人员还能说什么呢？只能照毛泽东"再补一补"的要求办。就这样一次一次地缝补，这件睡衣一共缝补67块补丁。

毛泽东不仅睡衣穿旧了不换，笔者看到，毛泽东常用的两条毛巾被，被边的"毛"都磨掉了。一条补了73块补丁，另一条补了56块补丁。毛泽东曾穿过的内衣、内裤、袜子等，几乎都有补丁。

毛泽东在不同时期多次说过这样的话："我节约一件衣服，前方战士就可多发一发子弹。""没关系，穿里面别人看不见，我不嫌就行。""我的标准，不露肉，不透风就行。""现在国家还穷，不能开浪费的头。""没有条件讲究的时候不讲究，这一条好做到。经济发展了，有条件讲究仍然约束自己不讲究，这一条难做到。共产党就是要做难做的事。"这就是我们党和国家的缔造者啊！毛泽东一生都是这样做的。

2. 一双旧拖鞋

毛泽东生前穿过一双皮质的旧拖鞋。什么时候买的，穿了多少年了，已经说不清了，总之是补了又补，缝了又缝，直到20世纪六七十年代他还一直在穿。后来因为实在太破被身边新来的服务员随手扔到垃圾桶去，换了一双新的拖鞋。毛泽东看到新换的拖鞋，就很不高兴问这位新来的服务员，"原来的那双拖鞋放在哪儿了？"新服务员本以为换了新拖鞋毛主席见到会高兴的。可是一听毛主席不高兴地问及此事，心里一下子就紧张起来了，吞吞吐吐地说，"我把它扔了。"毛泽东接着问，"扔到什么地方去了？"这位新服务员回答说，"扔到外边垃圾桶里去了。"毛泽东便大声说："你快去给我找回来。"这位新服务员立即跑到垃圾桶处寻找。此时垃圾桶快装满了，靠近上面的地方没有找到，就把垃圾桶里的垃圾全倒了出来，才在靠底部的垃圾里找到了。服务员拿着找到的旧拖鞋用水洗了洗，擦干净后便匆忙拿回去报告主席。毛主席一见找回来的旧拖鞋，脸上顿时露出了笑容。

微笑着对这位服务员说:"鞋子是破了点,缝缝补补还可以穿嘛。我穿好几年了,穿着很舒服嘛。"说着抽了口烟,继续说道:"我们国家现在还不富裕,我们还要艰苦奋斗。艰苦奋斗是我共产党人的光荣传统,永远不能丢啊!"这位服务员听了毛主席的教导,心里明白了许多。当即向毛主席表示:请主席放心,我一定吸取教训,把党的这个好传统保持发扬下去。

3. 关于日常生活和吃红烧肉的故事

毛泽东的平常生活是非常节俭、非常简单的。在吃的方面,毛泽东没什么讲究,也没有什么特殊的要求。从不追求什么美味佳肴,山珍海味。他一直保持着湖南家乡的饮食习惯。他每天吃的东西大部分都是与普通家庭吃的差不多。平常,他很少主动提出吃什么的要求,一般都是厨师或工作人员按照他的日常习惯、喜好,给他采购,给他安排,厨师做什么,他就吃什么。

毛泽东的主食以大米为主,平常吃面食很少。比起有名的好大米,他愿意吃南方出产的红米、糙米。每餐一小碗。他还喜爱吃白薯,在有白薯的季节里,厨师煮饭时,往往切一些白薯丁一起煮,吃饭时把白薯丁放在小碗米饭上面,这就是他平时常吃的白薯饭。有时候师傅也给他烤白薯吃。在玉米下来的季节,厨师几乎每餐还给他煮两个老玉米吃。毛泽东平常餐桌上的菜肴,一般是一荤一素一汤,荤菜是一小盘肉丝或肉片炒蔬菜,有时是两条小鱼,过一两个星期吃一次红烧肉。素菜一般是一小盘简单翻炒的纯蔬菜,如马齿菜、木耳菜、冬寒菜、空心菜、紫菜苔、水萝卜、小油菜、蒜苗、丝瓜等等。苦瓜辣椒炒豆豉是他特别喜好的。新鲜辣椒下来时,厨师在火上烤几个辣椒放在小碟内,放一点盐(当时叫它"虎皮辣子"),加一块霉豆腐,他老人家就很满意了。他平常喝的汤,一般是丝瓜汤,或者牛肉末粉丝汤。偶尔,厨师也会给他做泥鳅汤。

来客人时,他就让厨师加菜加饭。如来的是北方人,他就让加面食，如饺子、面条之类。逢冬季，偶尔也会加个火锅。

毛泽东一般是一天两餐，有时一天一餐。他是晚上至凌晨办公，中午起床吃早餐。他的第二顿饭一般在下午六七点以后，但开饭时间就很难说了。有时他老人家一天就吃一餐。工作一忙，看起文件或读起书来常常是废寝忘食，一天不离开座位。工作人员看在眼里，又担心又着急，不能随便催他吃饭，怕打扰他办公或思考问题，但也不能每天总是只吃一顿饭啊，所以，有时工作人员也会轻声通知他说："主席该吃饭了"。听到工作人员的声音，他才能醒悟过来，抬起头来反问："有饭吃啊！"这时，工作人员都习惯地回答："有饭吃。"好像在这时候，他才知道要吃饭填填肚子了。

因为他是经常这样顾不上吃饭，工作人员有时就在他的床头文件桌后面放一盒饼干，肚子饿了就吃上两片，有时厨师也给他炒一小盘青菜吃，这也就算一顿饭了。

下面再说说关于毛泽东"爱吃红烧肉"的故事。上面说了，一般是一到两个星期，厨师根据他的健康需要为他做一次红烧肉。在20世纪60年代，面对国内外的种种压力，苏联单方面撕毁合同、撤走专家，再加上三年自然灾害，我国的国民经济面临严重困难。毛泽东带头勒紧裤带过日子，严格控制伙食标准。当时全国相当一些地区的人民生活极为困难。有一天，有一名警卫战士探亲回来，带回一个又黑又硬、掺杂大量粗糙糠皮的窝头，含着泪水向毛泽东汇报说："主席，我讲实话，乡亲们就吃这个……"毛主席两眼怔怔地盯着那个窝头，伸开发抖的双手把这个窝头拿在手里，费了很大的劲掰开一块放进嘴里。老人家嚼着嚼着流下了泪水。毛泽东一边流泪，一边将掰开的窝头分给在场的几位工作人员，他说："吃，你们都吃，都要吃一吃。这是农民的口粮，是种粮食人吃的粮食……"他吃着说着，最后哽咽得连话都说不出来了。

事后毛泽东郑重宣布：现在国家和人民都在受难，我们人人都要自力更生和艰苦奋斗。他知道城市和农村广大人民群众都很少吃

肉，他给自己规定不吃肉食。他说："老百姓吃定量了，我也应该定量。肉就不吃了。我与全国人民一道同甘共苦嘛。"毛泽东说到做到。从1960年起，很长时间不吃肉，即使厨师给他做了他也不吃。从此，厨师也不再做了。有一次，在毛泽东吃饭时，工作人员问："主席，您为什么不吃肉呢？难道全国人民还在乎您吃那一点点肉吗？若是全国人民知道您也不吃肉，是不会同意的。"毛泽东抬头看看这位工作人员，说："不必说。"然后指着盘中的蔬菜笑着说："这菜好吃啊！夜里我饿的时候啊，也是让师傅给我炒一盘蔬菜，只放油放盐就行了，不吃别的，很好吃呀！我不是现在才这样，以前也是这样的，这是习惯。"①

就这样，在新中国成立以后国家最困难的日子里，毛泽东与全国各族人民一道，过了一段非常艰苦的生活。在他身边工作的人员都知道：那段困难时期，毛泽东很久没有吃过一口肉。在他的影响下，周恩来、刘少奇、朱德等中央领导同志也在相当一段时间里坚持不吃肉。后来条件有所改变了，一天，厨师特意做了一碗红烧肉，吃饭时，毛泽东一见红烧肉，端起碗来就吃，边吃边说："还是红烧肉好吃啊！"后来，毛泽东爱吃红烧肉的故事在社会上就慢慢传开了。

4. 一个月工资收入与支出情况

20世纪60年代，毛泽东每月工资是404.8元。每月开支情况大体上是：

每月10元党费；每月80多元的房租、设备使用费、水电费；每月生活费100元左右；每月为两个女儿和一位亲戚负担的生活费约在45元至90元；毛泽东个人的烟茶费。基本每月能达到收支平衡。有时，工资用完了，遇有家庭招待方面的开支，生活管理员吴连登便写报告，经毛泽东画圈后，才从中央特会室领取一点稿费，

---

① 参见谢静宜：《毛泽东身边工作琐忆》，中央文献出版社2015年版，第128—129页。

作为补贴。①

这里需要说明的是,毛泽东平常的工资结余、稿费收入全由中央办公厅特别会计室保管。毛泽东本人身上从来没有钱。1976年9月9日,毛泽东逝世的时候,他自己的工资结余、稿费收入,共有100多万元。这些工资结余、稿费收入全部存放在中央特会室。他的子女们不能随意动用一分钱。毛泽东说:"这钱是人民的,应当留给人民使用。"

笔者知道,毛泽东去世的时候没有给子女们留下一分钱,也没有为子女们留下一间房。这就是共产党员毛泽东。这就是人民领袖毛泽东。

5. 严格要求子女

毛泽东是慈父,很爱自己的子女,但对子女的要求一贯是严格的,从不搞特殊化,一切照制度办事,按规矩办事。

大家都知道,毛泽东长子毛岸英,8岁时母亲杨开慧就牺牲了,此后在党组织的帮助下,他带着岸青、岸龙两个小弟弟转移到了上海,后来情况变化曾一度流浪上海街头,吃尽了苦头。毛岸英是毛泽东非常疼爱的儿子,重视培养,严格要求。毛岸英在苏联读书学习的时候,毛泽东在百忙中挤出时间多次给儿子写信,对儿子的爱、对儿子的情,渗透在信的字里行间。这里只介绍两封信。

一封是1939年8月26日写的。信的全文是:

岸英岸青二儿:
  你们上次信收到了,十分欢喜!
  你们近来好否?有进步否?
  我还好,也看了一点书,但不多,心里觉得很不满足,不如你们是专门学习的时候。

---

① 参见《毛泽东饮食趣谈》,中央文献出版社2012年版,第31—32页。

为你们及所有小同志，托林伯渠老同志买了一批书，寄给你们，不知收到否？来信告我。下次再写。

祝你们发展，向上，愉快！

毛泽东

一九三九年八月二十六日①

第二封信是1941年1月31日写的。信的全文是：

岸英岸清二儿：

很早以前，接到岸英的长信，岸清的信，岸英寄来的照片本，单张相片，并且是几次的信与照片，我都未复，很对你们不起，知你们悬念。

你们长进了，很欢喜的。岸英文理通顺，字也写得不坏，有进取的志气，是很好的。惟有一事向你们建议，趁着年纪尚轻，多向自然科学学习，少谈些政治。政治是要谈的，但目前以潜心多习自然科学为宜，社会科学辅之。将来可倒置过来，以社会科学为主，自然科学为辅。总之注意科学，只有科学是真学问，将来用处无穷。人家恭维你抬举你，这有一样好处，就是鼓励你上进；但有一样坏处，就是易长自满之气，得意忘形，有不知脚踏实地、实事求是的危险。你们有你们的前程，或好或坏，决定于你们自己及你们的直接环境，我不想来干涉你们，我的意见，只当作建议，由你们自己考虑决定。总之我欢喜你们，望你们更好。

岸英要我写诗，我一点诗兴也没有，因此写不出。关于寄书，前年我托西安林伯渠老同志寄了一大堆给你们少年集团，听说没有收到，真是可惜。现再酌检一点寄上，大批的待后。

---

① 《毛泽东书信选集》，中央文献出版社2003年版，第140页。

我的身体今年差些，自己不满意自己；读书也少，因为颇忙。你们情形如何？甚以为念。

毛泽东

一九四一年一月三十一日①

毛岸英1946年从苏联留学回到延安后，毛泽东先送他几件带补丁的衣服，然后安排他去延安的农村，叫他跟着农民去学种田，让他补上"中国农业大学"这一课。

1949年10月15日，毛岸英和刘思齐的婚礼在中南海举行。这天，毛岸英穿的是在外宾场合当翻译的工作服，刘思齐穿的上衣是灯芯绒布的，裤子是半新的。婚礼结束后，毛岸英和刘思齐临行时，毛泽东拿出随身带来的一件黑色大衣，这是1945年毛泽东去重庆谈判时穿的。他风趣地笑着说："我没有什么贵重礼品送你们，就这么一件大衣，白天让岸英穿，晚上盖在被子上，你们俩都有份。"在场的人都忍不住大笑起来。

李讷是毛泽东非常疼爱的小女儿，但也总是从严管教，从不迁就关照，从不溺爱。李讷上中学后，吃住都在学校，只有星期六才回家。学校在郊区，离家较远，学校有时有活动，天黑之后才能离校。当时毛泽东身边工作人员瞒着毛泽东派车去接她。汽车不进学校，停在校外僻静处，然后工作人员去学校找李讷，再悄悄地把她接回家。这事后来被毛泽东发现了，很严厉地批评了这位工作人员。毛泽东说："别人的孩子就不是孩子了？别人的孩子能自己回家，我的孩子为什么不行？今后不用车接，让她自己骑自行车回来。"

一次周末，李讷感冒发烧，仍坚持要乘公共汽车回家。老师出于关心，坚持不让她走。直到晚上，家人不见李讷回家，打电话问学校，才知道李讷病了，但毛泽东也没有派小汽车去接女儿。

---

① 《毛泽东书信选集》，中央文献出版社2003年版，第152—153页。

三年困难时期，李讷一直坚持和同学吃一样的伙食，毛泽东从不让李讷从家里带东西到学校。一次，工作人员得知李讷在学校吃不饱，便搞了一包饼干悄悄地给李讷送去。李讷看旁边没人，迅速地把两片饼干塞进嘴里。此时此景，工作人员看到后心里很难受。这位工作人员说："吃吧，我还给你送。"毛泽东知道了这件事，很严肃地批评这位工作人员："三令五申，为什么还要搞特殊化？"这位工作人员说："别的学生家长也有给孩子送东西的。"毛泽东一拍桌子，大声说："我的孩子一块饼干也不许送……谁叫她是毛泽东的女儿！"

20世纪50年代，李敏、李讷同毛泽东一起都住在中南海丰泽园。毛泽东住菊香书屋，李敏、李讷住南院的松寿斋，平常李敏、李讷都在东八所机关饭堂就餐。只有星期六才与毛泽东在一起吃顿饭。平常为什么不让孩子们过来一起吃呢？毛泽东说："这是个待遇问题。她们在大灶上吃饭也是我掏钱，可在我这儿吃就不同了。我为人民做了一点工作，这是人民给我的待遇，她们无权享受。"工作人员问："既然您的子女都无权享受，那您平常有时候为什么还让我们工作人员与您一起吃饭呢？"毛泽东说："不，你们和她们不一样。你们每天24小时陪着我，这是她们做不到的。你们为我服务，也间接地为人民服务。我要感谢你们。"

毛泽东很爱自己的子女，但在日常的管教和生活上一向是严格要求的。

6. 关于在中南海的住房

毛泽东1949年3月从河北省平山县西柏坡来到北平，先在香山双清别墅住了很短的时间，考虑到工作的方便，6月就住进中南海丰泽园。丰泽园位于中海与南海连接处的西边，在清代皇家御花园静谷的东边。说到丰泽园，人们都知道是毛泽东在中南海居住的地方。实际上，毛泽东在中南海的故居只是丰泽园里的附属建筑，是一个不大的四合院，清朝时叫"菊香书屋"，是专门存放图书的地方。一直到

1966年8月,毛泽东都住在"菊香书屋"。

1966年8月以后搬到中南海游泳池居住。为什么要搬呢?据说是因为有关方面看"菊香书屋"房屋太破旧,很多设施、设备都生锈、破裂老化了,门廊里柱子上的油漆几乎都脱落了。因此,有关部门借毛泽东外出视察的机会就对丰泽园进行了修缮。此次修缮,事先并没有征得毛泽东本人的同意。几个月后,毛泽东从外地回到北京,一看"菊香书屋"里外焕然一新,非常生气,反语批评道:"富丽堂皇啊!"从此,就搬到距中南海西门不远的游泳池去住了。游泳池,顾名思义,就是供中南海干部、职工游泳的地方,毛泽东本人也在此游泳。游泳池分为室外和室内两个水池。室外的露天游泳池是供夏天天热时用的。室内游泳池是天冷时在室内游泳时用的。从室内游泳池正门走进去,是一个不大的过厅,过厅的右侧是一间小房子,算是工作人员值班室。实际上是毛泽东来此游泳换衣服的地方,可以称它为更衣室。过厅往北就是供游泳者休息的大厅,一个较大些的厅堂。穿过厅堂就可以进入室内的游泳池了。

毛泽东要求住到游泳池,这本来就是个公共活动场所,哪有他老人家居住、办公的空间呢?工作人员很感为难。

毛泽东说:"那个更衣室我看就可以。"小小的更衣室用来给毛泽东办公睡觉似乎显得太小太狭窄了。可毛泽东说:"太小了怕什么,只要能摆个床铺,放张桌子、放把椅子不就可以了嘛!"

毛泽东最后十年的卧室、办公室就是这间游泳池边的更衣室改造的。旁边的供人休息的大厅就成了毛泽东晚年的书房兼会客室。人们在电视上常看到的毛泽东接见、会见外宾的地方就是这里。美国总统尼克松、日本首相田中角荣、美籍华人李政道和杨振宁等等都是在这里接见的。最后的几年,毛泽东也曾在这里召开过政治局会议,1975年批评江青"四人帮"的政治局会议就是在这里召开的。这是个有故事的地方。

1971年,经中央批准在中南海外面为毛泽东新建了一处住所,

就是现在的官园"中国儿童中心"。住所很快就建好了。房子的质量很好，院落也比较大，外观也很别致，适用房间和使用面积比中南海游泳池都要好得多、大得多。房子建好后，让毛泽东搬进去住，毛泽东就是不去。没有办法，请周恩来总理出面做主席的工作，毛泽东仍坚持不去。身边工作人员动员他，不住过去看一看总可以吧。毛泽东说："我又不去那里住，有什么好看的。我要去一看，谁还敢去住。叫他们谁批准盖的谁搬进去住好了。"

游泳池住的房子很破旧，多年失修。有的同志曾动员毛泽东搬回丰泽园住。毛泽东说："丰泽园我也不去。就住在这儿！"之后，经中央同意，在距游泳池南边一点，又为毛泽东新建栋房子叫"202"。毛泽东知道后也很不高兴地说："我讲过，我就住在这里，哪儿都不去。"

1976年7月28日，唐山丰南地区发生强烈地震，地震波及北京，毛泽东游泳池住房顶棚上也裂了条缝，中央考虑到毛泽东的安全，决定把他老人家转移到防震性较好的"202"去住。华国锋去对毛泽东说这个意思，毛泽东指着裂缝的房子说："没事，塌不下来！"当时，毛泽东病情比较重，他自己又不愿意搬出去。怎么办？为了主席的安全考虑，最后大家决定趁他熟睡的时候，让警卫部队的战士们用担架轻轻地把他抬到"202"。他睡醒之后一看不是原来的房子还执意要搬回去，工作人员告诉他：这是中央常委的决定，是为了确保您老人家的安全。他才用含糊不清的话说："既然是常委们的决定，只好如此。"

毛泽东在中南海"202"住了40余天，这是他生命最后的40余天。

毛泽东住什么样的好房子都不过分，然而他几十年来严格要求自己，一直坚持住在游泳池更衣室这样又小又狭窄的旧房子里。毛泽东心里想的是人民，是国家，是党的艰苦奋斗光荣传统。

革命战争岁月，生活艰难，没有条件，毛泽东艰苦奋斗，俭朴生活。新中国成立之后，条件有所改善，人民生活水平有所提高，毛泽东当时已经是党和国家的最高领导人了，可是他还一直艰苦奋斗，过着俭朴的生活，这是令人钦佩的。毛泽东是中国共产党人一生艰苦奋斗、俭朴生活的光辉典范。

二、毛泽东为什么能做到一生艰苦奋斗、俭朴生活

1944年毛泽东在延安为中央印刷厂题词——艰苦奋斗。

1960年10月8日毛泽东为中共中央办公厅工作人员题词——艰苦朴素。

毛泽东是中国共产党艰苦奋斗的提倡者、践行者，更是中国共产党人艰苦奋斗，俭朴生活一生的楷模。

毛泽东为什么能做到一生艰苦奋斗、俭朴生活？笔者以为以下几点是非常重要的。

1.年少时家庭生活和学校教育的影响

毛泽东艰苦奋斗、俭朴生活的思想与从小家庭生活和母亲的教育有一定的关系。毛泽东的母亲善良勤劳，生活很俭朴。这对童年的毛泽东产生过一些影响。但毛泽东艰苦奋斗、俭朴生活的思想主要还是在湖南师范学校读书时，受到学校的教育与培养的结果。

1913年春，毛泽东进入湖南省立第四师范学校预科读书。大约一年后，湖南省立第四师范学校合并于省立第一师范学校，毛泽东在湖南省立第一师范学校学习了4年多，1918年6月毕业。

毛泽东在师范学校总共学习的5年多时间里，他不讲究吃，不讲究穿，从来不坐人力车，不上戏院看戏，不到馆子里吃饭。他的艰苦俭朴在学校里是不多见的。那时候，师范学校学生的膳宿等费用都由学校供给。据有关史料记载，毛泽东在师范学校的这几年里，总共只用了160元，其中有三分之一是花在订报买书籍和杂志。初入四师时，学校发了一套青色呢制服，这套衣服他穿了好几年，直到褪了色，穿了孔，补一补又穿上了。除制服外，他还常穿一件灰色布长

袍，白布单裤。冬天，他就在外衣里面加穿一套旧夹袄；夏天，他就减去里边的旧衣裤。一条白布裤几乎四季不变。一些和他关系很熟的同学打趣地说他："你的算术运用得好，冬天用加法，夏天用减法。"后来，毛泽东在长沙从事革命活动时，仍然是穿这件灰布长袍。毛泽东从入师范学校到毕业就用一套蓝色的旧被褥。毕业后，又伴随他到北京、上海绕了几个圈子，最后跟他回到长沙，一直用到完全破烂，一点不保暖，无法再用了为止。平时毛泽东的鞋袜也很破旧，夏天没有袜子穿，布鞋也是破的。

毛泽东这种艰苦俭朴的生活习惯不仅体现在衣着方面，其他方面也莫不如此。每个星期天，学生回来赶不上饭的，可以自由补餐去吃新炒的菜。毛泽东只在饭堂打点冷饭冷菜，自己悄悄地吃完就走了。

在第一师范读书期间，毛泽东非常注重锻炼身体。学校的浴室旁边，有一眼清凉的水井，毛泽东常来这里进行冷水浴。当学校几百名同学还沉浸在梦乡的时候，毛泽东却早早起来，穿好衣服，带上罗布浴巾，来到水井边。他用井架上的两个吊桶，从井里一桶接一桶地打水向身上倾倒，接着就用毛巾使劲地擦拭全身。擦后又淋，淋了再擦，反复一二十分钟，直到皮肤发红发热为止。穿上衣服后，他接着做一些简单的运动，活动身体各个部位的关节，直到天色发白了，才回教室学习。

同学们问他为什么这样做，毛泽东回答说，冷水浴好处多。第一有益健康，促进血液循环，增强皮肤抵抗力，有助于筋骨的强健；第二有助于勇猛精神的培养，冬天里一桶一桶的冷水向身上冲，没有勇气的人是办不到的。有个同学不解地问：天寒地冻，我们把冷水往身上泼，觉得很难受，你是否也感觉难受呢？毛泽东说：洗冷水浴最初感觉是难受，不下决心是过不了这个关的，因而也就收不到洗冷水浴的乐趣和实际效果。这个过程是由勉强到不太勉强，再由不太勉强到不勉强，坚持不懈地做下去，久而久之，就会习惯成自然，不会感到难受和怕什么困难了，人的意志就会得到锻炼了。毛泽东青年时代在一师养成的冷水浴习惯，数十年如一日地坚持下来，直到晚年，他也坚持不用热水洗澡。他说：冷水浴对锻炼身体的确有很好的效果。我虽年纪大，不能搞冷水浴，但每天洗澡不用热水，只在冷水中加一点热水，使水温达到微温的程度，也不坐在浴盆里洗，只用水淋到身上，再用毛巾使劲擦洗。我觉得这样洗澡比一般洗澡的办法好得多。一般洗澡的办法只有清洁的作用，我这样洗澡的办法，除有清洁的作用外，还有锻炼身体的作用。

毛泽东除了坚持每天早晨洗冷水浴，还经常做其他形式的锻炼，以磨炼自己的意志。在第一师范后面的山上，有一个新修的运动场。那是毛泽东和同学们用勤劳的双手，花费了很长时间，共同开辟出来的。这个运动场可以踢球、赛跑和进行其他体育活动。有一次，大家正玩得高兴，忽然天降大雨，大家纷纷四处找地方避雨，只有毛泽东一个人没有走。等到大家都跑光了，他脱去上衣，站在运动场上让大雨淋洗。在雨中他一边不断拭抹淋在脸上的雨水，一边挥臂作伸展运动。毛泽东这样做，不止一回。有一次，当同学问他这样做有何意义时，毛泽东回答说：这是天雨浴，可以增进一个人抵抗风雨侵袭的能力。

1918年夏，毛泽东从第一师范毕业后，和蔡和森、张昆弟等几个同学寄居在岳麓山湖南大学筹备处的半学斋。他们都是穷学生，每天赤脚草鞋，到山里砍柴挑水，用蚕豆拌着大米煮着吃。在当时，就是这种花钱不多的饭，也是有一顿没一顿的。他们不愁穷，不怕苦，每天照常读自己喜爱的书，讨论哲学问题和时事问题。

毛泽东在学生时代的体育锻炼，并不仅仅是体格的锻炼，同时也是意志的锻炼、能力的锻炼、感情的锻炼，是他为国家、为民族艰苦奋斗的一个重要方面，为他日后参加革命实践、南征北战、二万五千里长征，打下了坚实的基础。他曾经在日记中豪迈地写道："与天奋斗，其乐无穷！与地奋斗，其乐无穷！与人奋斗，其乐无穷！"

1951年秋的一天晚上，毛泽东接见几位在北京的湖南教育界人

士。在谈到青少年培养时，他回顾了自己当年在一师时的情景，强调应该培养青年人艰苦奋斗的品质，教育青年人要不畏艰辛、要积极锻炼身体。他说：你们办学校应该注意一个问题，就是要重视青年学生的体育锻炼。我认为有志参加革命的青年，必须锻炼身体；不能锻炼身体的人，就不配谈革命。大家不是读过《红楼梦》吗？《红楼梦》中两个主角，我看都不太高明。贾宝玉是阔家公子，饮食起居都要丫头照料，自己不肯动手；林黛玉多愁善感，最爱哭泣，只能住在大观园的潇湘馆中，吐血、闹肺病。这样的人，怎么能革命呢？你们办学校，不要把我们的青年培养成贾宝玉、林黛玉式的人。我们不需要这样的青年。我们需要坚强的青年，身体和意志都坚强的青年。

在湖南师范学校学习的5年多时间里，毛泽东养成了艰苦奋斗、俭朴生活的习惯。后来的岁月里，毛泽东常常很兴奋地对友人谈及他这一段学习、生活的情况。

2. 在革命工作中不断发扬艰苦奋斗、俭朴生活的优良传统

从1927年秋收起义遭受挫折走向井冈山创建革命根据地起，直到1949年新中国成立时，毛泽东差不多都是在物质条件极其匮乏的革命战争的艰难岁月里度过的。艰难困苦没有打败他，反而使他更加坚强、更加勇毅。

（1）爬雪山。1935年5月31日，蒋介石电令薛岳、孙震、邓锡侯、杨森各部合围红军。6月8日为了摆脱敌人的"围歼"，红军北上行至天全以后，制订了突破敌人芦山、宝兴防线，奇取懋功的战略目标，而实现这一战略目标的关键，是翻越长征路上的第一座大雪山——夹金山。夹金山又名仙姑山，海拔4900多米，山上终年积雪，空气稀薄，当地老百姓说只有神仙才能飞越此山，所以又叫作"神仙山"。由于山上气候变化多端，凶险莫测，当地人也叫它魔山、死亡之山。很多红军战士以前从未见过大雪山，更不用说爬了。一开始见到雪山，白雪皑皑，一片银色，雪连天，天连雪，很是壮观。可真正

爬起来,却一点也不觉得美了。

毛泽东率领着无畏的红军来到了夹金山下,经过数月行军,粮食已不足,人也筋疲力尽。除了雪山地区恶劣的自然条件外,饥饿和寒冷也给红军带来严峻考验。一是红军经过长途行军和作战,体力消耗很大。二是红军将士大多数来自南方水乡,对严寒和稀薄的空气很不适应,到了雪线以上严重缺氧,人人感到如秤砣压胸。三是缺乏御寒的装备。红军战士从南方一路转战而来,衣着单薄,在雪山上只好靠吃辣椒、生姜御寒,许多战士被冻伤甚至牺牲。爬雪山起初似乎还很顺利,后来突然进入了冰和雪的世界。风雪刺得红军睁不开眼睛,又没有路,人们在冰上摔倒了,要站起来,浑身无力,有的就这样永远地躺倒在雪山的怀抱里了。毛泽东拄着一根竹竿,和其他红军将士一样十分艰难地一步一步攀登着,坚持着。

6月12日,毛泽东率领的中央红军先头部队终于翻过几座大雪山,在北进途中与红四方面军先头部队胜利会师。两大主力红军会师后,总兵力达10万余人,士气高昂。

(2)过草地。爬过了"死亡之山"夹金山和一座座雪山之后,红军还要继续北上。

1935年8月,毛泽东率领红军右路军又进入了更艰险的茫茫草地。当地人把一望无垠、人迹罕至的草地称之为"死亡之海"。好不容易越过"死亡之山",又面临着"死亡之海"。过草地之艰难,是后人难以感受到的。

首先是行难。茫茫草地,遍地是沼泽泥潭,根本没有路。人和马必须踏着草甸走,从一个草甸跨到另一个草甸跳跃前进。或者挂着棍子探深浅,几个人搀扶着走。这样一天下来,精疲力竭。过草地有三怕:一怕没踩着草甸陷进泥沼。泥沼一般很深,如果拼命往上挣扎,会越陷越深,来不及抢救就会被污泥吞噬。当年的红军往往是一个人陷进去后,另一个人伸手去拉,用力过猛也会被带着陷进去。二怕下雨。草甸本来就难走,天下着雨,脚底下更软、更滑,稍不慎就

摔倒,掉进泥沼里去。三怕过河。草地上也有不少河,有的水浅好过一点,有的河宽流急很难过,如果遇着下雨就更难了。红军战士经过长途跋涉,有些身体虚弱的,禁不住冰冷的河水刺激,几乎每过一条河,都有战士倒下。有的老红军在回忆录中写道:有一次,部队正在蹚水过河,突降暴雨,河水猛涨,激流滚滚,尚在河中的人不少被大水冲走吞没。就这样,数不清的红军战士牺牲在草地。

其次是食难。战士们准备的干粮,两三天就吃完了。这时候,草地才过一半,有的甚至不到一半。还有那么长的路程怎么办?就靠吃野菜、草根、树皮充饥。有的野菜、野草有毒,吃了轻则呕吐泻肚,重则中毒死亡。没有能吃的野菜,就将身上的皮带、皮鞋,甚至皮毛坎肩、马鞍子,都煮着吃。饥饿和疾病威胁着每一个人的生命,许多同志在战场上没有倒下去,却牺牲在茫茫草地里。

再次是御寒难。草地天气,一日三变,温差极大。早上太阳出得晚,很冷;中午晴空万里,烈日炎炎;下午往往突然黑云密布,雷电交加,暴雨冰雹铺天盖地而来,或者雾雨朦胧;夜间气温降至零摄氏度左右,冻得人们瑟瑟发抖。红军战士过草地前,大多衣单体弱,准备的棉衣、皮衣哪能够几万人穿!

最后是宿营难。草地净是泥泞渍水,很难夜宿。行军到了傍晚,往往要找土丘、河边、高地等比较干一点的地方宿营。如果找不到就只好在草地里露宿。或者就地而卧,或者坐着打盹,或者背靠背睡一会。因为夜晚太冷了,第二天一早起来,往往会有一些战士,甚至是跟自己背靠背的战友静静地长眠于此。红一军团有一个班,就是这样整整齐齐地两人一组,背靠着背,怀里抱着枪支,像熟睡了的样子,但他们再也没有醒过来。

冷酷无情的草地,就这样吞噬了许多红军将士。随中央纵队前进的毛泽东,和红军战士一样忍饥挨饿,受尽了草地艰苦环境的折磨。他面容消瘦憔悴,两眼深陷,满身泥巴,头发长而蓬乱。他手拄着棍子,有时在警卫员的搀扶下迈着沉重的步伐顽强地向前走着。

爬雪山过草地只是万里长征的一段。整个长征，历时之长、规模之大、行程之远、环境之险恶、战斗之惨烈，在世界战争史乃至人类文明史上也极为罕见。红军将士都是钢铁汉，不怕任何艰难险阻，不惜付出一切牺牲，患难与共、艰苦奋斗，用意志和勇气、用鲜血与生命谱写出一部壮丽史诗。

（3）南泥湾大生产运动。1941年，由于日本侵略军的疯狂进攻和扫荡，以及国民党顽固派的军事包围和经济封锁，使解放区（即中国共产党领导的抗日民主根据地）的财政经济发生了极为严重的困难。为了战胜困难，坚持抗日，1942年底，中共中央提出了"发展经济，保障供给"的方针，号召解放区军民自力更生，克服困难，开展大生产运动。解放区军民在党中央和毛泽东的领导下，开展了南泥湾、槐树庄、大风川等地的屯田大生产运动。王震率领的359旅开赴南泥湾实行军垦屯田。经过3年奋战，在缺乏生产资金和生产工具的极端困难的情况下，发扬自力更生、奋发图强的精神，把南泥湾变成了"陕北江南"，成为大生产运动的模范。

大生产运动实现了战胜困难、渡过难关，继续坚持长期抗日的目的；缓解了军民供需的重大矛盾，打破了国民党顽固派的封锁和扼杀中国共产党革命力量的企图。同时，通过参加生产，提高劳动观念，减轻了农民负担，密切了军民关系、军政关系，保证我们军队永远立于不败之地。

1943年10月，毛泽东到南泥湾视察时，看到他们取得的成绩，非常兴奋，他说，困难，并不是不可征服的怪物，大家动手征服它，它就低头了。大家自力更生，吃的、穿的、用的都有了。目前我们没有外援，假定将来有了外援，也还是要以自力更生为主。①

爬雪山，过草地，南泥湾大生产运动，都是中国共产党领导的人民军队克服重重困难，艰苦奋斗取得胜利的经典例子。在这些重大的

---

① 参见《毛泽东传》第二册，中央文献出版社2011年版，第626页。

革命历程中，毛泽东既是指挥员，又是斗争的参与者、经历者，我们的红军将士经过这些艰难困苦的锤炼，一个个成为坚强的无产阶级战士。他们革命意志更坚强，艰苦奋斗的思想更坚定。

3. 艰苦奋斗、俭朴生活是共产党人应当具有的宝贵品格

1921年7月23日，中国共产党第一次全国代表大会在上海开幕，出席大会的各地代表共13人。湖南省出席本次会议一共2名代表，毛泽东是其中之一，另一名是何叔衡。中国共产党成立初期，革命工作环境是极其艰难的。1927年4月12日，蒋介石在上海发动反革命政变，残酷通缉杀害大批共产党人。之后，轰轰烈烈的大革命失败，共产党人组织发动的南昌起义、广州起义和秋收起义又遭受重大挫折，毛泽东被逼走上井冈山。在创建井冈山革命根据地的岁月里，国民党反动军队一次又一次"围剿"，企图彻底消灭共产党。当时，蒋介石军队有数十万人，毛泽东初上井冈山所带的队伍只剩下1000多人。今天有一首我们十分熟悉的歌谣："红米饭，南瓜汤，秋茄子，味道香，餐餐吃得精打光。干稻草，软又黄，金丝被儿盖身上，不怕北风和大雪，暖暖和和入梦乡。"这是反映当年井冈山斗争生活的歌谣，但实际上，当时的井冈山哪里有这样浪漫，没有粮食，不得不靠南瓜和茄子甚至野菜充饥，缺盐少油的伙食味道可想而知，裹着单衣钻进稻草堆里抵御严寒，怎么可能暖暖和和！真实的情况是"每天除粮食外的五分钱伙食费都感到缺乏，营养不足，病的甚多，医院伤兵，其苦更甚"。但是，无论生活多么艰苦，红军战士们都是坚定乐观，顽强战斗的。"艰难困苦，玉汝于成。"在百年来的历史征程中，我们党能够一路走来，从小到大，从弱到强，一次次从挫折中奋起，在奋起中不断成熟，原因固然很多，但有一条举世公认的原因，那就是一代又一代中国共产党人始终秉持艰苦奋斗的信念，始终坚持艰苦奋斗的思想作风。毛泽东就是其中一位最杰出的代表。

毛泽东在不同时期多次说过这样的话："我节约一件衣服，前方战士就可多发一发子弹""没有条件讲究的时候不讲究,这一条好做到。经济发展了,有条件讲究仍然约束自己不讲究,这一条难做到。共产党就是要做难做的事"……

毛泽东用实际行动表明,他不忘初心,始终牢记共产党员的崇高理想和对共产主义的追求,他不怕任何艰难险阻,不怕牺牲,患难与共,艰苦奋斗,俭朴生活,用意志、品德、智慧、才能和无限的激情谱写了一个真正合格的中国共产党人的不朽篇章。

毛泽东不论是革命战争年代,还是新中国成立后担任党和国家的最高领导职务,他总是率先垂范、严于律己,乐于清贫,苦己为民。他一生重视艰苦奋斗,甘于艰苦奋斗,是我们学习的榜样。

美国作家斯诺在1936年到陕北采访时,看到毛泽东住着简陋的窑洞,周恩来睡的是土炕,彭德怀穿着用缴获的降落伞改制的背心,林伯渠的耳朵上用线绳系着断了腿的眼镜,他从这些细小的事情中,发现了存在于共产党人之中的一种伟大力量。他把这种力量叫作"东方魔力",并断言这种力量是"兴国之光"。斯诺讲的这种"东方魔力"、"兴国之光",就是我们党和国家、军队高级领导干部在艰难时刻带头艰苦奋斗、俭朴生活的真实写照。

所以,1936年,毛泽东在论述中国革命战争的战略问题时就说:"中国共产党以自己艰苦奋斗的经历,以几十万英勇党员和几万英勇干部的流血牺牲,在全民族几万万人中间起了伟大的教育作用。"①

革命胜利后,毛泽东仍然保持谦虚谨慎,他清醒地指出,"这只是万里长征走完了第一步","中国的革命是伟大的,但革命以后的路程更长,工作更伟大,更艰苦。这一点现在就必须向党内讲明白"。"向党内讲明白",说明毛泽东自己早就很明白。这是毛泽东在1949年3月在党的七届二中全会说过的话,主要针对即将成立新中国尤其是建设新中国的艰巨使命而讲的,就是著名的"两个务必"——"务

---

① 《毛泽东选集》第一卷,人民出版社1991年版,第184—185页。

必使同志们继续地保持谦虚、谨慎、不骄、不躁的作风,务必使同志们继续地保持艰苦奋斗的作风"。

艰苦奋斗,是中国革命的传家宝,过去离不了,现在也离不了。从毛泽东开始的党的几代中央领导集体都十分重视坚持和发扬艰苦奋斗传统,并将其作为治党、治国、治军的重要原则贯穿始终。在新的时代、新的任务、新的要求和新的历史条件下,坚持和发扬艰苦奋斗的思想,永远高扬艰苦奋斗的旗帜不动摇,对于全党、全社会自觉抵御各种腐朽思想侵蚀、保持党和国家永不变色、永不变质,全面推进新时代中国特色社会主义建设事业蓬勃发展具有极其重要的现实意义。

第六讲　独特的军事思想，非凡的军事才能

历史上的战争分为两类，一类是正义的，一类是非正义的。一切进步的战争都是正义的，一切阻碍进步的战争都是非正义的。我们共产党人反对一切阻碍进步的非正义的战争，但是不反对进步的正义的战争。对于后一类战争，我们共产党人不但不反对，而且积极地参加。

——《论持久战》（1938年5月），《毛泽东选集》第二卷（人民出版社1991年版，第475—476页）

战争的伟力之最深厚的根源，存在于民众之中。

——《论持久战》（1938年5月），《毛泽东选集》第二卷（人民出版社1991年版，第511页）

毛泽东是农民的儿子，从小读过私塾，读过中学，读过师范。在中国半殖民地半封建社会的国情下，面对国民党反动派的残酷统治，为寻求救国救民的道路，毛泽东不得不放下手中的笔杆子，走向了武装斗争的道路。从此，他开启用枪杆子救国、用枪杆子与国民党反动派斗争的漫漫征途。

从1927年带领秋收起义遭受挫折的部队走向井冈山创建农村革命根据地起，到1949年新中国成立，22年来，毛泽东的生活、工作与战斗，就一直与军队在一起，一直过着军旅生活，经历过成千上万次的战斗，创造了一个又一个中国当代战争史上的奇迹。毛泽东领导的人民军队，从无到有，从小到大，从少到多，到1949年的中国人民解放军，已经发展成为一支拥有400万人的大军。纵观毛泽东22年的军旅生涯，就是这支人民军队从胜利走向胜利的光辉历程。

从军事方面来说，毛泽东在中国共产党领导中国人民革命斗争的史册上建立了两大载入史册的卓越功勋：一是从理论上创立了独树一帜的毛泽东军事思想；二是从实践上解决了"用弱小的革命力量战胜强大的中外反革命势力"这一中国近代革命斗争史上的大难题。

毛泽东创立的这两大业绩，已经被浓墨重彩地刻写在中国人民革命斗争的史册上，并将永远熠熠生辉。

一、毛泽东军事思想要点

1. 毛泽东军事思想的科学体系

毛泽东军事思想是马克思列宁主义军事思想的基本原理和中国革命战争具体实践相结合的产物。是毛泽东思想的重要组成部分，是马克思列宁主义军事思想在中国的运用和发展。

毛泽东创造性地运用马克思列宁主义辩证唯物主义和历史唯物主义的基本原理，观察和分析战争的基本问题，丰富和发展了马克思主义的战争观和方法论。他认为，战争是从有私有财产和阶级以来就开始了的，用以解决阶级和阶级、民族和民族、国家和国家、政治集团和政治集团之间的矛盾的一种最高斗争形式；战争是政治的继续；战争有正义和非正义之分。

毛泽东把马列主义的建军学说与中国实际相结合，创造性地提出了一整套建军理论和原则。主要包括：人民军队是为了维护人民群众的根本利益、执行政治任务的武装集团，全心全意为人民服务是它的唯一宗旨；人民军队必须置于中国共产党的绝对领导之下。

毛泽东创造性地丰富和发展了马克思列宁主义关于人民战争的理论，它的基本精神是：在中国共产党的领导下，一切为了人民群众的利益，坚决相信和依靠人民群众，充分动员、组织和武装人民群众，实行全面彻底的人民革命战争。

2. 毛泽东军事思想主要内容

毛泽东把马克思列宁主义关于人民群众的历史能动作用原理，创造性地运用于中国革命战争实践，形成了一套完整的人民战争思想。革命战争是群众的战争，只有动员和依靠群众，才能进行革命战争。战争力量的对比不但是军力和经济力的对比，而且是人力和人心的对比。战争伟力之最深厚的根源存在于民众之中，兵民是胜利之本，真正有力量的是人民而不是反动派，革命战争是人民群众的事业，动员了广大军民，就造成了陷敌于灭顶之灾的汪洋大海。

在政治、经济发展不平衡的中国社会条件下，要首先在反动统治力量最薄弱的广大农村建立革命根据地，成为为人民军队提供人力物力支援的巩固后方和作战的良好战场，借以达到保存和发展自己，进而消灭和驱逐敌人的战争目的。

革命战争是为人民利益而战的战争，要实行代表绝大多数人民利

益的奋斗纲领和基本政策。战争中要兼顾人民群众的长远利益和眼前利益，重视发展生产，尽可能地减轻人民群众的负担，尽力改善群众生活，以调动和保持人民群众支持长期革命战争的积极性。

必须团结一切可以团结的阶级、阶层和社会集团，利用一切可以利用的矛盾，结成最广泛的统一战线，使革命获得最广泛的国内社会基础和国际同情援助，最大限度地孤立和打击最主要的敌人。

要把武装斗争这种主要斗争形式同其他各种非武装斗争形式，包括工人的、农民的、青年和妇女的斗争，经济战线、外交战线和思想文化战线上的斗争，公开的和秘密的斗争等，在总体上配合起来，从一切方面的努力中不断增加革命的战争力量。

以人民军队作为进行人民战争的骨干力量，实行主力兵团（野战军）和地方兵团相结合，正规军和游击队、民兵相结合，武装群众和非武装群众相结合的体制。

实行与人民战争相适应的战略战术，灵活机动地使用兵力和作战形式。

3. 建军主要原则

这支军队是中国共产党领导的，为着广大人民利益而建立、而战斗的无产阶级性质的新型军队，是真正的人民军队。紧密地与中国人民站在一起，全心全意为中国人民服务，是这支军队的唯一宗旨。

这支军队是执行革命政治任务的武装力量，它永远是一支战斗队，同时也执行工作队、生产队等革命政治所要求的其他任务。

这支军队作为忠实执行中国共产党的政治纲领和政治路线的队伍，必须完全地无条件地置于中国共产党的绝对领导之下。军队的最高领导权和最高指挥权属于中国共产党中央委员会和中国共产党中央军事委员会，一切行动听从中共中央和中央军委的指挥。

这支军队实行坚强有力的政治工作。中国人民解放军的政治工作，是中国共产党为了对军队实施领导而在军队中进行的思想工作和组织工作，是人民军队的生命线。人民军队政治工作的主要内容包括：加强军队中党组织建设，发挥党委的领导核心作用、党支部的战斗堡垒作用和共产党员的先锋模范作用。

这支军队实行集中领导下的民主，建立自觉的严格的纪律，保持和发扬人民军队的优良传统和作风。严格执行三大纪律八项注意，尊重政府，爱护人民；时刻保持坚定正确的政治方向，灵活机动的战略战术，艰苦朴素的工作作风，做到团结、紧张、严肃、活泼。

这支军队不断加强正规化、现代化建设，实行统一的指挥、统一的制度、统一的编制、统一的纪律、统一的训练，加强组织性、计划性、准确性和纪律性。

这支军队不断加强教育训练，严格训练，严格要求，大力开展群众性练兵活动，提高官兵科学文化知识水平，掌握新的技术和随之而来的最新战术，全面提高指战员的军政素质。要办好各类院校，培养合格的军事人才。

这支军队不断加强军事科学研究，注重把自己的战争经验上升为理论，同时批判地借鉴中国古代和外国军事思想的有益成分，发展中国现代的军事科学。

4. 军事行动的基本原则及主要的战略战术原则

毛泽东在指导中国革命战争的长期实践中，创立了一整套具有中国特色的人民战争的基本原则和战略战术原则。

基本原则。一切军事行动的指导原则，都根据一个基本的原则，就是尽可能地保存自己的力量，消灭敌人的力量。一切技术的、战术的、战役的、战略的原则，都是执行这个基本原则的条件。

战略战术原则。一是主张积极防御，反对消极防御。在敌大我小、敌强我弱的条件下，战略防御阶段必须实行战略上的内线的持久的防御战和战役战斗上的外线的速决的进攻战，通过战役战斗上的歼灭战达到战略上不断消耗敌人，借以逐渐改变战争力量的总体对比，

最终把战略防御推向战略进攻。二是以歼灭敌人有生力量作为作战的主要目标，不以保守或夺取城市和地方为主要目标。歼灭敌人有生力量，必须贯彻集中优势兵力，各个歼灭敌人的原则。力求打歼灭战，力避打得不偿失或得失相当的消耗战。实现歼灭战，必须审慎地选择打击方向和攻歼目标，先打分散孤立之敌，后打集中强大之敌。每战集中绝对优势兵力，四面包围敌人，力求全歼，不使漏网。三是采取恰当的作战形式，实行运动战、阵地战、游击战相结合。就中国革命战争的全过程而言，运动战是大量歼灭敌人、决定战争命运的主要作战形式。阵地战是消耗和歼灭敌人的重要作战形式，战略防御阶段主要执行阻击和钳制敌人的任务，在战略进攻阶段主要执行攻歼据守之敌，夺取城市的任务。四是力求主动，力避被动，执行有利决战，避免不利决战，应慎重初战。每战须预有准备，立足于能够应付最困难最复杂的情况，力求有胜利把握，不打无准备无把握之仗。五是发扬勇敢战斗、不怕牺牲、不怕疲劳、连续作战、勇于近战夜战的优良战斗作风；善于利用作战间隙休整部队，以利再战。六是立足现有装备战胜敌人，同时注重从作战俘获缴获中不断充实和改善自己的人力和装备。把对敌军的军事打击与政治瓦解结合起来，重视利用敌人营垒内部的各种矛盾，在军事打击的强大压力下开展有力的政治攻势，利用多种方式解决敌人。七是大力组织支援前线，搞好后勤保障，切实做好人员和各种物资的动员补充工作及医疗救护工作。

二、毛泽东军事思想形成和发展的三大要素

1. 第一大要素

马克思列宁主义军事理论、军事思想的科学指导与结合中国革命斗争的具体实际运用是毛泽东军事思想形成发展的第一大要素。

毛泽东军事思想是马克思列宁主义军事思想与中国革命战争具体实际相结合的产物，是以毛泽东为代表的中国共产党人，从中国实际

情况出发,创造性地运用马克思主义的基本原理,在长期领导中国人民进行的革命战争实践中,逐步形成和发展的。

毛泽东是马克思主义军事思想的坚定信仰者、传播者、践行者和发展者。毛泽东军事思想是马克思主义军事思想宝库当中璀璨的明珠,是指引中国人民革命战争从胜利走向更大胜利的光彩夺目的旗帜。

(1)马克思和恩格斯军事理论是毛泽东军事思想的理论基础。马克思和恩格斯在创立科学共产主义学说时,已经提出了无产阶级只有用暴力推翻全部现存的社会制度,才能实现消灭私有制的结论。从1851年中国爆发太平天国起义到1871年法国爆发巴黎公社起义的20年间,世界范围内发生了十几场战争。这些战争多半属于反对封建主义和殖民主义侵略压迫的战争,也有强国争霸战争。而巴黎公社的武装起义,为无产阶级暴力革命提供了宝贵的经验。马克思、恩格斯从国际工人运动的根本利益着眼,既向各主要国家的工人阶级指出对待这些战争的态度和策略,又从以军事知识武装工人阶级的需要出发,通过对具体战争的历史唯物主义分析,使军事理论领域内长期充斥着的宗教迷信、英雄史观、投机冒险、侥幸取胜等唯心主义观点受到科学的冲击,为正确认识战争规律和战争指导艺术等奠定了科学的基础。同时,在总结各国人民起义和反对殖民帝国侵略的武装斗争经验的基础上,马克思和恩格斯提出了人民战争的精辟思想。他们把19世纪中叶中国人民抗击英法等帝国主义野蛮入侵的英勇流血斗争,称之为"维护中华民族生存的人民战争";他们对中国人民在战争中显示的革命潜力的深刻分析,准确地预报了中国将在东方崛起的光辉前景。他们还撰写了大量关于战争的评论和著作。这些军事文献充分阐明了军队及其技术、战术发展的历史唯物主义原理,从而奠定了无产阶级的军事历史学、军事技术学、军制学、筑城学、战略学、战术学以及军事地理学等各门学科的理论基础。1871年巴黎公社革命失败后,马克思和恩格斯总结这次无产阶级暴力革命的经验教训,进一步

发展了无产阶级暴力革命的理论，为无产阶级必须创建自己的新的军队奠定理论基础，也为毛泽东军事思想的建立和发展奠定了理论基础。

第一，战争是人类社会发展到一定阶段的历史产物。它在社会历史发展过程中既起过残杀破坏作用，也起过破旧立新的革命作用。"暴力，用马克思的话说，是每一个孕育着新社会的旧社会的助产婆"，"是社会运动借以为自己开辟道路并摧毁僵化的垂死的政治形式的工具"。① 资本主义的灭亡，只有经过无产阶级革命才能实现。无产阶级革命虽不排除和平斗争手段，但只有用暴力推翻资产阶级的统治，夺取政权，经过无产阶级专政，才能实现共产主义和消灭战争的目的。

第二，夺取政权、实行无产阶级专政的首要条件是无产阶级军队。工人阶级必须用自己的新的"机器"去代替包括军队在内的全部旧的国家机器。无产阶级只有武装起来，建立起无产阶级的新的军队，在战场上争得自身解放的权利，才能实现暴力革命的目的。

第三，武装起义是无产阶级和被压迫人民暴力革命的开始形式。起义是一种艺术，它要遵守一定的规则，否则就要遭到失败。首先，不要玩弄起义，必须有充分的准备，并集中强大的优势力量，对付在组织、训练和习惯势力方面都占据优势的敌人；其次，起义一旦开始，就必须以最大的决心行动起来，并采取进攻。防御是任何武装起义的死路。必须在敌军还分散的时候，出其不意地袭击他们；每天都必须力求获得新的胜利；必须保持起义的最初胜利带来的精神上的优势；必须争取中间的动摇分子；必须在敌人还没能集中力量对付起义之前就迫使它退却；要勇敢、勇敢、再勇敢！②

第四，暴力（战争）的胜利是以暴力所拥有的物质资料为基础的。

---

① 《马克思恩格斯选集》第3卷，人民出版社2012年版，第564页。
② 参见《马克思恩格斯选集》第1卷，人民出版社2012年版，第650—651页。

军队的全部组织和作战方式以及与之有关的胜负，取决于人和武器这两个条件。新的生产力是新的作战方法产生的前提；新的军事科学是新的社会关系的必然产物，革命就是解放生产力。一个完全新的阶级所进行的新的革命，必然会创造出新的兵器和新的作战体系。无产阶级的解放，在军事上同样将创造出自己特殊的新的作战方法。

第五，无产阶级的革命战争和争取民族独立的战争，必须实行人民战争。"群众起义，全民武装，到处组织游击队——这才是小民族制胜大民族，不够强大的军队抵抗比较强大和组织良好的军队的唯一方法。"①

以上马克思主义军事理论是指引世界无产阶级夺取政权、维护政权、建设政权强大的思想武器和科学真理。

（2）毛泽东军事思想是马克思列宁主义军事思想、原理在中国创造性地运用和发展过程中逐步形成的。有关研究者把它分为以下三个时期：

其一，产生时期。1921年中国共产党成立至1935年1月遵义会议前，是毛泽东军事思想的产生时期。中共一大通过的第一个纲领，就原则性地提出了用革命手段推翻旧政权的历史任务。1924年国共两党合作以后，中国共产党派周恩来等人帮助孙中山建立黄埔军校和革命军队，并先后参加了广东战争和北伐战争，这是中国共产党参与组织武装、参加战争的重要尝试。大革命失败后，毛泽东提出了"上山"以"造成军事势力的基础"的主张。随后，在"八七会议"上，毛泽东又进一步提出"政权是由枪杆子中取得的"重要论断。1927年8月1日，中国共产党发动南昌起义，进入了独立领导武装斗争的新阶段。9月，毛泽东组织领导了湘赣边界秋收起义。尔后，在井冈山斗争中，提出了"十六字诀"的游击战争的基本作战原则。1928年至1930年初，毛泽东在他的《中国的红色政权为什么能够存在？》、

---

① 《马克思恩格斯选集》第1卷，人民出版社1972年版，第336—337页。

《井冈山的斗争》等著作中，提出了中国革命必须走农村包围城市道路的理论。古田会议又明确了建设新型的人民军队的建军原则。在1930年至1931年的反"围剿"作战中，红军取得了丰富的作战经验，提出了诱敌深入的方针，形成了红军的作战原则。这表明，毛泽东军事思想的基本内容已经产生，为其后来科学体系的形成奠定了坚实的基础。

其二，形成完整科学体系的时期。遵义会议至抗日战争胜利，是毛泽东军事思想形成完整科学体系的时期。遵义会议在党的历史上是一个生死攸关的转折点，事实上确立了毛泽东同志在党中央和红军的领导地位，开始确立以毛泽东同志为主要代表的马克思主义正确路线在党中央的领导地位，在最危急关头挽救了党、挽救了红军、挽救了中国革命。1936年12月毛泽东写了《中国革命战争的战略问题》一书，运用辩证唯物主义和历史唯物主义的观点，深刻地阐明了无产阶级研究战争和指导战争的立场、观点和方法，系统地论述了中国革命战争的战略指导问题。抗日战争爆发后，毛泽东相继发表了《抗日游击战争的战略问题》、《论持久战》、《论新阶段》、《战争和战略问题》等军事著作，系统地论述了人民军队、人民战争的战略战术的理论和原则，以及研究和指导战争的认识论和方法论。这一时期，毛泽东军事思想已发展成为系统的理论，并经受了战争实践的考验。

其三，全面丰富和发展时期。解放战争、新中国成立后的抗美援朝战争，以及社会主义革命和建设时期，是毛泽东军事思想继续得到全面丰富和发展的时期。在全国解放战争中，毛泽东等老一辈军事家的战争指导艺术得到了充分的发挥，毛泽东军事思想得到极大地丰富。在《抗日战争胜利后的时局和我们的方针》、《以自卫战争粉碎蒋介石的进攻》、《集中优势兵力，各个歼灭敌人》、《解放战争第二年的战略方针》以及关于辽沈、淮海、平津三大战役的作战方针等著作和文电中得到充分体现。抗美援朝战争是一场现代化战争，指导这场战争取得伟大胜利，为毛泽东军事思想增添了适应现代化战争需要的新内容。新中国成立后，毛泽东又提出了国防建设理论、制定了积极防御的战略方针，进一步丰富发展了毛泽东军事思想。

在马克思主义军事思想指引下，毛泽东军事思想不断丰富完善、不断创新发展。

2. 第二大要素

博览古今中外军事典籍和有关的军事著作是毛泽东军事思想建立和发展的第二大要素。

毛泽东一生酷爱读书，特别是兵书。克劳塞维茨的《战争论》是毛泽东很喜欢的一本军事专著。克劳塞维茨是19世纪德国著名的军事理论家，他的《战争论》是西方资产阶级军事思想的经典名著。毛泽东在延安时就读过这本书，新中国成立后带进中南海的在延安时期读过的一千多本图书中，就有这本军事大作。我在中南海从事图书管理工作时，曾翻阅过这本厚厚的精装本，上面还有毛泽东阅读时圈画的种种符号。现在，这本军事著作已随着毛泽东生前批注圈画过的图书一起移交给中央档案馆保存了。

1960年5月27日，毛泽东主席在会见英国陆军元帅蒙哥马利时说："你学过克劳塞维茨，我也学过。他说战争是政治的另一种形式的继续。"至于毛泽东最早是什么时候开始接触克劳塞维茨及其《战争论》的，现在已经很难考证了。据有关资料记载，1932年10月，在宁都会议上，毛泽东被苏区中央局全体会议剥夺参与红军前方作战指挥权，回到瑞金中华苏维埃共和国临时中央政府"主持一切工作"后，曾经对时任中革军委委员兼总参谋长叶剑英说："看来还得学习克劳塞维茨的军事理论。"说明此时，对于克劳塞维茨及其军事理论，毛泽东已经有所了解了。

长征胜利后，在延安的毛泽东开始系统地研读克劳塞维茨的军事理论。他在1964年6月24日会见越南人民军总参谋长文进勇率领的越南友好代表团时说："1936年，红军大学要我去讲革命战略问题。

好，我就看参考书，考虑怎样总结国内革命战争的经验，写讲义。我看了国民党的军事材料，看了日本、俄国和西欧国家的一些军事著作，其中包括克劳塞维茨的军事著作"。①

毛泽东不但自己读克劳塞维茨的《战争论》，而且还鼓励身边的同志读。他在1937年12月28日给时任中央军委编译处处长郭化若的信中写道："化若同志：你写战略，应找些必要的参考书看看，如黄埔的战略讲义，日本人的论内外线作战（在莫主任处），德国克老斯伟资（即克劳塞维茨——引者注）的战争论，鲁登道夫的全体性战争，蒋百里的国防论，苏联的野战条令等，其他可能找到的战略书，报纸上发表的抗战以来论战争的文章通讯亦须搜集研究。"②

在保存下来的毛泽东唯一的一本读书日记中，记载了他从1938年3月18日到4月1日十几天间，时断时续读《战争论》的经过。其中"十八日，开始看克劳塞维资（茨）的战争论，P1—19序言及目录，第一篇战争之本质，从P24起，本日看完第一章，至P55止"。③在读书日记中，记载了他读《战争论》到168页的记录，以后的没有记载。这是毛泽东在延安时读《战争论》的最准确、最真实的记载。

1938年9月，毛泽东还组织了一个"克劳塞维茨《战争论》研究会"。据郭化若回忆，参加研究会的除毛泽东外，还有萧劲光、罗瑞卿、滕代远、莫文骅等十来个人。研究会的地点在毛泽东的窑洞里，每周组织一次学习研讨，每次大约4小时。莫文骅回忆，这个研究会采取边学习边讨论的方法。一开始学的是国民党陆军大学的《战争论》译本；后来又以"学原著"的形式，请时任抗大教员、中央军委编译处译校的何思敬（曾经在中山大学教授过《战争论》），先从克劳

---

① 《建国以来毛泽东军事文稿》下卷，军事科学出版社、中央文献出版社2010年版，第241页。

② 樊昊：《毛泽东和他的"顾问"》（修订本），人民出版社2006年版，第7页。

③ 《毛泽东哲学批注集》，中央文献出版社1988年版，第282—283页。

塞维茨关于战略学的德文原著相关论述中翻译一部分，写成讲义，研讨会活动时，先发讲义，再请何思敬进行讲解。

每次研究会，当何思敬讲解完后，大家都进行讨论，毛泽东每次都积极讲述自己的意见。据莫文骅回忆，讨论中，大家讨论最多最热烈的是集中兵力问题。毛泽东说，克劳塞维茨的作战指挥实践不多，但集中兵力问题讲得好。批判地汲取《战争论》中有用的成分，对于毛泽东指挥革命战争，创立毛泽东军事思想，是有积极意义的。毛泽东后来的许多军事论著，不少地方都借鉴和吸收了克劳塞维茨《战争论》中有用的东西。

《孙子兵法》、《孙膑兵法》这两部兵法专著，毛泽东也读过多遍。《孙子兵法》三十六计，毛泽东熟记于心。"知己知彼，百战百胜"等常提及，晚年岁月，还读新印线装大字本《孙子兵法》、《孙膑兵法》。

还有《二十四史》、《资治通鉴》、《通鉴纪事本末》、《三国演义》、《隋唐演义》、《东周列国志》、《智囊》等等史籍中有关战争的记述和描写，毛泽东都一生爱读。把史籍当兵书读，从读史中学兵法和战术战法。下面仅以读《二十四史》为例，向读者略述一二。

毛泽东在读《南史》卷五十八《韦睿传》时，对韦睿"敢以数万抵百万"英勇善战的记载，很感兴趣。毛泽东在这段文字旁加了旁圈，用蔑视的笔调写了批语："虽众，何所用之。"梁武帝先派曹景宗前去解围，此公到达邵阳洲后，筑垒防守，却不敢进攻。梁武帝无奈，继派韦睿增援。韦接令后率部日夜兼程，但韦部属见众寡悬殊，有些胆怯，劝他缓行。韦睿当即进行了批评和劝导，并率领将士坚持急行军，仅10天就赶到了邵阳洲。在距曹景宗营前20里处，他令将士连夜赶修工事，挖长壕，树鹿角，截洲为城。第二天拂晓，军营、工事都立起来了。魏中山王元英大惊失色，用手杖敲着地说："什么神仙到了！"毛泽东就在这一段文字的天头上写下批语："敢以数万抵百万，有刘秀、周瑜之风。"毛泽东把韦睿与英勇善战、谋略过人的东汉开国皇帝刘秀、三国名将周瑜相提并论，足见对其的称赞。

《二十四史》虽然不是兵书，但它记载和叙述了许多关于战争和战略战术的内容，历朝、历代许多著名的战争战役。毛泽东爱读《二十四史》，更爱读其中关于战争和战略战术的记载描述。

　　我们在图书服务工作中知道，《二十四史》中凡记述农民运动的文字，毛泽东都有浓厚的兴趣，在阅读中都有圈画和批注。例如在《唐书·黄巢传》后，附有毛泽东亲笔画的黄巢行军路线图一张，从此可以看出他读《黄巢传》时是多么得用心。毛泽东高度肯定农民起义战争的积极作用，他说，陈涉、吴广的功绩甚至连封建统治阶级也不否认。同时他对于农民起义军的失误，也总是惋惜地标出或批注，如在《史记》和《汉书》的"陈涉传"中写他斩杀故旧的地方，毛泽东特地加了"可惜""不当如是"等批语。

　　1958年11月武昌会议期间，毛泽东批读《三国志·张鲁传》，心潮汹涌，曾写了大段文字，揭示出中国历史上前赴后继的农民起义战争的巨大意义，并指出了这种斗争同无产阶级革命运动在性质上有原则性区别，但同时也有相同的地方，即"极端贫苦农民广大阶级梦想平等、自由，摆脱贫困，丰衣足食"。他认为，广大农民群众不仅在长期的封建时代是历史发展的推动力，而且直到今日，仍然蕴涵着要求改变一穷二白、摆脱贫困、追求平等自由的旺盛的革命积极性。农民美好的愿望和革命积极性，只有在无产阶级及其先锋队共产党的领导下才能实现，才能成功地得到发挥。他批示道："二千年中，大规模的农民革命运动，几乎没有停止过。同全世界一样，中国的历史，就是一部阶级斗争史。"[1]这是毛泽东运用马克思主义的立场、观点和方法，分析中国漫长的农民起义战争的历史，得出的一个完全符合历史唯物主义观点的科学结论。

　　我们在图书服务工作中还知道，毛泽东在读《二十四史》过程中，对唐太宗李世民的战略战术思想甚为欣赏，曾对其"坚壁挫锐"的战

---

[1]《毛泽东年谱》（1949—1976）第三卷，中央文献出版社2013年版，第548页。

略战术给予了高度评价。他对身边的工作人员说:"打仗要像唐太宗那样,先守不攻,让敌人进攻,不准士兵谈论进攻的事,谈论者杀。待敌人屡攻不克,兵士气愤已极,才下令反攻,一攻即胜。这样一可练兵,二可练民。"①

与"坚壁挫锐"战术相配合,李世民在战争中还有效地利用了"以弱当强、以强当弱"的战术。明朝冯梦龙编著的《智囊》第二十二卷《兵智部·制胜》中阐述孙膑的"驷马法"时,引用了唐太宗的自述:"自少经略四方,颇知用兵之要。每观敌阵,则知其强弱,常以吾弱当其强,强当其弱。彼乘吾弱,奔逐不过数百步;吾乘其弱,必出其阵后,反而击之,无不溃败。"毛泽东读到此处深有同感,提笔批写:"所谓以弱当强,就是以少数兵力佯攻敌诸路大军","所谓以强当弱,就是集中绝对优势兵力,以五六倍于敌一路之兵力,四面包围,聚而歼之"。毛泽东也因此盛赞李世民:"自古能军无出李世民之右者,其次则朱元璋耳。"②

《新唐书》卷八十《李恪传》记载:在立皇储问题上,唐太宗明知李治为人柔弱、思虑不精、缺少雄主的韬略,李恪则"英果类我"、文武兼备、堪当重任;却只因国舅长孙无忌极力保举李治,而放弃了改立李恪为太子的打算,结果酿成了武则天的专权。毛泽东认为这一祸患的根源应始于立李治为太子。因此毛泽东在《新唐书·李恪传》这段文字的天头上无不遗憾地写了批注:"李恪英物,李治朽物,知子莫若父。然卒听长孙无忌之言,可谓聪明一世,懵懂一时。"这条批注,对李世民既有称颂,也有批评。尽管如此,毛泽东还是很欣赏李世民。毛泽东不仅对《二十四史》中关于李世民的记述一遍遍阅读,而且对其他史籍如《智囊》中关于李世民的记述也读得很细。

毛泽东从读兵书、史籍中学习战争有关的知识和战略、战术,拓

---

① 冯文彬主编:《毛泽东与青年》,辽宁人民出版社1992年版,第160页。
② 《毛泽东著作专题摘编》(下),中央文献出版社2003年版,第1366页。

宽视野，开阔眼界，这对丰富完善发展毛泽东军事思想，增长军事才能等都是有助有益的。毛泽东"战争是政治的继续"、"政治是不流血的战争"等军事思想和"以少胜多"、"集中绝对优势兵力，包围敌人，力求全歼"、"声东击西"、"避强攻弱"、"力求在运动中歼灭敌人"等等战略战术，都是从读兵书和史籍中学习得来的。

3. 第三大要素

毛泽东主观方面的原因，是决定其军事思想的形成和不断地丰富发展的根本要素，也就是毛泽东本人阐述过"内因是变化的根据"的道理。就毛泽东本人来说，决定其军事思想和军事才能的主观方面的原因，笔者认为以下几个方面是非常重要的。

（1）坚定的信仰，一生的追求。坚信马克思主义，一生追求实现崇高的共产主义理想。这是毛泽东一生向前力量的源泉。

从1920年起，毛泽东已经成为马克思主义者，就把实现崇高的共产主义理想作为人生的唯一最高的追求。57年来一直全心全意为之而奋斗，全心全意为之而努力。前进的道路上无论遇到多少困难、多少阻碍，多少次面临生死的考验，毛泽东从不动摇，总是执着向前。信仰和追求是毛泽东建立、丰富、发展军事思想，增长提高军事才能的动力源泉。从理论上，毛泽东是这样认识的；从行动上，毛泽东一直是这样做的。这是毛泽东能够创造军事业绩，创造军事辉煌，获得军事成功的最大精神法宝。

（2）无私无畏，实事求是，一切从实际出发。毛泽东是一个无私无畏的人。他"毫无自私自利之心"，再加上"实事求是"、"一切从实际出发"的思想路线和方法。两方面合在一起铸就他"敢上九天揽月，敢下五洋捉鳖"、敢于"与天奋斗、与地奋斗、与人奋斗"的大无畏精神。

1927年大革命失败后，中国革命陷入低潮。当时的中共中央没有认清形势，在1927年11月召开的中央临时政治局扩大会议上，仍然确定以城市为中心的全国武装暴动计划。但实际上,从外国搬来的"城市中心论"是脱离中国实际情况的。

以毛泽东为代表的中国共产党人坚持实事求是,一切从实际出发,领导建立井冈山根据地,走出了一条符合国情的革命道路。在创建井冈山根据地的过程中,红军中有人对于在四周白色政权的包围之中,小块红色政权的存在和发展缺乏信心,毛泽东通过调查研究,以大无畏的精神,与错误思想作斗争,写出了具有重要意义的《中国的红色政权为什么能够存在?》《井冈山的斗争》等决议和报告,提出了"工农武装割据"的思想和红色政权能够存在和发展的理论。

这一思想,总结了井冈山的对敌斗争经验,提出了红军和红色政权发展的一系列行之有效的政策,初步解决了在政治经济发展不平衡的农业大国,在敌强我弱的形势下,共产党怎样坚持革命、怎样发展壮大革命力量的问题,为农村包围城市道路的开辟奠定了基础,在革命者的心中燃起新的希望。

遵义会议上,毛泽东坦坦荡荡,一心为党,一心为国,一心为民;遵义会议之后的几十年,毛泽东一直都是这样做的。无论是在战场上,还是在新中国成立之后的社会主义建设各项事业中,面对种种困难,毛泽东都是无私无畏,实事求是,一切从实际出发。

这种对党的革命事业无比尽心尽职的精神和思想作风境界,对建立和发展毛泽东军事思想,增强军事才能无疑会产生重要作用。

(3)灵活机动,不循常规。这是毛泽东军事战略战术的重要内容之一。客观实际是千变万化的,且不以个人的意志为转移。在实际的军事行动中,面对已经变化了的实际情况,我们就应当根据新情况的需要灵活调整应对办法,用新办法对付敌人的新情况。这是毛泽东在战场上的"知彼知己"、"因时应战"、"出敌意料"、"百战百胜"的秘诀所在。

1947年3月,国民党胡宗南等部调集23万人马,对党中央毛泽东所在的陕甘宁根据地实施重点进攻。当时,留在陕北的解放军仅有

3万多人，毛泽东采取诱敌深入，果断放弃延安，然后，在辽阔的黄土高原上与敌周旋，运动敌人东跑西进，制造战机，适时消灭敌人。最后粉碎了敌人对陕甘宁的重点进攻，又收复了延安。对此，毛泽东说，实施诱敌深入无疑要在一定时期内丧失一部分土地，打破一些坛坛罐罐，但是"如果我们丧失的是土地，而取得的是战胜敌人，加恢复土地，再加扩大土地，这是赚钱生意"，"只有丧失才能不丧失"。①类似这样的战例很多，这里不再赘述。

迂回运动，调动敌人，寻求弱点，灵活机动，不循常规，出其不意打击敌人，消灭敌人，这是毛泽东常用的军事战略战术，也是毛泽东军事思想的一大特色，充分展现了毛泽东过人的军事才能。

以上三个方面，仅是毛泽东发挥主观能动性的缩影，其中约略可以看出主观因素对毛泽东军事思想、军事才能的形成和发展是至关重要的。

综上所述，作为毛泽东军事思想、军事才能和战略战术的三大要素都是非常重要的。第一大要素是根本，第二大要素是途径，第三大要素是内因。三大要素相互联系、相互补充、相互融通、相互结合、相互共存，才能谱写出毛泽东军事思想、军事才能的新的篇章，创造新的辉煌。

三大要素的有机结合是毛泽东军事思想形成发展、毛泽东军事才能不断提升的有力保证。毛泽东在军事方面的巨大成功，毛泽东非凡的军事才能，毛泽东在军事方面取得的辉煌业绩，与这三大要素都有密切的关系，是三大要素共同发挥作用的丰硕成果。

三、三大战役的伟大胜利

以"弱"克"强"，以"少"胜"多"，以"寡"敌"众"，这是毛泽东军事思想的一大特点，也是毛泽东军事实践生涯中的一大显著亮

---

① 《毛泽东选集》第一卷，人民出版社1991年版，第211页。

点。建立井冈山根据地时期，1930年底至1931年9月，蒋介石曾调集10万、20万、30万国民党精锐军队三次到井冈山"围剿"毛泽东只有3万多人的红军队伍，企图一举全部消灭红军。可是一次一次都大败而逃。毛泽东率领的3万多红军，不但没有被消灭，反而队伍越战越勇。毛泽东在战争的大海里，不但"不使自己沉没，而要使自己决定地有步骤地达到彼岸"。从离开井冈山根据地到第五次反"围剿"的失利，开始万里长征大转移，到1945年日寇投降，从南到北，从西到东，跋山涉水，披星戴月，饥寒交迫，几千个日日夜夜，毛泽东几乎是游弋在战争的海洋里。毛泽东在苦难生活、战争战斗的烈火中磨炼成长，他始终把握战争发展的规律，踩着整个战争变化发展的节奏，乘风破浪，运筹帷幄，决胜千里。

随着历史巨人的步伐，时间走到了新中国成立前夕，敌我势力也在发生着变化，辽沈、淮海、平津三大战役摆在了毛泽东的面前，决战的时刻到了。

1. 辽沈战役

大决战的第一场大戏是辽沈战役，大幕在1948年9月12日徐徐拉开。参加辽沈战役的中国人民解放军东北野战军连同地方武装总共70万人，敌方为55万人，其中正规军48万，分别困守在长春、沈阳、锦州三个孤立的据点上。

根据敌我双方基本军事情况和东北的地理特征，毛泽东制定的作战方针是：先打锦州以封闭敌人逃往内地的门户，并准备趁势歼灭由长春、沈阳倾巢来援的敌兵团。由此，辽沈战役的重要特点就在于一个"关"字，即首战锦州，关上东北通往内地的大门，形成"关门打狗"、"瓮中捉鳖"之势，以达将东北之敌就地全歼，使之无法逃往内地的目的。

锦州地区的作战是从9月12日打响的。由奔袭南下的东北野战军发动攻势包围锦州。锦州被围，国民党由东北撤向华北的咽喉被

钳，东北境内的敌军面临全军覆没的危险。蒋介石心急如火，遂率三军总司令及高级幕僚飞抵北平，召开紧急军事会议，调兵遣将；接着蒋介石又慌忙飞到沈阳，亲自指挥，并急调北宁线华北"剿总"的5个师来援，连同原来在锦西的4个师，共9个师，于10月10日起开始向塔山阵地猛攻，但始终未能突破人民解放军阵地。廖耀湘兵团（国民党第9兵团）11个师又3个骑兵旅由沈阳驰援锦州，被人民解放军阻击在彰武、新立屯地区。10月14日人民解放军对锦州发起进攻，经过31小时激战，全歼敌人，俘虏敌东北"剿总"副总司令范汉杰、第6兵团司令卢浚泉以下约9万人。锦州的解放迫使长春敌人的一个军起义，其余全部投降。此时，东北国民党军全军覆灭的命运已成定局。但蒋介石仍然梦想夺回锦州，打通关内外的联络，严令廖耀湘兵团继续向锦州前进。东北野战军在攻占锦州后，就立即向东北方面回师，从黑山、大虎山南北两翼合围廖耀湘兵团。10月26日将廖耀湘兵团包围于黑山、大虎山、新民地区，经两日一夜的激战，全部歼灭该部，俘虏敌兵团司令廖耀湘，军长李涛、向凤武、郑庭笈以下10万余人。人民解放军乘胜追击，11月2日解放沈阳、营口。至此，东北全境宣告解放，辽沈战役胜利结束。

辽沈战役历时52天，共歼灭敌人47万2000余人。辽沈战役胜利后，敌我军事力量对比发生了根本变化，国民党总兵力下降到290万，人民解放军增加到300余万。这一战争形势的根本变化，使中国共产党原来预计"五年左右根本上打倒国民党"的战争进程大为缩短，毛泽东高兴地说：只需从现在起，再有一年左右的时间，就可能将国民党反动政府从根本上打倒了。

辽沈战役的胜利，大长了中国人民解放军的士气和斗志，为淮海、平津战役的胜利奠定了良好的基础。

2. 淮海战役

当辽沈战役激战犹酣，即将取得胜利的时刻，1948年10月11日，毛泽东就为淮海战役作了部署，制定了作战方针，主要是集中兵力，中间突破，重点打援，分段歼敌于长江以北。

此时，国民党刘峙集团有兵力60万，后增至80万，以徐州为中心，同时陈兵于商丘到连云港的陇海线和南到蚌埠的津浦线。蒋介石企图以此"一点两线"阻止解放军南下，屏障南京。人民解放军华东野战军、中原野战军及晋冀鲁豫军区的部分部队共计60万人。决战态势形成。

1948年11月6日至1949年1月10日，敌我双方共计100多万人在以徐州为中心，东起海州、西至商丘、北迄临城、南达淮河广大地区，进行一场规模空前的淮海战役。

中国人民解放军根据毛泽东制定的作战方针，要实施"中间突破"和"分段歼敌"的意图，关键在于"重点打援"。因此，淮海战役的一个特点就是一个"挡"字，即以重兵阻挡敌之援兵，各个歼灭敌人。

11月6日，人民解放军在徐州以东实施"中间突破"，在碾庄地区将正在向徐州靠拢的敌黄百韬兵团包围，而以二分之一的兵力阻挡从徐州出动的援兵。敌邱清泉、李弥两兵团用了11天时间，付出了1万人的代价，只向东前进了30里。这一战术的成功运用，使被围的黄百韬兵团孤立无援，22日被人民解放军一举歼灭，黄百韬被击毙。

蒋介石见形势危急，遂从华中调黄维兵团增援。谁知黄维兵团行至徐州西南宿县一带，又被解放军包围。为救黄维兵团，蒋介石又慌忙下令徐州兵力南进蚌埠兵力北上，均遭解放军阻挡不能前进，结果，黄维兵团反复突围未果，12月15日被全歼，黄维被俘。

大势已去。蒋介石为保存实力，遂命徐州守军向西南撤退。12月4日，华中"剿总"副司令杜聿明率3个兵团近30万人行至永诚、萧县一带又遭解放军包围。其后，毛泽东下令对其围而不打两周，其目的在于稳定华北之敌，为平津战役顺利进行打好基础。其间，人民解放军对被围的国民党官兵开展了大规模政治攻势，许多士兵放下武器投诚。但是，杜聿明拒绝放下武器。从1949年1月6日起，解放

军发起总攻，歼敌25万余人，生俘杜聿明，击毙邱清泉，李弥逃跑。

淮海战役历时66天，共歼敌55万余人，使国民党统治的中心南京、上海完全处于人民解放军的直接威胁之下。

3. 平津战役

在淮海战役进行过程中，即1948年11月29日，平津战役又打响了。国民党在淮海战役中的惨败，已使华北约60万敌军大为震惊，蒋介石随时可能将此部队海运南撤。华北"剿总"司令傅作义将60万部队沿平绥线摆开"一"字长蛇阵，准备在不利情况下南撤或西逃。因此，平津战役能否胜利展开关键就一个"稳"字，即将敌军"稳"在华北不动。

为稳住敌军，就地解决，毛泽东根据当时敌我双方的实际情况，及时采取一系列措施：

首先，命令东北野战军秘密入关，对北平、天津实施战略切割。兵贵神速，出其不意，傅作义根本没有料到东北野战军刚打完辽沈战役未经休整就入关作战。

其次，命令华北野战军包围张家口。

再次，对敌采取"围而不打"（对张家口、新保安）、"隔而不围"（对北平、天津）的原则。

最后，命令淮海战役停止进攻两星期。

这样，将敌军彻底"稳"住了。此后，解放军首先打下新保安、张家口，又用29小时解放了天津。此时，傅作义在北平已走投无路。在中国共产党的政治攻势争取下，傅作义接受和平改编，北平宣告和平解放。

平津战役从1948年11月29日至1949年1月31日，历时64天，除5万敌人由塘沽海路逃跑外，共歼灭改编国民党军队52万余人。至此，长江以北广大地区基本解放，国民党只能凭借长江天险阻止人民解放军了。"中国人民将要在伟大的解放战争中获得最后胜利，这一点，现在甚至我们的敌人也不怀疑了"。①

战略决战的胜利，是毛泽东军事思想的胜利，是毛泽东高超的军事战略艺术的舞台展示。辽沈、淮海、平津三大战役规模宏大，交战双方总兵力均在百万以上，战局千变万化，战斗激烈空前。毛泽东完全控制了整个战局的发展变化，并完全按照他的总体设计一幕一幕展开。

三大战役前后整体部署有序，战略战术切合各自实际，各自选择开战的时机确当，辽沈战役趁敌犹豫不决时开始；在辽沈战役即将胜利之时，又开始淮海战役；淮海战役接近尾声又部署了平津战役。三大战役相互连接自然，此伏彼起，有张有弛，高潮迭起，引人入胜，形成了一个有机的整体。三大战役恰如中国近代革命斗争史上的最精彩、最动人、最令人鼓舞的一台大戏。

三大战役的伟大胜利，整个战争的战略战术的谋划、战局的进程和发展、兵力的调配和使用等等，都是毛泽东和毛泽东军事思想的指挥、指引下取得的。

三大战役的伟大胜利，又一次展示了毛泽东军事思想的无比伟力和毛泽东本人非凡的军事才能，又一次说明"弱小的革命力量也可以战胜强大的敌人"的辩证道理。

三大战役的伟大胜利，是毛泽东人生在军事方面获得成功的又一个光辉典范。

---

① 《毛泽东选集》第四卷，人民出版社1991年版，第1372页。

第七讲　全心全意为人民服务、为人民谋利造福

没有满腔的热忱，没有眼睛向下的决心，没有求知的渴望，没有放下臭架子、甘当小学生的精神，是一定不能做，也一定做不好的。

——《农村调查》的序言（1941年3月17日），《毛泽东选集》第三卷（人民出版社1991年版，第790页）

全心全意地为人民服务，一刻也不脱离群众；一切从人民的利益出发，而不是从个人或小集团的利益出发；向人民负责和向党的领导机关负责的一致性；这些就是我们的出发点。

——《论联合政府》（1945年4月24日），《毛泽东选集》第三卷（人民出版社1991年版，第1094—1095页）

一、毛泽东创造性提出党的"全心全意为人民服务"的根本宗旨

把"全心全意为人民服务"作为无产阶级政党——中国共产党的根本宗旨，是毛泽东对无产阶级政党建设的一大贡献，是对马列主义关于无产阶级政党建设思想的丰富和发展。

马克思、恩格斯在《共产党宣言》中，把无产阶级的历史使命同以往的任何运动作了科学的区分，指出："过去的一切运动都是少数人的，或者为少数人谋利益的运动。无产阶级的运动是绝大多数人的，为绝大多数人谋利益的独立的运动。"①无产阶级的运动之所以具有这样的历史特点，能够担负起推翻旧世界，建设为绝大多数人所有的新社会，是因为马克思、恩格斯考察了人类社会特别是资本主义社会的矛盾运动，认定在同资产阶级对立的一切阶级中，只有无产阶级是真正革命的阶级，其余的阶级都随着大工业的发展而日趋没落和灭亡，无产阶级却是大工业本身的产物。正因为这样，一方面，无产阶级失去了任何生产资料，是一个一无所有的阶级，对他们来说，在为绝大多数人谋利益的斗争中，"失去的只是锁链，他们获得的将是整个世界"，因而有很强的革命性；②另一方面，正由于他们是大工业的产物，具有很强的组织性和纪律性，能够组织起本阶级的力量带领广大人民群众为自身的利益而奋斗。由此可见，全心全意为人民服务在具体行动上、在价值取向上，正是符合和满足无产阶级运动和无产阶级政党的实际的需要，是无产阶级政党区别于其他任何政党的一个显

---

① 《马克思恩格斯文集》第 2 卷，人民出版社 2009 年版，第 42 页。
② 参见《马克思恩格斯文集》第 2 卷，人民出版社 2009 年版，第 66 页。

著标志,也是新的历史时期无产阶级政党建设的一个显著特点。

应当指出,在马克思主义经典作家那里,有过"为大多数人谋利益"、"为群众服务"、"为人类服务"等提法,但把"全心全意为人民服务"作为无产阶级政党的根本宗旨,是毛泽东在中国共产党建设中首次提出来的。如前所述,他在为悼念张思德而作的《为人民服务》的讲演中,深刻阐述了为人民服务的宗旨和思想,明确地向全党提出要完全、彻底地为人民服务的要求。1945年4月,他在中共七大政治报告中明确指出,全心全意为人民服务是我们党的出发点。取得全国政权后,为人民服务也就成为各级人民政权及其工作人员的根本宗旨。1957年3月,毛泽东在济南党员干部会议上的讲话中指出:"共产党就是要奋斗,就是要全心全意为人民服务,不要半心半意或者三分之二的心三分之二的意为人民服务。"①

历史唯物主义认为:人民、只有人民,才是创造世界历史的动力。人民是什么?毛泽东说:"在中国,在现在阶段,是工人阶级,农民阶级,小资产阶级和民族资产阶级,这些阶级在工人阶级及共产党的领导之下,团结起来,组成自己的国家,选举自己的政府,向着帝国主义的走狗即地主阶级和官僚资产阶级以及代表这些阶级的国民党反动派及其帮凶们实行专政,实行独裁,压迫这些人,只许他们规规矩矩,不许他们乱说乱动。如要乱说乱动,立即取缔,予以制裁。对于人民内部,则实行民主制度,给予言论集会结社等项的自由权。选举权,只给人民,不给反动派。"②这是每一位共产党员都应该牢记的。只有正确处理好个人与人民群众的关系,确立起人民群众是历史的主体、权力的主体,一切干部都是人民公仆的马克思主义群众观,才能够真正做到全心全意为人民服务。

毛泽东指出,共产党人的一切言论行动,必须以合乎广大人民群

---

① 《毛泽东文集》第七卷,人民出版社1999年版,第285页。
② 《毛泽东选集》第四卷,人民出版社1991年版,第1475页。

众的最大利益,为最广大人民群众所拥护为最高标准。他强调,树立一切为了人民的观点,首先是为工人和农民,他们占了人口的绝大多数,是我们执政的基础。他们的状况如何,与国家的稳定和发展关系极大。他认为,要依靠人民群众,就要代表人民群众的利益,反映人民群众的要求,切实为人民群众谋利造福。他提出:"不反映人民群众的要求,哪一个人也不行。"①他要求党和国家工作人员要树立对人民高度负责的态度,这不但要以正确的路线和方针政策体现群众的意愿,为群众谋利益,而且要把这种群众观点内化为工作路线和工作方法,每一个干部都要以普通劳动者的姿态出现,从群众中来,到群众中去,先做群众的学生,再做群众的先生,以保证党的领导的正确。毛泽东倡导的领导方法和工作方法,始终坚持马克思主义的群众观点,强调"智慧都是从群众那里来的"。他说:"在我党的一切实际工作中,凡属正确的领导,必须是从群众中来,到群众中去。这就是说,将群众的意见(分散的无系统的意见)集中起来(经过研究,化为集中的系统的意见),又到群众中去作宣传解释,化为群众的意见,使群众坚持下去,见之于行动,并在群众行动中考验这些意见是否正确。然后再从群众中集中起来,再到群众中坚持下去。如此无限循环,一次比一次地更正确、更生动、更丰富。这就是马克思主义的认识论。"他又说:"从群众中集中起来又到群众中坚持下去,以形成正确的领导意见,这是基本的领导方法。在集中和坚持过程中,必须采取一般号召和个别指导相结合的方法,这是前一个方法的组成部分。从许多个别指导中形成一般意见(一般号召),又拿这一般意见到许多个别单位中去考验(不但自己这样做,而且告诉别人也这样做),然后集中新的经验(总结经验),做成新的指示去普遍地指导群众。"②在这里,他把"群众——领导——群众"、"个别——一般——个别"与

---

① 《毛泽东文集》第八卷,人民出版社1999年版,第324页。
② 《毛泽东选集》第三卷,人民出版社1991年版,第899—900页。

"实践—认识—实践"完美地统一起来。这些反映马克思主义认识论的领导方法和工作方法，都建立在相信群众和依靠群众这一坚实的基础上。

因而，正确认识人民对历史发展的决定作用及其蕴含的伟大力量，正确对待和处理个人同人民群众的关系，是全心全意为人民服务的重要前提和认识基础。

为了正确对待和处理好个人同人民群众的关系，更好地发挥人民群众的积极性和历史主动精神，这里笔者再向读者介绍一段相关的历史对话：

1960年6月，毛泽东在郑州分别会见来自亚、非、拉地区的外国朋友。会见后，毛泽东在修改熊向晖起草的新闻稿时，先后把原稿中"中国人民伟大领袖"、外宾"称赞中国人民在毛泽东主席领导下所取得的伟大成就"这样一些话删去，熊向晖认为这都是外宾的原话，不理解毛泽东为什么要做这样的改动。据熊向晖的回忆，他们之间有如下一段对话：

  主席问：有什么不理解的？
  我说：昨天写了非洲朋友表达了他们"对中国人民伟大领袖毛泽东主席的敬爱"，这是他们的原话，主席把"中国人民伟大领袖"这几个字删掉了，说是"要不得"。今天写了拉丁美洲朋友"称赞中国人民在毛泽东主席领导下所取得的伟大成就"，这也是他们的原话，也完全符合事实，我不理解主席为什么那样改。
  主席说：人家那样讲，我们不能那样写。我们搞了这些年的建设，不能说没有成就，说"伟大成就"就不符合事实。"一穷二白"的面貌还没有改变，有什么"伟大"呀！
  我说：成就是"中国人民在毛泽东主席领导下所取得的"，这符合事实吧？

主席说：为什么一定要说毛泽东的领导呀，没有毛泽东，中国人民就取不得成就了？这是唯心史观，不是唯物史观。我把唯物史观概括成一句话，叫作"人民，只有人民，才是创造世界历史的动力"。实践证明，过去打仗，靠的是人民；现在建设，靠的还是人民；一切成就都来自人民自己的努力。你不赞成？

我说：唯物史观并不否定杰出的领导人的作用。

主席说：这是半截子唯物史观。领导人和人民不能分开，也不能等量齐观。我讲了，今天你也写了，"人民是决定的因素"，领导人不应站在人民之上，不应站在人民之外，必须站在人民之中，是人民的一部分。所以，"中国人民在自己的工作中所取得的成就"，其中包括了你们，也包括了我。如果脱离人民，做官当老爷，那就不能包括。总而言之，必须突出"决定的因素"，突出人民，决不要突出个人。①

这段对话的深刻道理，是每一位共产党员都应当牢记的。只有正确处理个人与人民群众的关系，确立起人民群众是历史的主体、权力的主体，一切干部都是人民的公仆的观念，牢固树立马克思主义的群众观，才能够真正做到全心全意为人民服务。

二、心系人民群众，关注百姓生产生活的片段 ②

毛泽东是全心全意为党为国为民谋利造福的典范。可以这样说，毛泽东的一生，是为共产主义事业奋斗的一生，是用实际行动全心全意为党为国为民谋利造福的一生。

---

① 熊向晖：《毛泽东主席与"小国弱国人民会议"》，《缅怀毛泽东》（上），中央文献出版社1993年版，第314—315页。

② 此部分内容参考李焱平：《全心全意为人民服务的典范——毛泽东时代处处关心人民疾苦》，《党史文汇》2016年第7期。

纵观毛泽东为中国革命和社会主义建设事业奋斗的一生，我们可以清楚看到他始终在忠实地践行全心全意为人民服务的宗旨，始终把为广大人民谋利益作为最崇高的使命。无论是在戎马倥偬的革命战争年代，还是在日理万机的和平建设时期，我们处处都能看到他倾尽心血关注人民疾苦，竭尽全力为群众排忧解难的那一幕幕感人的情景，看到他对人民群众无限关怀的赤子之心和深厚情谊。

1.青少年时代情系百姓疾苦的生活片段

毛泽东自小生活在湘南韶山冲的农家里，和劳苦民众有着不解的渊源，对百姓的疾苦与荣辱感同身受。他从6岁起就开始做一些砍柴、拔草、拾粪、放牛等农活。8岁开始读私塾后，他还要早晚放牛拾粪，农忙收割庄稼。到了十四五岁，他几乎天天和家里的长工一起犁地、耙地、栽秧、割禾等，并与长工们比赛，抢重活干。这些经历使他对老百姓的生产生活非常熟悉。

毛泽东从小就有同情劳苦大众的情感，与他母亲的言传身教有很大的关系。他母亲是一位勤劳善良的农村妇女，性情温和，品德敦厚，同情贫弱，经常帮助和接济有困难的乡亲们，每逢灾荒年月，还不时送米给讨饭逃荒的人。这都使毛泽东受到耳濡目染、潜移默化的影响。

毛泽东在读私塾时，中午要带饭在塾馆吃，当他看到一些家境贫寒的同学没有饭吃，便常常分一些饭菜给他们，有时干脆把饭全给了同学们，自己却忍着饥饿。母亲知道后并不怪他，反而每次给他多准备些饭菜。有一年天气很冷，毛泽东在上学的路上遇到一位穿得破烂单薄、冻得发抖的同学，就毅然把身上穿的一件半新的夹袄脱给了这位同学。母亲得知后也没责怪他。

毛家有个做短工的农民李南华，同时租种了毛家两亩地。一年秋收后，父亲叫毛泽东去李家收租谷，可那年收成不好，李家人口又多，生活相当困难。看到此境况，毛泽东转身回家到谷仓里把谷子堆

高，造成增加了不少谷子的假象。父亲看到高高的谷堆，以为租谷已收回。此后，毛泽东还劝说父亲把自家的那两亩地转给李南华，尽力关心和帮助着李家人。

年少时的毛泽东同情和关心百姓，不仅包含着朴素的思想感情，而且富有正义感，敢于仗义为百姓打抱不平。有一年，村里一个叫毛承文的贫苦农民，几次带领穷人"吃大户"、"闹平粜"，并揭发了族长在修祠堂时贪污公款的丑行。因此，族长恼羞成怒，给毛承文扣上破坏族规的罪名，押进祠堂准备毒打。虽然当时有很多乡亲愤愤不平，却敢怒不敢言，唯有毛泽东毫无惧色，秉公直言，据理力争。族长怕把事情闹大不好收拾，最后不得不放了毛承文。

少年时代的毛泽东偏爱阅读当时被称为杂书的《水浒传》、《三国演义》、《精忠岳传》等小说。后来他回忆说："有一天我忽然想到，这些小说有一件事很特别，就是里面没有种田的农民。所有的人物都是武将、文官、书生，从来没有一个农民做主人公。"农民出身的毛泽东对此纳闷了很久，后来终于发现小说里所颂扬的人都是老百姓的统治者，这些主人公"是不必种田的，因为土地归他们所有和控制，显然让农民替他们种田"。他从中发现了封建社会不平等的原因。

由此可见，毛泽东是在亲身体验和感受了百姓受压迫、受剥削的苦难生活与求解放、盼幸福的强烈愿望后，才义无反顾地走上为民请命的革命道路。在他的革命生涯中，无论遇到什么样的艰难困苦，不论遭受多大的困难和挫折，毛泽东都始终把消灭剥削、消灭压迫、解放普天下的劳苦大众作为奋斗目标，这也是他革命不止、战斗不息的动力所在和力量之源。

2. 在创建革命根据地时期关注百姓生产生活片段

毛泽东一生追求共产主义崇高理想。他自从信仰马克思列宁主义之后，几十年坚定不移，毫不动摇，全心全意为广大劳苦大众谋利造福。他常对身边人说："我们走到哪里，都不要忘记为民兴利除弊。

我们共产党的干部战士，就是为人民服务的。"他还说："你若要群众拥护革命，你就要关心群众。"这是毛泽东身体力行的切身体会。因此，他历来把走群众路线看作党的基本工作路线，并十分注重以务实的作风去做群众工作，进而把群众工作的着重点放在密切关注人民群众的切身利益上，把群众工作的基点放在实实在在为人民群众解决生产生活的实际困难和问题上。

早在创建中央革命根据地时期，毛泽东就十分重视群众工作，并在1934年初召开的第二次全国苏维埃代表大会上具体讲到"关心群众生活，注意工作方法"的问题。他明确指出："我们现在的中心任务是动员广大群众参加革命战争，以革命战争打倒帝国主义和国民党，把革命发展到全国去，把帝国主义赶出中国去"，"我们对于广大群众的切身利益问题，群众的生活问题，就一点也不能疏忽，一点也不能看轻。"他进一步说明要注意的群众切身利益问题："解决群众的穿衣问题，吃饭问题，住房问题，柴米油盐问题，疾病卫生问题，婚姻问题。总之，一切群众的实际问题，都是我们应当注意的问题。"可见，群众利益问题是很具体的，是关系群众实际生活的一系列问题。最后，他强调：只要我们真心实意地为群众谋利益，解决群众的生产和生活问题，解决群众的一切问题，"广大群众就必定拥护我们，把革命当作他们的生命，把革命当作他们无上光荣的旗帜。"①

1928年1月，工农革命军在毛泽东率领下进了遂川县城。城里家家户户关着门，没有一个人影。毛泽东找到在当地开展工作的毛泽覃，对他说："我们进城后的第一件事，就是要发动群众，粉碎敌人的阴谋，把群众组织起来，打倒土豪劣绅。"毛泽东虽然工作繁忙，但也坚持做宣传工作。小街上住着一个老头，他的儿子和媳妇听信了白军的谣言，进山藏起来了，老头腿部伤肿，来不及走，躺在床上痛苦地呻吟着，已经两餐没有吃饭了。毛泽东走进老人家里，亲切地

---

① 《毛泽东选集》第一卷，人民出版社1991年版，第139页。

说："大伯，我们是工农革命军。"他一边说，一边查看老头的腿伤，发现伤口红肿化脓得十分厉害，便叫一个战士去弄来一撮盐，泡水给老头洗伤口。边洗边说："不要紧，伤口发炎，等会我叫人给你送点药来。"毛泽东又叫一个战士留下一只米袋，为老头熬粥。老头非常感动，把满腹话语向毛泽东倾诉，并表示要把藏在山上的儿子和媳妇叫回来，把左邻右舍喊回来。

1928年春天的一天，毛泽东发现塘边村有不少禾苗被牛踩倒、吃掉了。经过了解，知道是因为没有大路，牛在田里乱走造成的。一回到村里，毛泽东就把情况告诉了党支部书记，并指示应该把路修好，这是关系到群众利益的大事。然而村里有人认为石基路修不成，因为过去铺了好多次石子，结果都给雨水冲垮了。毛泽东听了，便讲了修路对方便群众的作用，并借用"伸开五指和捏紧拳头哪个力气大"的道理告诉大家说："石基也要用泥土接起来，才经得起水冲和人踩嘛。"受到启发的干部们异口同声地表示："对，照毛委员的话去做。"接着，毛泽东又对从哪里开工、怎么修等问题进行了具体安排。战士们和乡亲们一起大干数日，没多久，塘边村就有了直通外界的大道。

1929年初，毛泽东率领红四军主力转战到赣南和闽西，组织和发动民众建立了工农民主政权，展开了轰轰烈烈的土地革命。毛泽东在忙于处理各种军政事务的过程中，也没有忘记解决关系群众生产和生活的实际问题。在对兴国县长冈乡进行调查研究后，针对调查中发现的水旱灾害和水土流失问题，他提出：乡苏维埃政府要抓水利，设立水利委员会，乡苏维埃主席兼任水利委员会主任，每村要有一名水利委员，兴修水利时，要发扬互助合作精神。

1931年盛夏，毛泽东住到瑞金叶坪村。为了给当地规划比较长远的水利设施，毛泽东曾带领区乡工农民主政府干部冒着酷暑沿锦江直上几十里，勘山察水，规划修筑水坡、水坝。在锦江岸边，毛泽东还帮助农民安装了一架筒车，并嘱咐说：如果一家一户制作筒车有困难，可以几家联合起来装。乡亲们抗旱时，毛泽东经常在夜间来到田间地头，同乡亲们并肩车水，并向他们宣传夺取丰收支援革命战争的意义。

1933年4月，临时中央政府从瑞金叶坪迁到沙洲坝。那时沙洲坝是个干旱缺水的地方。一天傍晚，毛泽东看到一位老伯从池塘里挑来的饮用水很不干净，并了解到多年来村民们吃水比较难，如今又来了这么多红军，用水就更紧张了。毛泽东得知此情况后，彻夜难眠，反复考虑着如何解决群众的饮水问题。第二天一大早，毛泽东便到村里村外查看，思考着把乌鸡岭下的泉水引进村子里的办法，然后组织干部战士用大楠竹做材料，铺设了一条简易的水管，用一个大木桶接住并蓄起来，暂时解决了饮水的问题。毛泽东还不放心，为了把沙洲坝的用水问题彻底解决好，他继续带着区乡干部和红军战士，跋涉几十里去寻找水源，亲自勘定了章义坑、峨公坑、九节坑等几个水库坝址。同时又从眼前着想，决定在村里打井。尽管当地自古以来没打过井，没人会打井，但也要试一试。经过勘探，选好位置，先后打了两口井，第一口井因离坟场近没用多久便放弃了；第二口井打好后，还专门铺上木炭和沙子作为过滤设施，保证漫上来的水质可饮。村里的乡亲们喜出望外，有一位老婆婆双手捧起又清又甜的井水喝了一口，高兴地说："毛主席，您真替我们把什么心都操到了。"新中国成立后，沙洲坝村民在井台上竖起一块纪念碑，刻上"吃水不忘挖井人，时刻想念毛主席"两行醒目的大字。

3. 延安时期关注百姓生产生活片段

延安时期，毛泽东在人民群众和革命队伍中已经享有很高的威望，但他并没因此而远离群众，高高在上，而是始终把自己看作人民的公仆和勤务员，与百姓走得更近了，与群众的感情更深了。无论是在稳定环境还是艰苦转战中，他都时刻惦记着群众，满怀深情地关怀和体恤百姓，全身心地为群众解难题办实事。如他所说：对于共产党人，人民的疾苦绝非小事！1935年10月后，来到陕北的毛泽东在抓

好党中央工作的同时，倾注了大量心血和精力关注陕北百姓的生产和生活。他虽然十分繁忙，但只要是有关群众生产与生活的问题和困难，他总会放下一切工作，立即组织人员进行调查研究，采取措施，及时解决，绝不拖延。农忙时，组织机关干部下乡帮助抢种抢收；群众受了灾，立即送去救灾物资；天旱了，他下乡了解旱情，组织群众修渠道办水利。对于群众的柴米油盐、衣食住行，具体到娃娃上学、农民识字、防病治病等与群众切身利益相关的问题，他都会过问，发现群众困难，立即组织人员出手帮助，甚至亲自办理，解决问题。这种务实的作风是他工作作风的体现，更是他爱民心切的体现。

他看到陕北文化落后、卫生条件差时，就要求部队中有文化的人，要把知识用于为人民服务，宣传科学文化知识，兴利除弊，逐步改善陕北根据地的环境，创造良好的生产生活条件，并时时提醒：应该给老乡宣传搞卫生可以预防和减少疾病，带头修建厕所，沤粪积肥。陕北窑洞没有窗子，室内阴暗潮湿，空气污浊，我们应该宣传，帮助他们开窗子。

在延安逢年过节，中央机关都要安排一些文艺演出。毛泽东总忘不了派人通知周围的老乡也一起来看，让这些文化生活贫乏的农民也饱饱眼福。刚开始，机关干部和部队因为来得比较早就坐在了前边，老乡们收工晚来得晚就坐在了后边。毛泽东看到此事后对身边的人员说：老乡们生产忙，看戏机会少，路又远，我们要尊重老乡，应该让他们坐在前边。从此，每逢有演出，大家就招呼老乡们往前坐。久而久之，这就成了大家都自觉遵守的"制度"。

1936年7月，党中央迁到了陕北保安。这里山大沟深，地高气寒，交通不便，经济落后，加上历次战争的破坏，城里没有一家商店，日用品奇缺，老百姓买盐要赶上毛驴到七百里外的宁夏盐池去驮，一盒火柴要用十几个鸡蛋从小贩手里换，衣服布匹更是难买，有的家里一件衣服缝缝补补要穿几代人。看到这些，毛泽东心情十分沉重。他把中央贸易部和保安县政府的负责人请到他的窑洞里说："你们考虑一下，是不是在保安城里办一个供销社？"这些负责人考虑了一下，都赞同毛泽东的意见。毛泽东指出："我们共产党的政府是为人民服务的，和国民党的政府是不同的，他们的政府向人民要粮、逼粮，是欺压人民的。你们做什么事情，都要走群众路线，一切都要从实际出发，一切都要同群众商量。比如办供销合作社，就是群众目前最迫切需要解决的问题。你们要到群众中调查研究，看群众迫切需要哪些东西，比如布匹、火柴、食盐。你们要注意工作方法，关心群众生活。"接下来，毛泽东又和他们一起研究如何组织力量运输货物等问题。不久，保安的供销社开办起来了，这极大地方便了当地群众，解决了群众生活中的实际困难。

1941年6月的一天，陕甘宁边区政府在一座小礼堂中召开征粮工作会议。突然狂风大作，雷电交加，下起了倾盆大雨。雷电把礼堂中的一根木柱子劈断了，参加会议的延川县代县长李彩云不幸身亡。有老百姓借此发牢骚说，为什么雷公不击死毛泽东呢？毛泽东得知此事后，没有让保卫部门去追查说这话的人，而是深刻反思工作中到底有哪些失误和过错，竟然激起群众如此强烈的不满和愤怒！因为他深知，"足寒伤心，民怨伤国"，为政之道，在于安民，安民之道，在于察其疾苦。后来了解到，陕北不到一百三四十万人口的地方，一年就要征20万担公粮，老百姓负担不起，因而产生了不满。于是，毛泽东马上建议，征粮由20万担减到16万担。同时，号召开展大生产运动，自己动手，丰衣足食，减轻百姓负担。

1944年，毛泽东听说侯家沟有两个小村庄的妇女不生孩子，就把延安市委书记张汉武找来询问情况，并且亲自指示中央医院到侯家沟把水化验一下。化验结果发现那里的水中含有有害物质。医疗队指导群众对水进行必要的处理，帮助群众防病治疗。一年后这两个偏僻山村都传出了婴儿的哭声。

在枣园川，有一条十里长的水渠，当地群众称它为"幸福渠"。这条渠是1944年毛泽东在枣园居住时修建的。他看到农民浇地困难，

就动员中央机关和农民一起修渠，解决了当地5个村1200亩土地的灌溉问题，使枣园川旱地变成了水浇地，庄稼连年丰收，基本结束了靠天吃饭的历史。

1947年9月，毛泽东率领中央机关一路转移到神泉堡村。连着刮了几天几夜的西北风，气温骤降，寒气逼人，漫山遍野未成熟的秋庄稼被蒙上了一层霜。眼看快收获的庄稼遭受着霜冻，毛泽东睡不安稳，天刚麻麻亮便急匆匆到田里查看庄稼受冻情况，并从乡治保委员那里了解到，得赶紧回收受冻的秋庄稼，同时扩种些冬麦。可胡宗南部队把麦种都抢去了。看到老乡们遇到如此困难，毛泽东即刻指示机关和部队全体出动，帮老乡抢收抢种，还动员大家把口粮中的小麦节省下来，支援老乡做种子。

有一天，杨家沟一个饥饿的小男孩跑到马槽弄饲料充饥，不幸被马咬伤。毛泽东知道后，心情沉重地说："从现在起，中央机关每人每天节省一两粮，救济困难户。"于是，节粮济贫活动开展起来了，毛泽东带头节粮，并每天过问自己省下粮食没有，只有省下了才肯吃饭。在毛泽东的带动下，中央机关节省30石小米、70石黑豆，分给烈军属和困难户。

毛泽东时刻想人民群众之所想，急人民群众之所急。作为党和国家的最高领导人，毛泽东同志的工作十分繁忙，但只要有机会，他还是喜欢到处走一走，看一看，接近群众，和百姓们聊聊家常，了解他们真实的生活情况和心中的愿望。

4.新中国成立之后关注百姓生产生活片段

1950年初夏，淮河流域连降暴雨，洪水泛滥，淮河以北的20个县和淮南沿岸7个县均被洪水淹没，80余万间民房被冲倒或淹塌，受灾人口计990余万。由于水势过猛，有些灾民来不及逃生，或被淹死，或栖身树上，有的从树上坠水丧生，有的在树上被毒蛇咬死。灾情之惨重，百年一遇。毛泽东看到安徽省委负责人发来的灾情报告时,不禁潸然泪下。他用笔在"不少是全村沉没"、"灾民被毒蛇咬死"等处画上了重重的线,并对秘书田家英坚定地说:"不解救人民,还叫什么共产党!"

1952年10月末,毛泽东到河南兰封(今兰考)考察。他走进一户农家,这是一户老贫农,儿子参军了,只剩下老两口。老婆婆看见毛泽东来了,赶紧上前把他迎进屋里。一边请毛泽东喝水,一边向他述说现在过的好日子。她顺手取下馍馍篮子,还指着床上的被褥,请毛泽东看。毛泽东满意地笑了起来。看完了,毛泽东向老婆婆辞别后刚走出门,便碰上背着褡子从城里回来的老汉。老汉惊喜地张开双手,拦住毛泽东,亲热地嚷嚷起来:"别走啦,在我家吃了饭再走!"毛泽东亲切地看着眼前的老汉,问他多大年纪,家里粮食够吃不够吃。老汉一一告诉了他,还问起了自己最关心的问题:"您说,俺们这里地不少,就是不多打粮食。这盐碱地有法治吗?这黄河水害有法治吗?"毛泽东肯定地回答说:"能治!"之后,他把治理黄河的事情时常挂在心上。仅从1953年到1955年,他就3次听取了河南省委和黄河水利委员会负责人关于治理黄河情况的汇报,提出了许多带有长远指导意义的意见。他一再指出,在工作中要坚持群众路线,要相信群众,依靠群众,充分发挥人民群众的聪明才智,把治理黄河的事情办好。

1957年底,不断有人汇报农村某些地区出现的"两极分化"和贫富差距加大的情况。每次听过汇报,毛泽东的脸色都很不好,常常陷入深思。12月中旬的一天,警卫中队卫士马维探家回到中南海,向毛泽东递交了一份对他家乡的调查报告,并带回一个掺和着粗糙糠皮的又黑又硬的窝头:"主席,我们家乡的农民生活还很苦,乡亲们就是吃这种窝窝头。我讲的是实话,我爹我娘也是吃这个。"毛泽东的手微微发抖地接过窝头,费劲地掰下一块放进嘴里嚼了几口,眼圈就红了。"吃,大家都吃。"他一边流泪一边将窝头分给身边的卫士,哽咽着说:"吃啊,这就是我们农民的口粮,这就是种田人吃的口粮

啊……"当天他没有吃饭,晚上失眠了。工作人员劝他休息,可毛泽东却感叹地说:"为什么会这样子呢?为什么?人民当家作主了,不再是为地主种田,是为人民群众自己搞生产,生产力应该得到解放么……"久久不能入睡的毛泽东便起身冒着冷风到院中散步,不断地自言自语:"我们是社会主义么,不该是这个样子。要想个办法,必须想个办法。怎么才能加速实现社会主义?"

在社会主义建设事业中,毛泽东为人民幸福安康而日夜操劳着。他经常深入农村、企业、部队、机关、学校、街道进行调查研究,走到群众中体察民情,倾听百姓呼声,了解百姓疾苦,祖国的山山水水到处都留下了他的足迹。今天来回顾这一切,无不感受到毛泽东那深重浓厚、真挚坦诚的百姓情怀,感受到毛泽东那朴实无华、终生不变的人民领袖本色。

三、全心全意为人民谋利造福的一家人

毛泽东不仅自己真正做到全心全意为人民服务,而且培养教育带领家人与他一样参加革命斗争实践,与他一起奋斗,一起为人民谋利造福。

毛泽东父母去世后,14岁的堂妹泽建被其姑母接走并送给别人当童养媳。1921年2月,毛泽东和小弟毛泽覃从长沙回到韶山过春节,得知泽建的情况,心中很不是滋味。他当即决定将泽建接回家中,并帮助她解除了不合理的婚约。随后,毛泽东将泽建带到长沙,送她到崇实女子职业学校读书。一天晚上,毛泽东同毛泽民、毛泽覃、堂妹毛泽建、弟媳王淑兰等家人拉家常,谈论起国难当头民生多艰等情形。毛泽东深情地对弟弟妹妹们说:"中国正处在官僚、地主、资本家的压迫和封建军阀混战、帝国主义侵略的水深火热之中。再这样下去,中国就要亡国了!光顾自己有饭吃是不行的,应该舍小家为大家,舍自己为人民,走出去干革命,推翻旧世界,创造新世界。"弟

弟妹妹们听毛泽东这么一说，震动很大。他们深深感到，世道不变，个人再苦干也是空的。毛泽民也顿悟，哥哥原来是叫我们去干这样一桩有意义的事，这个"书"应该去读。

几天后，毛泽民随毛泽东离开韶山到了长沙，在一师附小任校务，同时在该校工人补习学校学习。毛泽覃、毛泽建先后于1918年、1921年到长沙读书。

1921年，在毛泽东的教育引导下，大弟毛泽民、小弟毛泽覃、堂妹毛泽建都先后走上了革命道路。弟弟妹妹参加革命后，毛泽东总是把他们派到革命最需要、工作最艰苦的地方去。

毛泽民1921年春离开家乡之后，先在长沙边工作边学习了一段时间。在毛泽东的培养教育下，1922年，他加入了中国共产党。不久，党就派他到安源从事工人运动。

1925年，毛泽东又派他到上海负责党的出版发行工作。当时的上海是反动势力的堡垒，为印刷发行党的文件、刊物、传单和革命书籍，毛泽民出生入死，奔波劳累，作出了突出的贡献。

1931年，毛泽民来到闽粤赣革命根据地，先后担任了闽粤赣军区后勤部长，中华苏维埃国家银行行长。因为当时红军正面临国民党和地方军阀的封锁和"围剿"，苏区财政十分困难，要保障30万部队的给养和后勤工作，要建立苏区银行、统一苏区的财政货币……这是非常艰苦而又十分重要的工作。毛泽民毅然挑起了这副担子。

长征途中，毛泽民担任先遣团的负责人。他处处吃苦在前，把方便让给同志，把困难留给自己。在极其困难的条件下，做好了红军长征的经济供给和后勤工作，保证了长征的胜利完成。

由于长期的劳累奔波，毛泽民积劳成疾，身体越来越坏。1937年底，党组织决定送毛泽民到苏联去养病。

1938年初，他准备经新疆去苏联。当时，新疆军阀盛世才表示愿亲苏亲共，联合抗日，并要求中共派干部去新疆协助工作。为了利用盛世才与蒋介石的矛盾，团结新疆各族人民共同抗日，我党决定与

盛世才建立统一战线。刚抵新疆的毛泽民又放弃了去苏联养病的机会，留在新疆开展民族统一战线工作。

毛泽民以顽强忘我的精神工作。在新疆，斗争复杂，工作繁重，这使得他的身体更差了。特别是支气管炎发作时频频咳嗽，震得伤口疼痛难忍。他常用绑带把肚子捆紧，以减轻疼痛，坚持工作。有时咳嗽咳出口口鲜血，他仍不离开工作岗位，他一心一意地为革命的精神和待人谦和的工作作风，深受大家的钦佩和尊重。

1941年，盛世才撕下伪装，破坏革命。毛泽民英勇反抗，终在1943年被反革命武装秘密杀害，终年47岁。

毛泽东的小弟毛泽覃，1918年跟随毛泽东到长沙读书，在毛泽东言传身教培养下，成长进步很快。

1923年，他刚18岁，毛泽东就派他到湖南常宁水口山铅锌矿从事工人运动，接受革命血与火的考验。他深入到工人群众中，宣传革命道理，组织工人与反动矿局进行斗争。10月，他光荣地加入了中国共产党。

大革命失败后，毛泽覃参加了南昌起义。后来还为南昌起义保留下来的部队和湘南农军上井冈山与毛泽东领导的部队会师，牵线联络，为井冈山会师和中国工农红军第四军的建立作出了贡献。

在井冈山，毛泽覃跟随毛泽东，为巩固和扩大革命根据地出生入死浴血奋战。他曾担任赣西南特委委员、东固区委书记。他与区委同志一道，放手发动群众，整顿和发展党的组织，健全和巩固红色政权，深入开展土地革命。

毛泽覃工作深入，生活朴素，他头戴斗笠，脚穿草鞋，走遍了东固的山山水水、村村寨寨，使东固的土地革命、生产、参军、支前各项工作搞得非常出色。

1931年，王明"左"倾教条主义在党内取得了统治地位。毛泽覃与王明路线进行了针锋相对的斗争，坚决执行和拥护以毛泽东为代表的正确路线。在遭到王明路线"无情打击"和组织处分的情况下，他不屈服，不消沉，忠贞不渝，仍然兢兢业业地为党和人民做好工作。

1935年，毛泽覃带领游击队到达瑞金黄鳝口，遭叛徒出卖，在战斗中英勇牺牲，时年29岁。

毛泽东的堂妹毛泽建，在毛泽东的关怀下，1923年加入中国共产党。不久，为了适应湘南地区革命运动的发展需要，她离开长沙到衡阳省立第三女子师范学校，一边学习，一边从事革命活动。

1926年，遵照湘南特委指示，尚未毕业的毛泽建离开三女师，到衡阳、衡山等县从事农民运动和妇女运动。在毛泽东领导秋收起义部队向井冈山进军的伟大战略行动鼓舞下，毛泽建在衡阳组织了衡北游击师，在衡山组织了工农游击队，沉重地打击了敌人的反动气焰，使革命武装威震四方。

1928年，毛泽建还参加了湘南暴动。此后，她在耒阳一带坚持游击战，掩护红军伤员和农民自卫军家属。她领导的游击队，白天化整为零，分散各处，侦察敌情；晚上聚集起来，神出鬼没，出奇制胜，使敌人心惊肉跳，闻风丧胆。她成了名震一方的巾帼英才。

在毛泽东的教育和培养下，他的弟妹们不仅都走上了革命道路，投身到革命最需要、最艰苦的地方去忘我拼搏，而且他们个个对革命忠心不二，矢志不移。

1928年初夏，毛泽建和丈夫陈芬领导游击队在耒阳县夏塘埔的一次作战中，陷于敌人重围，两人先后被捕。陈芬不久被敌人杀害。

后来，井冈山革命根据地派部队来，将毛泽建营救出狱，敌人随即反扑。为保证部队安全转移，毛泽建不幸再次被捕。敌人妄想从这个女共产党员身上捞到重要机密，对毛泽建施行种种酷刑，把她打得皮开肉绽，鲜血淋漓。但毛泽建无所畏惧，毫不屈服，更坚定了"誓死为党"的信念。1929年8月20日，敌人在衡山县城将毛泽建杀害，年仅24岁。

毛泽东一家为中国人民的革命事业牺牲了6位亲人：大弟毛泽民、小弟毛泽覃、堂妹毛泽建、侄儿毛楚雄、妻子杨开慧、长子毛岸英。

一家6口人都为中国人民的翻身解放、都为中国人民过上幸福富裕生活献出宝贵生命。这是革命之家,为民之家,爱民之家。

毛泽东把自己以及自己的家庭,与祖国和人民的解放幸福紧紧地联系在一起。他自己做到一生全心全意为人民服务,而且培养教育家人们也都能做到为人民的事业奉献自己的一生。这是毛泽东对人民革命事业的情怀,这是毛泽东一生为民、一生爱民的崇高境界。

第八讲 坚持党的群众路线，
深入实际调查研究

党群关系好比鱼水关系。如果党群关系搞不好，社会主义制度就不可能建成；社会主义制度建成了，也不可能巩固。

——《一九五七年夏季的形势》（1957年7月），《建国以来毛泽东文稿》第六册（中央文献出版社1992年版，第547页）

我的经验历来如此，凡是忧愁没有办法的时候，就去调查研究，一经调查研究，办法就出来了，问题就解决了。打仗也是这样，凡是没有办法的时候，就去调查研究。

——《在广州中央工作会议上的讲话》（1961年3月），《毛泽东文集》第八卷（人民出版社1999年版，第261页）

毛泽东是我们党的群众路线的主要开拓者和践行者。坚定不移坚持党的群众路线，深入实际调查研究，贯穿毛泽东的一生，是毛泽东一条重要的成功之道。

一、毛泽东关于党的群众路线的重要思想

毛泽东是党的群众路线的主要创立者和践行者。毛泽东关于党的群众路线思想的理论和实践是丰富多彩、可学管用的，被中国人民几十年革命斗争的胜利和进行社会主义建设的实践证明是无比正确的。毛泽东关于群众路线的著作和论断是很多的，其论点鲜明，论述通俗，言简意赅。它是毛泽东思想的重要组成部分，也是毛泽东在中国革命斗争和社会主义建设道路探索中长期实践的理性思维和经验总结，是马克思主义中国化的重要内容。认真学习、理解、运用、践行毛泽东关于党的群众路线的重要思想，对新时代更好更深入贯彻群众路线，端正党风、转变作风，克服官僚主义、形式主义，进一步密切党群关系、干群关系，对全面贯彻落实党的二十大精神和习近平总书记系列重要讲话精神，开创新时代中国特色社会主义建设新局面，对实现中华民族伟大复兴等，都具有非常重要的现实意义和深远的历史意义。

纵观毛泽东关于群众路线的著作、论述、讲话、谈话及其一生的实践，笔者把它概括为以下十个方面。

1. 以广大人民群众根本利益为主旨

全心全意为人民服务是中国共产党的宗旨，也是毛泽东群众路线思想理论的宗旨。毛泽东群众路线思想理论的出发点、过程和归宿都

是全心全意为人民服务，都是以广大人民群众根本利益为主旨的。毛泽东是共产党人全心全意为人民服务的杰出代表。他永远是我们学习的光辉典范。他为了中华民族的伟大复兴、为了各族人民过上幸福安康的日子艰苦奋斗了一生，忘我奉献了一生。毛主席的一件睡衣穿了二十来年，上面缝补了几十个补丁他也不让换新的。一双破拖鞋补了又补，缝了又缝。后来实在没法补了，身边的服务人员就把它扔到垃圾桶去。他知道后非要这位服务员把它从垃圾桶里找回来继续穿。毛主席在我国三年困难时期与全国人民一起吃苦，三个月不吃肉。1976年9月，毛泽东逝世的时候，工资结余、稿费收入共有124万余元，全部由中共中央办公厅有关部门保管。毛主席曾说过："这钱是人民的，应当留给人民使用。"他没有给子女们留下一分钱，没有为子女们留下一间房。这就是人民领袖毛泽东。

2. 坚信两个基本点

一个是"群众是真正的英雄"，一个是"人民是创造历史的动力"。早在1941年3月、4月毛泽东写作《〈农村调查〉的序言和跋》一文时就说过："群众是真正的英雄，而我们自己则往往是幼稚可笑的，不了解这一点，就不能得到起码的知识。"①1945年4月，毛泽东在《论联合政府》这篇文章中说："人民，只有人民，才是创造世界历史的动力。"②1955年，毛泽东在《多余劳动力找到了出路》一文的按语中写道："人民群众有无限的创造力。他们可以组织起来，向一切可以发挥自己力量的地方和部门进军，向生产的深度和广度进军，替自己创造日益增多的福利事业。"③ 毛泽东心里始终想着人民。"群众是真正的英雄"和"人民是创造历史的动力"这两个基本点，是毛泽东坚

---

① 《毛泽东选集》第三卷，人民出版社1991年版，第790页。
② 《毛泽东选集》第三卷，人民出版社1991年版，第1031页。
③ 《毛泽东文集》第六卷，人民出版社1999年版，第457页。

持群众路线实践的两块永远坚固的基石。

3. 明确两条根本途径

一条是"从群众中来，到群众中去"；另一条是"从群众中集中起来，又到群众中坚持下去"。早在1943年6月，毛泽东在《关于领导方法的若干问题》一文中就强调指出："在我党的一切实际工作中，凡属正确的领导，必须是从群众中来，到群众中去。这就是说，将群众的意见（分散的无系统的意见）集中起来（经过研究，化为集中的系统的意见），又到群众中去作宣传解释，化为群众的意见，使群众坚持下去，见之于行动，并在群众行动中考验这些意见是否正确。然后再从群众中集中起来，再到群众中坚持下去。如此无限循环，一次比一次地更正确、更生动、更丰富。"[1]在这篇论著中，毛泽东还指出："从群众中集中起来又到群众中坚持下去，以形成正确的领导意见，这是基本的领导方法。"[2]1943年11月，毛泽东在《组织起来》一文中也号召我们："我们应该走到群众中间去，向群众学习，把他们的经验综合起来，成为更好的有条理的道理和办法，然后再告诉群众（宣传），并号召群众实行起来，解决群众的问题，使群众得到解放和幸福。"[3]这两条基本途径，也是坚持党的群众路线的基本工作方法。

4. 突出一条基本要求

就是一切要从"群众的觉悟程度的实际出发"。1948年4月，毛泽东在对晋绥日报编辑人员的谈话中说："当着群众还不觉悟的时候，我们要进攻，那是冒险主义。群众不愿干的事，我们硬要领导他们去

---

[1] 《毛泽东选集》第三卷，人民出版社1991年版，第899页。
[2] 《毛泽东选集》第三卷，人民出版社1991年版，第900页。
[3] 《毛泽东选集》第三卷，人民出版社1991年版，第933页。

干，其结果必然失败。当着群众要求前进的时候，我们不前进，那是右倾机会主义。"①1945年4月，毛泽东在《论联合政府》一书中又说："在一切工作中，命令主义是错误的，因为它超过群众的觉悟程度，违反了群众的自愿原则，害了急性病。我们的同志不要以为自己了解了的东西，广大群众也和自己一样都了解了。群众是否已经了解并且是否愿意行动起来，要到群众中去考察才会知道。如果我们这样做，就可以避免命令主义。在一切工作中，尾巴主义也是错误的，因为它落后于群众的觉悟程度，违反了领导群众前进一步的原则，害了慢性病。我们的同志不要以为自己还不了解的东西，群众也一概不了解。许多时候，广大群众跑到我们的前头去了，迫切地需要前进一步了，我们的同志不能做广大群众的领导者，却反映了一部分落后分子的意见，并且将这种落后分子的意见误认为广大群众的意见，做了落后分子的尾巴。"②毛泽东在《论联合政府》这篇著作中还说："我们的代表大会应该号召全党提起警觉，注意每一个工作环节上的每一个同志，不要让他脱离群众。教育每一个同志热爱人民群众，细心地倾听群众的呼声；每到一地，就和那里的群众打成一片，不是高踞于群众之上，而是深入于群众之中；根据群众的觉悟程度，去启发和提高群众的觉悟，在群众出于内心自愿的原则之下，帮助群众逐步地组织起来，逐步地展开为当时当地内外环境所许可的一切必要的斗争。"③这一条是坚持正确群众路线的基本要求。

5.遵循两条基本原则

一条是"群众的实际上需要"；另一条是"群众的自愿"。毛泽东1944年10月，在《文化工作中的统一战线》一文中说："要联系群众，

---

① 《毛泽东选集》第四卷，人民出版社1991年版，第1320页。
② 《毛泽东选集》第三卷，人民出版社1991年版，第1096页。
③ 《毛泽东选集》第三卷，人民出版社1991年版，第1095页。

就要按照群众的需要和自愿。一切为群众的工作都要从群众的需要出发，而不是从任何良好的个人愿望出发。有许多时候，群众在客观上虽然有了某种改革的需要，但在他们的主观上还没有这种觉悟，群众还没有决心，还不愿实行改革，我们就要耐心地等待；直到经过我们的工作，群众的多数有了觉悟，有了决心，自愿实行改革，才去实行这种改革，否则就会脱离群众。凡是需要群众参加的工作，如果没有群众的自觉和自愿，就会流于徒有形式而失败。……这里是两条原则：一条是群众的实际上的需要，而不是我们脑子里头幻想出来的需要；一条是群众的自愿，由群众自己下决心，而不是由我们代替群众下决心。"①1945年4月，毛泽东在中国共产党第七次全国代表大会上的政治报告中强调指出："二十四年的经验告诉我们，凡属正确的任务、政策和工作作风，都是和当时当地的群众要求相适合，都是联系群众的；凡属错误的任务、政策和工作作风，都是和当时当地的群众要求不相适合，都是脱离群众的。教条主义、经验主义、命令主义、尾巴主义、宗派主义、官僚主义、骄傲自大的工作态度等项弊病之所以一定不好，一定要不得，如果什么人有了这类弊病一定要改正，就是因为它们脱离群众。"②在实际群众路线工作过程中，毛泽东高度重视这两条基本原则，认真遵循这两条基本原则。

6. 把握两个工作重点

一个是要始终注意群众利益；另一个是要始终关心群众生活。这两个始终，是坚持正确群众路线的两个工作重点。1943年11月，毛泽东为中直军直生产展览会题词："群众生产，群众利益，群众经验，群众情绪，这些都是领导干部们应时刻注意的。"③1934年1月，毛泽

---

① 《毛泽东选集》第三卷，人民出版社1991年版，第1012—1013页。
② 《毛泽东选集》第三卷，人民出版社1991年版，第1095页。
③ 《毛泽东著作专题摘编》（上），中央文献出版社2003年版，第273页。

东在《关心群众生活,注意工作方法》一文中要求:"我们应该深刻地注意群众生活的问题,从土地、劳动问题,到柴米油盐问题。……一切这些群众生活上的问题,都应该把它提到自己的议事日程上。应该讨论,应该决定,应该实行,应该检查。要使广大群众认识我们是代表他们的利益的,是与他们呼吸相通的。要使他们从这些事情出发,了解我们提出来的更高的任务,革命战争的任务,拥护革命,把革命推到全国去,接受我们的政治号召,为革命的胜利斗争到底。"① 革命战争年代,为什么广大人民群众与共产党鱼水情深,军民一家,归根结底,就是共产党是真心关心他们,与他们心相通,同甘苦,共命运。

7. 抓住一个根本

根本是什么呢?根本就是要对广大党员干部"从思想上进行群众路线的教育"。早在 1948 年 4 月,毛泽东在对晋绥日报编辑人员的谈话中就谆谆教导我们:"我党二十几年来,天天做群众工作,近十几年来,天天讲群众路线。我们历来主张革命要依靠人民群众,大家动手,反对只依靠少数人发号施令。但是在有些同志的工作中间,群众路线仍然不能贯彻,他们还是只靠少数人冷冷清清地做工作。其原因之一,就是他们做一切事情,总不愿意向被领导的人讲清楚,不懂得发挥被领导者的积极性和创造力。他们主观上也要大家动手动脚去做,但是不让大家知道要做的是怎么一回事,应当怎样做法,这样,大家怎么能动起来,事情怎么能够办好?要解决这个问题,根本上当然要从思想上进行群众路线的教育,同时也要教给同志们许多具体办法。"② 只有经常地对广大党员干部"从思想上进行群众路线的教育",让他们知道是怎么一回事,为什么要这样做,应当怎样去做,认识一

---

① 《毛泽东选集》第一卷,人民出版社 1991 年版,第 138 页。
② 《毛泽东选集》第四卷,人民出版社 1991 年版,第 1318—1319 页。

致了，行动才能统一，我们才能一道前进。

8. 做到两个"善于"

一个是"善于把党的政策变为群众的行动"；另一个是"善于使我们的每一个运动，每一个斗争，不但领导干部懂得，而且广大的群众都能懂得，都能掌握"。毛泽东说："这是一项马克思列宁主义的领导艺术。我们的工作不犯错误，其界限也在这里。"①毛泽东还针对做好两个"善于"工作认识不够的人批评说："在我们一些地方的领导机关中，有的人认为，党的政策只要领导人知道就行，不需要让群众知道。这是我们的有些工作不能做好的基本原因之一。"②做好两个"善于"，是坚持正确群众路线的两个不可缺少的重要环节。

9. 关注两个"积极性"

一是"领导骨干的积极性"；二是"广大群众的积极性"。这是坚持正确群众路线的重要思想方法，也是非常重要的工作方法。1943年6月，毛泽东在《关于领导方法的若干问题》一文中强调指出："只有领导骨干的积极性，而无广大群众的积极性相结合，便将成为少数人的空忙。但如果只有广大群众的积极性，而无有力的领导骨干去恰当地组织群众的积极性，则群众积极性既不可能持久，也不可能走向正确的方向和提到高级的程度。"③1943年6月，毛泽东在谈到关于领导方法的问题时还非常肯定说："任何有群众的地方，大致都有比较积极的、中间状态的和比较落后的三部分人。故领导者必须善于团结少数积极分子作为领导的骨干，并凭借这批骨干去提高中间分子，争取落后分子。"④新中国成立以后，在探索社会主义革命和建设的征途

---

① 《毛泽东选集》第四卷，人民出版社1991年版，第1319—1320页。
② 《毛泽东选集》第四卷，人民出版社1991年版，第1318页。
③ 《毛泽东选集》第三卷，人民出版社1991年版，第898页。
④ 《毛泽东选集》第三卷，人民出版社1991年版，第898页。

上,毛泽东十分重视组织和发挥广大人民群众建设社会主义的积极性。1955年12月,他在《这个乡两年就合作化了》一文的按语中写道:"群众中蕴藏了一种极大的社会主义的积极性。那些在革命时期还只会按照常规走路的人们,对于这种积极性一概看不见。他们是瞎子,在他们面前出现的只是一片黑暗。他们有时简直要闹到颠倒是非、混淆黑白的程度。这种人难道我们遇见得还少吗?这些只会循着常规走路的人们,老是对于人民的积极性估计过低。一种新事物出现,他们总是不赞成,首先反对一气。随后就是认输,做一点自我批评。第二种新事物出现,他们又按照这两种态度循环一遍。以后各种新事物出现,都按照这个格式处理。这种人老是被动,在紧要的关头老是止步不前,老是需要别人在他的背上击一猛掌,才肯向前跨进一步。"①关注两个"积极性",践行两个"积极性",把两个"积极性"紧密结合在一起,这是我国革命和建设事业不断取得新胜利的一条重要经验。

10. 践行一条好方法

深入实际,调查研究,是践行群众路线的一条好方法。说到毛泽东深入社会实际开展调查研究之事,我们自然就会想到:在大革命时期,他通过调查研究,对中国社会各阶级的历史和现状作出了科学分析。在井冈山时期,通过农村调查,制定了井冈山土地法。20世纪30年代初,通过寻乌调查,比较系统地了解了城镇商业、地主、富农的情况,提出一些解决富农问题的政策。通过兴国调查,得出关于中国农村土地占有情况的基本概念,弄清楚了贫农、雇农的问题。他的著名口号"没有调查,没有发言权"就是在1930年亲自到最基层去作了大量的系统的调查研究之后提出来的。他还说过:"实际政策的决定,一定要根据具体情况,坐在房子里面想像的东西,和看到的粗枝大叶的书面报告上写着的东西,决不是具体的情况。倘若根据

---

① 《毛泽东著作选读》(甲种本),人民出版社1965年版,第319—320页。

'想当然'或不合实际的报告来决定政策，那是危险的。……所以详细的科学的实际调查，乃非常之必需。"①当年毛泽东通过一系列农村调查，逐步形成了一套解决农村土地问题的正确政策。他还作了其他方面的一些调查，包括革命根据地的政权、经济、文化教育等。在新民主主义革命时期，在毛泽东同志的带领和要求下，我们党的很多政策都是在深入的、广泛的调查研究的基础上制定出台的，都是符合具体实际情况的，都是充分考虑广大人民群众根本利益的，因此广大人民群众都相信党、拥护党、听党话、跟党走。

在社会主义建设探索时期，一度出现了"共产风"等一些"左"的错误，毛泽东清醒地认识到：怎样才能使全党特别是党的高级干部达到认识上的一致，有条不紊地把问题一个一个地解决掉，把困难一个一个地克服掉，特别是怎样使"共产风"等"左"的一套东西不再重复出现，这就迫切需要下定决心，通过深入系统的调查研究，动员全党的力量，集中全党的智慧，才能解决。所以，毛泽东强调："一定要搞好调查研究，一定要贯彻群众路线。"②毛泽东为了寻找一条符合中国具体实际的建设社会主义的道路，进行了许多开创性的调查、探索和研究。他曾用了一个半月的时间，听了工业、农业、运输业、商业、财政等34个部门的汇报，做了一次系统的经济问题的调查，写出了著名的理论著作《论十大关系》。60年代初，为了纠正工作中的错误，解决经济困难问题，毛泽东亲自组织三个调查组，分赴浙江、湖南、广东三省实践的第一线，到最基层、到农村去作系统的历史的调查研究。毛泽东再三强调调查研究的重要，他说：一定要"大兴调查研究之风，没有调查研究是相当危险的。""水是浑的，有没有鱼不知道。要大兴调查研究之风，要把浮夸、官僚主义、不摸底这些东西彻底克服掉。……不根据调查研究来制定方针、政策是不可靠

---

① 《毛泽东文集》第一卷，人民出版社1993年版，第254页。
② 《毛泽东文集》第八卷，人民出版社1999年版，第275页。

的，很危险。"① 他多次反复强调：要做系统的由历史到现状的调查研究，特别是各级党委的第一书记都要做这样的调查研究。"做领导工作的人要依靠自己亲身的调查研究去解决问题。"② 这是毛泽东对各级领导干部的要求，也是他本人实践的总结、深刻的体会。

毛泽东非常重视调查研究，带头践行调查研究。他深有感触地说："我的经验历来如此，凡是忧愁没有办法的时候，就去调查研究，一经调查研究，办法就出来了，问题就解决了。打仗也是这样，凡是没有办法的时候，就去调查研究。在第二次反'围剿'的时候，兵少觉得很不好办，开头不了解情况，每天忧愁。我跟彭德怀两个人到白云山上跑了一天，察看地形，看了很多地方。我对彭德怀说，红一军团的四军、三军打正面，打两路，你的红三军团全部打包抄，敌人一定会垮下去。如果不去看呢？就每天忧愁，就不知道如何打法。"③

这里，毛泽东好像是在讲故事，实际上，他是通过这个故事阐明深入实际调查研究的重要性。毛泽东一次在总结调查研究的经验时候还说过：用马克思主义的基本观点，做周密的调查，是了解情况的最基本的方法，"只有这样，才能使我们具有对中国社会问题的最基础的知识。"④ 毛泽东还说，他用开调查会的方法得到了"很大的益处，这是比较什么大学还要高明的学校"。深入基层，深入农村调查研究，"没有满腔的热忱，没有眼睛向下的决心，没有求知的渴望，没有放下臭架子、甘当小学生的精神，是一定不能做，也一定做不好的。" 对如何深入实际调查研究，毛泽东强调说："必须明白：群众是真正的英雄，而我们自己则往往是幼稚可笑的，不了解这一点，就不能得到起码的知识。"⑤ 在调查的时候，不要怕听言之有物的不同意见，

---

① 《毛泽东传》第五册，中央文献出版社 2011 年版，第 2084—2085 页。
② 《毛泽东文集》第八卷，人民出版社 1999 年版，第 253 页。
③ 《毛泽东文集》第八卷，人民出版社 1999 年版，第 261 页。
④ 《毛泽东选集》第三卷，人民出版社 1991 年版，第 789 页。
⑤ 《毛泽东选集》第三卷，人民出版社 1991 年版，第 790 页。

更不要怕实际检验推翻了已经作出的判断和决定。"了解情况,要用眼睛看,要用口问,要用手记。谈话的时候还要会谈,不然就会受骗。""这些年来,我们的同志调查研究工作不做了。要是不做调查研究工作,只凭想象和估计办事,我们的工作就没有基础。"① 这些都是毛泽东调查研究的亲身感受,很有示范意义,也是谆谆嘱咐,很有指导意义。

二、毛泽东坚持党的群众路线,深入实际调查研究工作生活片段

毛泽东是我们党贯彻群众路线,深入实际调查研究的开拓者、引路人,也是全党身体力行、率先垂范、深入调查研究的践行者。

1. 坚持群众路线,深入实际调查研究,是毛泽东一贯的做法

毛泽东是马克思主义的坚定信仰者,自觉运用马克思主义理论指导调查研究。其中1925年的《中国社会各阶级的分析》和1927年的《湖南农民运动考察报告》等就是伟大的马克思主义文献。1926年,他通过调查研究获取了大量的第一手资料,撰写的调查报告《中国佃农生活举例》,被作为中央农民运动讲习所的生动教材。

随着中国革命形势的不断变化和发展,毛泽东更加重视对中国实际情况的调查研究。井冈山时期,他在与国民党反动派艰苦斗争的间隙,先后对宁冈、寻乌、兴国等地进行了八次较大规模的调查研究。在1931年1月26日毛泽东补写的《〈兴国调查〉前言》中,对这次调查的情景、内容、方法以及欠缺都作了说明,他写道:

一九三〇年九月,红军第一方面军从打长沙回到江西,十月

---

① 《毛泽东文集》第八卷,人民出版社1999年版,第233页。

初打开吉安,进到袁水流域,兴国送来了许多农民来当红军,我趁此机会作了一个兴国第十区即永丰区的调查。找了傅济庭、李昌英、温奉章、陈侦山、钟得五、黄大春、陈北平、雷汉香八个人开调查会。调查的时间是一九三〇年十月底,开会的地点是新余县之罗坊,开了一个星期的调查会。永丰区位于兴国、赣县、万安三县的交界,分为四个乡,旧凌源区为第一乡,洞江区为第二乡,三坑区为第三乡,江团区为第四乡,以第二乡之永丰圩为本区政治经济中心。人口分布:第一乡三千,第二乡八百,第三乡三千,第四乡二千,总共八千八百。这一区介在兴、赣、万之交,明白了这一区,赣、万二县也就相差不远,整个赣南土地斗争的情况也都相差不远。实际政策的决定,一定要根据具体情况,坐在房子里想像的东西,和看到的粗枝大叶的书面报告上写着的东西,决不是具体情况。倘若根据"想当然"或不合实际的报告来决定政策,那是危险的。过去红色区域弄出了许多错误,都是党的指导与实际情况不符的原故。所以详细的科学的实际调查,乃非常之必需。这次调查,一般说来仍不是很深入的,但较之我历次调查要深入些。第一,做了八个家庭的调查,这是我从来没做过的,其实没有这种调查,就没有农村的基本概念。第二,调查了各阶级在土地斗争中的表现,这是我在寻乌调查中做了而没有做得完全的。这个调查的缺点,是没有调查儿童和妇女状况,没有调查交易状况和物价比较,没有调查土地分配后农业生产的状况,也没有调查文化状况。这些本来是要调查的,因为敌人对罗坊进攻了,红军决定诱敌深入的方针,我们的调查只得结束。下面的材料是这样得来的:由我提出调查的纲目,逐一发问并加讨论,一切结论,都是由我提出得到他们八个同志的同意,然后写下来的,有些并未做出结论,仅叙述了他们的答话。我们的调查会是活泼有趣的,每天开两次甚至三次,有时开至深夜,他们也并不觉得疲倦。应该深深感谢这些同志。他们有几个

是共产党员，但多数不是党员。

一九三一年一月二十六日，
于宁都小布圩，整理后记。①

在1930年5月撰写的《反对本本主义》一文和1931年4月起草的《总政治部关于调查人口和土地状况的通知》中，毛泽东又相继提出了"没有调查，没有发言权"、"不做正确的调查同样没有发言权"等著名论断。

延安时期，为了使全党充分认识调查研究的重要性，毛泽东先后撰写和起草了《关于农村调查》、《改造我们的学习》、《中共中央关于调查研究的决定》等系列文章和文件。其中，他在1941年3月、4月为《农村调查》所写的序言和跋中强调指出，调查第一是眼睛向下，第二是开调查会。同年5月，他在《改造我们的学习》中又提出："在全党推行调查研究的计划，是转变党的作风的基础一环。"②随后，他逐步把调查研究活动推到全党范围内，并广泛应用于抗日战争、解放战争的伟大实践中。

新中国成立后，毛泽东带领全党全国各族人民前进在社会主义建设的大道上。一步一步到底怎么走，面对崭新的社会主义建设的一件件重要事务，到底怎么办？对实际当中面临的种种思想认识问题，到底怎样处理、怎样解决？毛泽东最主要的做法仍然是依靠贯彻党的群众路线，深入实际调查研究。毛泽东外出调研开座谈会，大多是在专列上进行，一不住宾馆，二不要地方招待安排。在专列上开会，就在专列上就餐，简单又省时。专列从北京开出，途经天津、德州、济南、徐州、南京、上海、杭州、郑州、广州、武汉、长沙等地，列车开到哪里，座谈会就开到哪里。据不完全统计，20世纪五六十年代，

---

① 《毛泽东文集》第一卷，人民出版社1993年版，第254—255页。
② 《毛泽东选集》第三卷，人民出版社1991年版，第802页。

毛泽东在专列上召开大小调研、座谈会达上百次。

2. 制定党政干部"三大纪律、八项注意"

1961年1月9日，在中央召开工作会议期间，毛泽东听取会议第5次汇报，并向会议印发了胡乔木起草的党政干部"三大纪律、八项注意"草案，要会议各组讨论。起草这个文件，主要是鉴于几年来干部队伍中存在严重作风不纯的情况。新中国成立后，在相当长的时间里，党与人民群众保持了在革命战争时期的那种亲密关系，但后来随着党内"左"倾思想的发展，干部队伍中脱离实际、脱离群众的倾向开始出现，"共产风"、"浮夸风"、"强迫命令风"、"生产瞎指挥风"和"生活特殊化风"等"五风"一度盛行，导致党群关系、干群关系的严重紧张。对此，毛泽东要胡乔木仿照红军部队的"三大纪律、八项注意"，制定一个适用于党政干部的"三大纪律、八项注意"。毛泽东对胡乔木起草的这个草案不太满意。他说，"三大纪律、八项注意"要写得简单明了，使人容易记住，同时要避免起负面作用。他自己动手改写了一下。"三大纪律"，胡乔木写的是：（一）有事同群众商量，永远同群众共甘苦；（二）重要问题事前请示，事后报告；（三）自己有错误要检讨纠正，别人做坏事要批评揭发。毛泽东修改为：（一）一切从实际出发；（二）提高政治水平；（三）实行民主集中制。其中第二条，经过会议讨论，修改为"正确执行党的政策"。毛泽东的修改确实简单明了，看一条就能留下印象，使人容易记住。他解释第一条时指出，我们干部的作风问题，主要是不从实际出发，工作中主观主义很多，要整主观主义。毛泽东抓到了干部作风中的要害问题。

对"八项注意"，毛泽东改得更简单明了，每一项四个字、六个字，至多九个字。值得注意的是，他加了一项"没有调查就没有发言权"。这是沿用1930年他提出的一个口号，今天重提，显得格外重要。他说：要强调调查研究。现在调查之风不盛行了，对很多事情发言权有了，言也发了，就是没有调查。其实，调查材料不在多，一个

好材料就可以使我们了解问题的实质。调查材料搞了一大堆,会使人陷入材料的海洋而不能自拔。

经反复讨论、修改后,中央于1961年1月27日下发了党政干部"三大纪律、八项注意"。"三大纪律"是:(一)一切从实际出发。(二)正确执行党的政策。(三)实行民主集中制。"八项注意"是:(一)同劳动同食堂。(二)待人和气。(三)办事公道。(四)买卖公平。(五)如实反映情况。(六)提高政治水平。(七)工作要同群众商量。(八)没有调查没有发言权。

党政干部"三大纪律、八项注意"的公布,对于保证中央政策的正确贯彻执行,教育和约束党政干部的作风和行为,纠正干部中存在的"五风"现象,密切干群关系,保持共产党干部队伍的纯洁性、先进性、拒腐防变都起了积极的作用。对随后进行的国民经济调整也产生了有利的影响,对于动员广大人民群众和中国共产党克服严重的经济困难、共渡难关都产生了积极影响。

3. 直接组建、领导三个调查组到浙江、湖南、广东农村调查研究

在新中国社会主义建设处于最困难的时刻,为了团结带领全党全国人民战胜困难,1960年12月24日到1961年1月13日,中共中央在北京召开工作会议。会议期间,经过五次汇报会的讨论,毛泽东关于在全党全国大兴调查研究之风的思想逐渐成熟。1月13日,他在中央工作会议最后的一天的会议上,发表了以大兴调查研究之风为主旨的讲话。

他说:"我希望同志们回去之后,要搞调查研究,把小事撇开,用一部分时间,带几个助手,去调查研究一两个生产队、一两个公社。在城市要彻底调查一两个工厂、一两个城市人民公社。……这些年来,我们的同志调查研究工作不做了。要是不做调查研究工作,只凭想象和估计办事,我们的工作就没有基础。所以,请同志们回去后

大兴调查研究之风，一切从实际出发，没有把握就不要下决心。""今年搞一个实事求是年好不好？"①

1961年1月14日到18日，中共中央在北京召开八届九中全会。毛泽东在全会结束的时候，再一次就调查研究问题发表讲话。他说：希望今年这一年，1961年，成为一个调查年，大兴调查研究之风。调查，要在实际中去调查，在实践中才能认识客观事物。②

大约也就是在这个时候，毛泽东忽然见到他30年前写的一篇文章《调查工作》。这篇文章早已散失，是中国革命博物馆在1959年从福建龙岩地委收集到的，由田家英亲自送到他手里。毛泽东十分高兴，他对这篇文章一直念念不忘，时下正值大兴调查研究之风之际，真是来得恰逢其时。

1月20日，他给田家英写了一封信，全文如下：

田家英同志：

（一）《调查工作》这篇文章，请你分送陈伯达、胡乔木各一份，注上我请他们修改的话（文字上，内容上）。

（二）已告陈、胡，和你一样，各带一个调查组，共三个组，每组组员六人，连组长共七人，组长为陈、胡、田。在今、明、后三天组成。每个人都要是高级水平的，低级的不要。每人发《调查工作》（一九三〇年春季的）一份，讨论一下。

（三）你去浙江，胡去湖南，陈去广东。去搞农村。六个组员分成两个小组，一人为组长，二人为组员。陈、胡、田为大组长。一个小组（三人）调查一个最坏的生产队，另一个小组调查一个最好的生产队。中间队不要搞。时间十天至十五天。然后去广东，三组同去，与我会合，向我作报告。然后，转入广州

---

① 《毛泽东文集》第八卷，人民出版社1999年版，第233—234、237页。
② 参见《毛泽东传》第五册，中央文献出版社2011年版，第2081—2082页。

市作调查,调查工业又要有一个月,连前共两个月。都到广东过春节。

毛泽东

一月二十日下午四时

此信给三组二十一个人看并加讨论,至要至要!!!

毛泽东又及①

根据毛泽东的指示,浙江、湖南、广东三个调查组很快组成,分别由田家英、胡乔木、陈伯达率领赶到调查地点。这是毛泽东直接领导的调查组,到实践的第一线、最基层去作系统的历史的调查研究。毛泽东带头作调查,在全党起了表率作用。经过近三个月的调查研究,三个调查组向毛泽东提供了许多具体的、生动的、有重要价值的第一手材料,成为毛泽东调整农村政策,解决农村人民公社工作中的实际问题的重要依据。

像这样直接组建调查组,从组长人选到组员人数,从调查地点到具体时间安排,从调查对象的选择到参加调查工作人员的具体要求等,毛泽东都亲自安排,这是以前很少见的。这一方面说明,毛泽东对本次调查研究工作的重视;另一方面也反映了他对做好本次调查研究工作的迫切心情;同时也是他从我做起,雷厉风行,给全党同志大兴调查研究之风带个好头。

4. 制定《农村人民公社工作条例(草案)》

1961年,党的八届九中全会后,毛泽东亲自安排调查组到浙江、湖南、广东进行调查。在调查研究的基础上,草拟出了《农村人民公社工作条例(草案)》(初稿)。这个条例共六十个条文,故称"六十条"。

对这份公社工作条例初稿,毛泽东起初不太满意,第一是太长,

---

① 《毛泽东文集》第八卷,人民出版社1999年版,第239—240页。

第二是太杂，第三是逻辑性不强，要修改。3月14日，毛泽东请参加"三北"（西北、东北、华北）会议的中央领导同志和省委书记们一起来广州，与参加"三南"（中南、华南、西南）会议同志们一起讨论这一草案。从3月15日开始，参加"三南"、"三北"两个会的同志合在一起，重新编组，对公社工作条例初稿进行讨论修改。根据毛泽东及与会领导的意见，3月16日形成第二稿，毛泽东决定印发参加会议的各小组讨论。

3月19日，开始集体修改条例第二稿。吸收了每个大区1—3人参加。直到3月21日，修改出第三稿，才印发会议。第二天会议通过了《农村人民公社工作条例（草案）》。同日，中共中央向全国农村党支部和人民公社全体社员，发出《关于讨论农村人民公社工作条例草案给全党同志的信》。信中明确指出，在农村人民公社方面，有以下五个迫切需要解决的问题。第一，在分配上存在着不同程度的平均主义现象。第二，公社的规模在许多地方偏大。第三，公社对生产大队、生产大队对生产队一般管理得太多太死。第四，公社各级的民主制度不够健全。第五，党委包办公社各级行政的现象相当严重。① 上述五个问题的提出，是毛泽东号召大兴调查研究之风，各级领导干部，包括毛泽东本人在内，通过调查研究形成的第一批重要成果。

3月23日，广州中央工作会议闭幕。毛泽东再次讲话，主题仍是调查研究。这是在三个月的时间内，毛泽东第三次讲这个问题。

这次讲话，毛泽东从《调查工作》这篇失而复得的文章讲起。他说："别的文章丢了，我不伤心，也不记得了，这两篇文章（指《调查工作》和在这之前毛泽东写的一篇短文《反对本本主义》——原文注）我总是记得的。忽然找出一篇来了，我是高兴的。"他接着说，这篇

---

① 参见《建国以来重要文献选编》第14册，中央文献出版社1997年版，第221、222页。

文章中心点是要做好调查研究。他还从历史和现实的贯通上，讲述了一个重要原则，就是贯彻执行上级（包括中央）的指示，必须与本地区本部门的实际相结合，订出具体措施；而要做到这一点，就要作调查研究。他还说："这篇文章还提出这么一个观点，就是说，正确的策略只能从实践经验中产生，只能来源于调查研究。"①

就在本次广州中央工作会议闭幕那天，会议还通过了经毛泽东修改审定的中共中央《关于认真进行调查工作问题给各中央局，各省、市、区党委的一封信》。信中要求县级以上党委的领导人员，首先是第一书记，要把深入基层亲身进行有系统的典型调查当作领导工作的首要任务，每年一定要有几次，并且要定出制度，造成风气。信中有一句名言："在调查的时候，不要怕听言之有物的不同意见，更不要怕实际检验推翻了已经作出的判断和决定。"②这句话给人留下了很深的印象，增强了人们在调查研究中解放思想的勇气和力量。此信的发出，进一步推动了全党的调查研究工作。对进一步密切党和广大人民的关系也产生了很好的效果。

三、为适应新的实际需要，制定和建立一系列规定、制度

为了保证党的群众路线的贯彻实施，提高广大党员干部思想认识，推动广大党员干部形成良好的工作作风、掌握正确的工作方法，建立有关的制度、作出相应的规定就显得十分重要。毛泽东指出："要充分地注意执行这样一种群众路线的领导方法，而不应当稍为疏忽。为此，我们需要建立一定的制度来保证群众路线和集体领导的贯彻实施，而避免脱离群众的个人突出和个人英雄主义，减少我们工作

---

① 参见《毛泽东传》第五卷，中央文献出版社2011年版，第2110—2111页。
② 《毛泽东传》第五册，中央文献出版社2011年版，第2112页。

中的脱离客观实际情况的主观主义和片面性。"①

为贯彻实施好党的群众路线，毛泽东倡导、要求制定和建立的有关规定和制度，粗略说来，至少有以下几个方面。

1. 下厂下乡，调查研究

脱离群众，一个重要方面是政策不符合实际，不符合群众需要。要避免这一点，就必须了解实际，了解群众所需，作好调查研究。1957年3月19日，毛泽东在南京、上海党员干部会上强调：干部要经常下厂下乡，"为工农服务，与群众打成一片，不是两片"。②在1958年1月的《工作方法六十条（草案）》中，毛泽东提出："中央和省、直属市、自治区两级党委的委员，除了生病的和年老的以外，一年一定要有四个月的时间轮流离开办公室，到下面去作调查研究，开会，到处跑。应当采取走马看花、下马看花两种方法。哪怕到一个地方谈三四小时就走也好。"③毛泽东在与一位省委书记的通信中甚至说："各级党委，不许不作调查研究工作。绝对禁止党委少数人不作调查，不同群众商量，关在房子里，作出害死人的主观主义的所谓政策。"④在毛泽东的多次倡导下，干部下乡下厂，与群众同吃、同住、同劳动，成为一时风尚。

2. 蹲点

新中国成立后，毛泽东清醒地认识到，进行大规模的社会主义建设，对全党来说，是一项新的任务，实践经验不足，知识不够。因此，"我们应当在今后一段时间内，积累经验，努力学习，在实践中间逐步地加深对它的认识，弄清楚它的规律。一定要下一番苦功，要

---

① 《毛泽东文集》第七卷，人民出版社1999年版，第19页。
② 《毛泽东文集》第七卷，人民出版社1999年版，第290页。
③ 《毛泽东文集》第七卷，人民出版社1999年版，第354页。
④ 《毛泽东文集》第八卷，人民出版社1999年版，第272页。

切切实实地去调查它,研究它。要下去蹲点,到生产大队、生产队,到工厂,到商店,去蹲点",他批评说:调查研究,"至今还没有形成风气。有一些省委书记,到现在还没有下去蹲过点。如果省委书记不去,怎么能叫地委书记、县委书记下去蹲点呢。这个现象不好,必须改变过来"。①毛泽东指出:不是视而不见,听而不闻,而是各级干部除少数人以外,在这次下去蹲点以前,根本没有下去认真蹲过点,没有作出过马克思主义的阶级分析。他们有些人不出办公室,谈不到视听见闻。有些人下去了,甚至蹲点了,却是蹲在基层干部、富裕中农、富农地主那里。这些人是有视听见闻的,可是只视听见闻了一方面,而对广大的贫下中农,则根本没有什么视听见闻。②

3. 参加体力劳动

毛泽东认为,干部参加体力劳动,是保持同人民群众的血肉联系、避免脱离群众的重要途径。毛泽东1957年4月在《关于整风和干部参加劳动》中指出:党的另一通知日内也可发出,这个通知提倡县、区、乡三级党政主要干部,凡能劳动的,每年抽一部分时间下田参加生产,从事一小部分体力劳动。县以上各级党政军主要干部(不是一般干部),凡能劳动的,也要这样做,每年以一部分时间,分别下田、下工厂、下矿山、下工地或者到其他场所,和工人农民一道从事可能胜任的一小部分体力劳动(哪怕是很少一点)。这样一来,党和群众就打成一片了,主观主义,官僚主义,老爷作风,就可以大为减少,面目一新。③1957年5月,中共中央关于各级领导人员参加体力劳动的指示正式发出。1963年5月9日,他又为转发浙江省七个关于干部参加劳动的材料写了大段批语,指出干部参加劳动是"极端

---

① 《毛泽东文集》第八卷,人民出版社1999年版,第303页。
② 参见《建国以来毛泽东文稿》第11册,中央文献出版社1996年版,第259—260页。
③ 《毛泽东文集》第七卷,人民出版社1999年版,第294页。

重大的问题",要求对这个问题"在今年内进行几次讨论","逐步加深广大干部,特别是县、社、大队、生产队四级干部对于参加生产劳动的伟大革命意义的认识,减少许多思想落后的干部的抵抗和阻力","希望争取在三年内能使全国全体农村支部书记认真参加生产劳动,而在第一年,能争取有三分之一的支部书记参加劳动,那就是一个大胜利。城市工厂支部书记也应当是生产能手"。①

4. 建立监督机制,重视人民来信

毛泽东从中国的实际出发,对群众监督、党内监督、舆论监督、民主党派监督都提出了意见。他认为人民来信是接受各方面监督的重要渠道,因此特别重视。早在1951年5月,毛泽东就指出:"必须重视人民的通信,要给人民来信以恰当的处理,满足群众的正当要求,要把这件事看成是共产党和人民政府加强和人民联系的一种方法,不要采取掉以轻心置之不理的官僚主义的态度。如果人民来信很多,本人处理困难,应设立适当人数的专门机关或专门的人,处理这些信件。"②毛泽东本人非常重视对群众来信的处理。1963年12月,毛泽东读到内刊《群众反映》上登载的《上海有很多人迫切要求给予生活出路》,即批示给上海市委负责同志:"此事必须解决。一定要使他们设法就业。即使暂时不能就业,也要支出一笔救济费把他们养起来,以待逐渐设法就业。"并写信给刘少奇、邓小平、彭真阅知,说"此是一件大事,值得注意"。③在毛泽东的重视和关心下,后来,我们党逐步建立了人民来信来访工作机制,省、地、县市陆续建立人民信访机构,专门用来接待处理人民来信来访事务,有效地密切了党群、干群关系。

---

① 《建国以来毛泽东文稿》第10册,中央文献出版社1996年版,第292—293页。
② 《毛泽东文集》第六卷,人民出版社1999年版,第164页。
③ 《建国以来毛泽东文稿》第10册,中央文献出版社1996年版,第438—439页。

5. 整风

整风是保持党的先进性和纯洁性，保持党和人民群众血肉联系的又一有效途径。在 1951 年 2 月的中央政治局扩大会议上，毛泽东就已指出：整风"一年一次，冬季进行，时间要短，任务是检查工作，总结工作经验，发扬成绩，纠正缺点错误，借以教育干部"。① 在 1957 年春部署整风运动的时候，毛泽东多次论述整风的意义、目的和方法。1957 年 3 月，毛泽东在《中国共产党全国宣传工作会议上的讲话》中说："要使几亿人口的中国人生活得好，要把我们这个经济落后、文化落后的国家，建设成为富裕的、强盛的、具有高度文化的国家，这是一个很艰巨的任务。我们所以要整风，现在要整风，将来还要整风，要不断地把我们身上的错误东西整掉，就是为了使我们能够更好地担负起这项任务，更好地同党外的一切立志改革的志士仁人共同工作。"在这次讲话中，毛泽东还说："我们过去说过，整风运动是一个'普遍的马克思主义的教育运动'。整风就是全党通过批评和自我批评来学习马克思主义。在整风中间，我们一定可以更多地学到一些马克思主义。"②1957 年 3 月，毛泽东在济南党员干部会上指出："整风是用批评和自我批评解决党内矛盾的一种方法，也是解决党同人民之间的矛盾的一种方法。这次整风，就是整顿三风，整顿官僚主义、宗派主义和主观主义。要经过整风，把我们党艰苦奋斗的传统好好发扬起来。"③ 接着，他又在 3 月 20 日南京党员干部会上指出："最好一年有这么一回，开这么几天的批评会。"④ 在毛泽东看来，整风不是临时抓一下，而"一定要把整风坚持到底"，这样，才能"打掉官风，实事求是，同人民打成一片，尽可能地纠正一切工作上、作风上、制

---

① 《毛泽东文集》第六卷，人民出版社 1999 年版，第 147 页。
② 《毛泽东文集》第七卷，人民出版社 1999 年版，第 275、274—275 页。
③ 《毛泽东文集》第七卷，人民出版社 1999 年版，第 284 页。
④ 《毛泽东文集》第七卷，人民出版社 1999 年版，第 286 页。

度上的缺点和错误"。①

还有其他方方面面的规定和制度。这里不再一一列举。

我们应当明白，群众路线是建立在历史唯物主义和辩证唯物主义基础之上的。群众路线的贯彻实施必须确立马克思主义的认识论，必须学会运用马克思主义的辩证法。群众路线同实事求是、调查研究、民主作风、民主集中制密切相关。密切联系群众的作风同理论联系实际的作风密切相连。在贯彻落实群众路线方面，毛泽东为我们作出了示范和榜样，带了好头。在中国特色社会主义新时代，强调全党和各级领导干部贯彻党的群众路线、深入实际调查研究，这对克服新形势下的官僚主义、形式主义、命令主义、经验主义、教条主义等不正之风，仍然具有重要的现实意义。

一生不懈坚持党的群众路线、不畏辛苦深入实际调查研究，这是毛泽东奋斗人生的一条重要经验。相信群众，相信党，也是毛泽东人生成长不断向前、不断创造辉煌的根本保证。

---

① 《毛泽东文集》第七卷，人民出版社1999年版，第354页。

第九讲　严明纪律、严肃执纪，教育党员干部永葆党的初心

必须重申党的纪律：（一）个人服从组织；（二）少数服从多数；（三）下级服从上级；（四）全党服从中央。谁破坏了这些纪律，谁就破坏了党的统一。

——《中国共产党在民族战争中的地位》（1938年10月14日），《毛泽东选集》第二卷（人民出版社1991年版，第528页）

在工作繁忙的借口之下，采取事前不请示事后不报告的错误态度，将自己管理的地方，看成好像一个独立王国。这种状态，给予革命利益的损害，极为巨大。

——《一九四八年的土地改革工作和整党工作》（1948年5月25日），《毛泽东选集》第四卷（人民出版社1991年版，第1332页）

毛泽东党的纪律建设思想是在马克思列宁主义关于无产阶级政党纪律建设思想指引下，结合中国的具体实际和党的纪律建设工作的迫切需要逐步形成的。毛泽东党的纪律建设思想是毛泽东党的建设思想的重要组成部分，是加强中国共产党纪律建设的行动指南。

一、毛泽东对马克思列宁主义关于党的纪律建设思想的丰富和发展

马克思列宁主义关于无产阶级政党纪律建设思想的主要观点是中国共产党纪律建设的理论基础，不仅对中国共产党的纪律建设有重要的指导意义，而且对中国共产党的政治建设、思想建设、作风建设、组织建设等亦有非常重要的指导意义。

毛泽东关于党的纪律建设思想是毛泽东党的建设思想的一个重要组成部分，是马克思列宁主义关于党的纪律建设思想与中国实际、特别是中国共产党党的纪律建设的具体实际相结合的产物，是毛泽东对马克思列宁主义关于党的纪律建设思想的丰富和发展。

联系中国实际强调关于加强党的纪律建设的重要性。革命战争年代，在艰苦卓绝的斗争环境中，红军坚持不拿群众一针一线，不占老百姓的一点便宜，通过严明的军纪取得了群众的信任。在社会主义革命和建设时期，毛泽东也一直强调纪律的重要性。他指出我们党是"一个有纪律的党"，是"一个有纪律的，有马克思列宁主义的理论武装的，采取自我批评方法的，联系人民群众的党"。把纪律放在最前面来谈，不是偶然的，而是表明纪律对于一个组织的重要性，没有纪律，革命无法坚持并取得胜利。同时也表明我们党是全心全意为人民服务的真正为广大人民群众谋利造福的党。只有相信群众，切实维护

广大人民群众利益，广大人民群众才能相信我们党，拥护我们党，支持我们党。

"加强纪律性"，"革命无不胜"。毛泽东认为，党的纪律是执行党的政治路线、增强党的团结与统一的重要保证，他强调指出，只有党和军队"加强纪律性"，才能实现"革命无不胜"。为了让全党全军都能够自觉遵守党的纪律，毛泽东要求必须对党员进行党的纪律教育，"既使一般党员能遵守纪律，又使一般党员能监督党的领袖人物也一起遵守纪律"。①

注重党的纪律制度建设。早在井冈山时期，为密切军民关系就提出了"三大纪律、六项注意"，奠定了中国工农红军统一革命纪律的基础。后来，鉴于张国焘事件对党的纪律的严重破坏，毛泽东向全党重申了党的纪律：一是个人服从组织；二是少数服从多数；三是下级服从上级；四是全党服从中央。他强调，谁破坏了这些纪律，谁就破坏了党的统一。②后来又增加了两项注意，从而成为著名的"三大纪律、八项注意"。1947年10月10日，毛泽东下达《中国人民解放军总部关于重行颁布三大纪律八项注意的训令》。从此，内容统一的"三大纪律、八项注意"就以命令的形式固定下来，成为全军的统一纪律。

制定较详细的党内法规。在提出党的纪律原则之外，毛泽东还提出要制定较详细的党内法规，以统一各级领导机关的行动。他要求，"严格地执行纪律，废止对纪律的敷衍现象"。③对违反党纪且坚持错误的共产党员，在屡教不改的情况下，党委必须予以正当处理，严重者则要绳之以法。

强调纪律是执行路线的保证。1938年，毛泽东在党的六届六中全会的报告中，首次提出了"纪律是执行路线的保证"的科学论断。

---

① 《毛泽东选集》第二卷，人民出版社1991年版，第528页。
② 参见《毛泽东选集》第二卷，人民出版社1991年版，第528页。
③ 《毛泽东文集》第一卷，人民出版社1993年版，第90页。

这次全会还根据毛泽东的建议，制定并通过了《关于中央委员会工作规则与纪律的决定》、《关于各级党部工作规则与纪律的决定》。

反对无纪律现象、强调少数服从多数。毛泽东认为，必须是为着加强纪律而不是为着减弱纪律，所以在部队中提倡必要的民主的时候，必须同时反对要求极端民主的无纪律现象。1929年12月的《关于纠正党内的错误思想》中指出，"党的纪律之一是少数服从多数。"①

强调纪律的严格性、建立秋毫无犯的纪律。1937年5月，毛泽东在《中国共产党在抗日时期的任务》中指出，共产党对于全国人民的政治领导，是通过"思想的统一性，纪律的严格性"②来实现的。1937年10月，在和英国记者贝特兰的谈话中，谈到抗战取得胜利在军事上必需的条件，其中重要的一条就是要把"脱离人民的无纪律状态，改变为建设在自觉原则上的秋毫无犯的纪律"。③1938年5月在《论持久战》中又强调指出，"拥护严格纪律的执行"④，才能战胜强敌。

制定惩治腐败的党内规章制度。早在井冈山时期，毛泽东就制定了《井冈山反腐败训令》。瑞金时期，他签发了《关于惩治贪污浪费行为》等训令。土地革命战争时期还亲自处理了谢步升案、左祥云案、黄克功案等腐败案件。毛泽东指出："共产党与红军，对于自己的党员与红军成员不能不执行比较一般平民更加严格的纪律。"⑤在革命和建设时期，毛泽东积极组织开展党内的反腐败斗争，厉行廉洁政治，依法严惩腐败行为。在不同的历史时期，毛泽东带领全党制定了一系列惩治腐败的党内规章制度，如《中华苏维埃共和国中央执行委员会第26号训令——关于惩治贪污浪费行为》、《陕甘宁边区惩治贪

---

① 《毛泽东选集》第一卷，人民出版社1991年版，第90页。
② 《毛泽东选集》第一卷，人民出版社1991年版，第263页。
③ 《毛泽东选集》第二卷，人民出版社1991年版，第376页。
④ 《毛泽东选集》第二卷，人民出版社1991年版，第508页。
⑤ 《毛泽东文集》第二卷，人民出版社1993年版，第39页。

污条例（草案）》、《中华人民共和国惩治贪污条例》等。凭借这些规章制度的有力保障，党在革命时期以及社会主义建设时期都有效地遏制了贪污腐败行为的滋生和蔓延。

建立全方位的党内外监督机制。为了更好地监督党员干部，遏制腐败的发生，新中国成立后，毛泽东带领全党建立了全方位的党内外监督机制，中央决定成立专门的监督机构，同时鼓励社会各界力量对党员干部进行监督。对于贪官污吏，毛泽东一贯坚持要严厉惩治。他强调，要"厉行廉洁政治，严惩公务人员之贪污行为，禁止任何公务人员假公济私之行为，共产党员有犯法者从重治罪"。①毛泽东向全党提出警告："一切从事国家工作、党务工作和人民团体工作的党员，利用职权实行贪污和实行浪费，都是严重的犯罪行为。"②

强调纪律的一致性。1947年10月，《中国人民解放军宣言》中指出，"必须提高纪律性，坚决执行命令，执行政策，执行三大纪律八项注意，军民一致，军政一致，官兵一致，全军一致，不允许任何破坏纪律的现象存在。"③1948年5月《一九四八年的土地改革工作和整党工作》中指出，"必须坚决地克服许多地方存在着的某些无纪律状态或无政府状态，即擅自修改中央的或上级党委的政策和策略，执行他们自以为是的违背统一意志和统一纪律的极端有害的政策和策略"。④

重视对违纪党员干部教育转化工作。毛泽东主张以教育的方法对待违纪犯错误的党员干部，强调要采取耐心教育的方式来帮助同志。善待违纪犯错误的同志，不提倡"一棒打死"。毛泽东认为："犯了错误不要紧，只要认识自己犯的错误，并且能改正，这就很好，就是很好的同志。"⑤他强调要秉承"治病救人"的原则，积极找违纪犯了错

---

① 《毛泽东文集》第二卷，人民出版社1993年版，第335页。
② 《毛泽东文集》第六卷，人民出版社1999年版，第208页。
③ 《毛泽东选集》第四卷，人民出版社1991年版，第1239页。
④ 《毛泽东选集》第四卷，人民出版社1991年版，第1332页。
⑤ 《毛泽东文集》第二卷，人民出版社1993年版，第416页。

误的同志谈话，做他们的工作，帮助他们改正缺点和毛病。

强调正确开展批评与自我批评。对待违纪和犯了错误的同志，毛泽东十分强调批评与自我批评，同时他也指出，"党内批评要防止主观武断和把批评庸俗化，说话要有证据，批评要注意政治"。① 他还指出，"有些同志的批评不注意大的方面，只注意小的方面。他们不明白批评的主要任务，是指出政治上的错误和组织上的错误。至于个人缺点，如果不是与政治的和组织的错误有联系，则不必多所指摘，使同志们无所措手足。而且这种批评一发展，党内精神完全集注到小的缺点方面，人人变成了谨小慎微的君子，就会忘记党的政治任务，这是很大的危险"②，"对待思想上的毛病和政治上的毛病，决不能采用鲁莽的态度，必须采用'治病救人'的态度，才是正确有效的方法"③。

共产党对于全国人民的政治领导，是通过强调遵守纪律的模范性和自觉性。1938年10月《中国共产党在民族战争中的地位》中指出，共产党员要成为"遵守纪律的模范"。④1939年12月《中国革命和中国共产党》中提出，中国无产阶级"富于组织性纪律性"。⑤1943年8月《在中央党校第二部开学典礼上的讲话》中指出，党员干部每个人都要"能够无限忠心，能够联系群众，能够独立工作，能够遵守纪律"。⑥1945年4月《论联合政府》中指出，"这个军队之所以有力量，是因为所有参加这个军队的人，都具有自觉的纪律"。⑦ 在《论军队生产自给，兼论整风和生产两大运动的重要性》中指出，"增强纪律性。

---

① 《毛泽东选集》第一卷，人民出版社1991年版，第92页。
② 《毛泽东选集》第一卷，人民出版社1991年版，第91—92页。
③ 《毛泽东选集》第三卷，人民出版社1991年版，第828页。
④ 《毛泽东选集》第二卷，人民出版社1991年版，第522页。
⑤ 《毛泽东选集》第二卷，人民出版社1991年版，第644页。
⑥ 《毛泽东文集》第三卷，人民出版社1996年版，第61页。
⑦ 《毛泽东选集》第三卷，人民出版社1991年版，第1039页。

在生产中执行劳动纪律，不但不会减弱战斗纪律和军人生活纪律，反而会增强它们。"①1949年6月，在《论人民民主专政》中毛泽东指出，"一个有纪律的，有马克思列宁主义的理论武装的，采取自我批评方法的，联系人民群众的党"②，是我们战胜敌人的三件主要武器之一。

二、毛泽东关于党的纪律建设的"三严"之道

毛泽东同志关于党的纪律建设的重要思想，是他在领导中国人民革命斗争和社会主义建设事业不断取得胜利、不断向前发展的实践中总结出来的，是毛泽东党的建设思想的重要组成部分。

毛泽东关于党的纪律建设的重要思想，笔者把其概括为"'三严'之道"，即是"严明纪律"、"严肃执纪执法"、"从严治'吏'"。"严明纪律"是基础，是规矩，是约束，是行动，是形象；"严肃执纪执法"，是处分，是严惩，是震慑，是教育，是维护；"从严治'吏'"是大局，是决心，是影响，是重点，是公平，是顺民心、合民意。三个方面都有一个"严"字，"严"是根本，"严"是抓手。"严"字当头，有"严"才能有举措，才能有"纪律严明"，才能有"严肃执纪执法"；有了"纪律严明"，有了"严肃执纪执法"，才能有"从严治'吏'"的纪律、法律依据。所以，毛泽东治党、治国、治军始终重视这个"严"字，践行这个"严"字。在党的纪律建设的实际中，毛泽东始终不渝"严"字当头，"三严"并举，相依相继。可以说，"三严"之道是毛泽东党的纪律建设重要思想的独特之点，以下举两例毛泽东贯彻"三严"之道的例子。

---

① 《毛泽东选集》第三卷，人民出版社1991年版，第1107页。
② 《毛泽东选集》第四卷，人民出版社1991年版，第1480页。

1. 黄克功逼婚"杀人案"

黄克功,江西南康人,1911年出生。1929年参加了中国工农红军,经历过井冈山斗争和二万五千里长征,参加过多次战斗,负过重伤,在长征中立过大功,历任红军班长、排长、连长、团长等职,也曾从事过师团政治工作。红一、二、四三个方面军会师时,黄克功已是身经百战的红军旅长。1937年,红军到达陕北后,黄克功进入延安抗日军政大学学习,随后留校任职。这一时期,出生于山西定襄的刘茜(原名董秋月),积极响应党的抗日号召,在党组织的护送下,冒险通过敌人的一道道封锁线到达延安,并进入抗日军政大学第十五队学习。刘茜在抗大第十五队学习时,与时任第十五队队长的黄克功相识。黄克功被活泼聪慧的刘茜吸引,在短期接触中两人建立了恋爱关系。在交往过程中,他们对爱情及婚姻家庭认识的巨大差异很快就显现出来。黄克功无端猜疑,认为刘茜在陕北公学另有所爱,对他不忠诚,就去信责备刘茜并要求立即结婚。刘茜感觉黄克功过于纠缠,渐生反感,在屡次劝说、批评无效后表示拒绝结婚。黄克功认为"失恋是人生莫大的耻辱",遂萌发杀害刘茜的动机。

1937年10月5日晚饭后,黄克功将心爱的勃朗宁手枪装进口袋,拉着抗大训练部的干部黄志勇向陕北公学走去。就在公学门前的河边,黄克功遇到刘茜等一群学员,黄克功即招刘茜赴河边散步,让黄志勇先行回校。在河滩上,黄克功开始对刘茜进行责备,并要求公开宣布结婚,刘茜予以严厉拒绝。当时,黄克功即拔出手枪对刘茜进行威胁、恫吓,但刘茜并不屈服。恼羞成怒的黄克功失去理智,向刘茜开出一枪,见刘茜倒地未死呼救,黄克功对刘茜头部又加一枪,导致刘茜当场死亡。

事发后,黄克功湮灭证据,试图掩盖罪行,直至被警卫员发现并报告组织。经抗大副校长罗瑞卿同志向中央领导报告批准,高等军事法院便依法把故意杀人嫌疑人黄克功逮捕收监,准备依法审判。

后经党中央同意,延安各单位围绕这一案件组织讨论。一种意见认为,黄克功身为老党员,知法犯法杀害革命同志,必须严惩,以平民愤。另一种意见认为,黄克功虽犯了死罪,但国难时期,应该珍惜每一个有用的人才,他功劳大,流过血,为革命屡建战功,应该免除其死刑,减轻刑罚。

黄克功本人也曾幻想党和边区政府会对他从轻处罚,还写信给毛泽东,除对自己的罪行进行忏悔外,请求法院念他多年为革命事业奋斗,留他一条生路。当罗瑞卿把组织的意见和群众的反映,原原本本向党中央和毛泽东进行报告时,毛泽东惋惜之余又很愤怒,随即作出了重要批示,并于10月10日给当时任陕甘宁边区高等法院刑庭审判长的雷经天写了一封信。

信中写道:

雷经天同志:

你的及黄克功的信均收阅。黄克功过去斗争历史是光荣的,今天处以极刑,我及党中央的同志都是为之惋惜的。但他犯了不容赦免的大罪,以一个共产党员、红军干部而有如此卑鄙的,残忍的,失掉党的立场的,失掉革命立场的,失掉人的立场的行为,如为赦免,便无以教育党,无以教育红军,无以教育革命者,并无以教育每一个普通的人。因此中央与军委便不得不根据他的罪恶行为,根据党与红军的纪律,处他以极刑。正因为黄克功不同于一个普通人,正因为他是一个多年的共产党员,是一个多年的红军,所以不能不这样办。共产党与红军,对于自己的党员与红军成员不能不执行比较一般平民更加严格的纪律。当此国家危急革命紧张之时,黄克功卑鄙无耻残忍自私至如此程度,他之处死,是他自己的行为决定的。一切共产党员,一切红军指战员,一切革命分子,都要以黄克功为前车之鉴。请你在公审会上,当着黄克功及到会群众,除宣布法庭判决外,并宣布我这封

信。对刘茜同志之家属,应给以安慰与抚恤。

毛泽东

1937 年 10 月 10 日

1937 年 10 月 11 日,在被害者所在单位——陕北公学大操场,召开数千人大会,公开审判八路军将士黄克功逼婚未遂枪杀少女案。抗大政治部胡耀邦、边区保安处黄佐超、高等法院检察官徐时奎为公诉人。由审判长雷经天,抗大、陕北公学群众选出的李培南等四位陪审员以及书记员任扶中组成审判庭。宣布开庭后,起诉人与证人先向大会陈述了黄克功事件的全部细节,经过审讯被告,询问证人,各单位代表也发表了对这一事件的分析、要求,以及结论性的群众意见,然后等着法庭宣判。

最后,审判长庄严宣布:对黄克功判处死刑。之后雷经天当众宣读了毛泽东的亲笔信。黄克功深深地低下了头。就这样,一个勇冠三军的红军将领被依法公审枪毙了。

黄克功被公审枪毙了,共产党严明法纪、严惩杀人凶手的这段历史佳话永驻人民心间。"正因为黄克功不同于一个普通人,是一个多年的共产党员,正因为他是一个多年的红军,所以不能不这样办。共产党与红军,对于自己的党员与红军成员不能不执行比较一般平民更加严格的纪律。"毛泽东的话语充满对黄克功的愤恨和惋惜之情。毛泽东做得对,毛泽东做得好。毛泽东的断然举措,深深的教育着每个党员,教育着每个红军将士,教育着每一个革命者,教育着每一个普通的人民群众。

2. 刘青山、张子善贪污案

刘青山,1914 年生,河北安国人,1931 年 6 月加入中国共产党,曾任中共天津地委书记,被捕前任中共石家庄市委副书记。张子善,1914 年生,河北深县人,1933 年 10 月加入中国共产党,曾任中共天津地委副书记、天津专区专员,被捕前任中共天津地委书记。他们过去在党的培养教育下,为党为人民做过很多有益的工作,无论是在抗日战争还是在解放战争中,都曾进行过英勇的斗争,建立过功绩。但在和平环境中,经不起资产阶级的腐朽思想和生活方式的侵蚀,逐渐腐化堕落,成为人民的罪人。

刘青山、张子善在担任天津地区领导期间,利用职权,先后动用地方粮款、防汛水利专款、救灾粮款等,贪污修建机场余款,克扣治河民工供应粮款和群众房地补贴,此外还以修建为名骗取银行贷款,从事非法经营。以上共计贪污挪用公款约200亿元(旧币)。在获非法暴利、大量贪污之后,任意挥霍,过着极度腐化的生活。刘青山甚至吸毒成瘾。

1951年12月14日,河北省委根据调查和侦讯结果,向中共中央华北局提出了对刘青山、张子善的处理意见:我们一致意见,处以死刑。中共中央华北局在接到河北省委关于对刘、张二犯"处以死刑"的意见后,于12月20日向党中央提出了处理刘、张的意见。

河北省委、华北局的意见,都汇集到了党中央,摆在了毛泽东的面前。是杀?还是不杀?人们在等待着中央的最后决定。

由于刘青山、张子善的地位和影响,毛泽东在考虑对刘、张的量刑时,是十分慎重和民主的。当时,他曾与朱德、周恩来、刘少奇、薄一波、彭真等人在颐年堂开会,议论这个问题。大家一致的看法是:对那些"手上不干净"的人,应当区别轻重大小,经过深入调查核实,实事求是地分别对待,但是对于像刘青山、张子善这样的大贪污犯,不论他们有多大的功劳,都是不可宽恕的。对于这样的叛徒和蛀虫,有多少就必须清除多少。清除了他们,不是党的损失,而是党的胜利;不是降低了党的威信,而是提高了党的威信。①

---

① 参见《在反贪污、反浪费、反官僚主义的伟大斗争中,发动群众的关键何在?》,《人民日报》1952年1月4日。

在认真听取各方面的意见之后，毛泽东最后决定：同意河北省委的建议，由河北省人民法院宣判，经最高人民法院核准，对大贪污犯刘青山、张子善处以死刑，立即执行。

党中央和毛泽东作出执行死刑的决定后，在河北省各级干部中引起极大的震动。一些曾和刘青山、张子善一起出生入死闹革命的干部，感到惋惜，有不少的议论。他们找华北局第一书记薄一波反映：刘青山、张子善错误严重，罪有应得，当判重刑。但考虑到他们在战争年代出生入死，有过功劳，在干部中影响较大，是否可以向毛主席说说，不要枪毙了，给他们一个改过的机会。薄一波如实地向毛泽东转达了这个意见。

毛泽东在听了薄一波转述的意见后，抽着烟，沉思了一会儿，对薄一波说了几句话：正因为他们两人的地位高，功劳大，影响大，所以才要下决心处决他们。只有处决他们，才可能挽救二十个，二百个，二千个，二万个犯有各种不同程度错误的干部。

严惩刘青山、张子善，实际上是再一次用行动向全社会表明：共产党人决不做李自成，决不背离全心全意为人民服务的宗旨，决不让千千万万先烈的鲜血白流！

上述两大案例，都是在全国全军有较大影响的，是报经毛泽东亲自审批的案件。尽管说情的人很多，各方意见开始也不尽一致，三位案犯历史上都有过功劳，做过贡献，并且都有认罪悔改的表示。但毛泽东还是严明纪律，严肃执纪执法，从严治"吏"，毫不犹豫。不杀不足以平民愤，不杀就不能正党纪国法，不杀就不足以教育全体党员和干部。毛泽东说：这样的人不杀，我们还是共产党吗?！几十年过去了，毛泽东振聋发聩的话语仿佛还响在人们的耳旁！全党全国人民发自内心地敬佩毛泽东。

第十讲　同党外人士肝胆相照，恪守民主合作共谋国事

> 中国无产阶级应该懂得：他们自己虽然是一个最有觉悟性和最有组织性的阶级，但是如果单凭自己一个阶级的力量，是不能胜利的。而要胜利，他们就必须在各种不同的情形下团结一切可能的革命的阶级和阶层，组织革命的统一战线。
>
> ——《中国革命和中国共产党》（1939年12月），《毛泽东选集》第二卷（人民出版社1991年版，第645页）

> 不但要关心党的干部，还要关心非党的干部。党外存在着很多的人材，共产党不能把他们置之度外。去掉孤傲习气，善于和非党干部共事，真心诚意地帮助他们，用热烈的同志的态度对待他们，把他们的积极性组织到抗日和建国的伟大事业中去，这是每一个共产党的责任。
>
> ——《中国共产党在民族战争中的地位》（1938年10月），《毛泽东选集》第二卷（人民出版社1991年版，第526—527页）

统一战线是指不同的社会政治力量（包括阶级、阶层、政党、集团、民族、国家等）在一定历史条件下，为了实现一定的共同目标，在某些共同利益的基础上组成的政治联盟。马克思列宁主义关于无产阶级统一战线思想是指导全世界无产阶级统一战线工作的理论基础和行动指南。

毛泽东统一战线思想是在马克思列宁主义无产阶级统一战线思想的指导下，密切结合中国革命斗争的具体实际和革命斗争的经验教训形成和发展起来的，是指引中国共产党统一战线工作不断向前发展、不断取得辉煌业绩的思想保证。毛泽东统一战线思想是毛泽东思想的重要组成部分。

毛泽东1941年11月《在陕甘宁边区参议会的演说》中就说过："共产党是真心实意想把国事办好的"，"国事是国家的公事，不是一党一派的私事"，"共产党的这个同党外人士实行民主合作的原则，是固定不移的，是永远不变的"。①

毛泽东是这样要求我们的党员和各级领导干部的，他自己也一直是这样做的。

一、毛泽东践行党的统一战线的主要特点

毛泽东统一战线思想，是中国共产党人开展统一战线工作的指导思想。毛泽东是中国共产党统一战线工作的主要开拓者，又是中国共产党统一战线工作的坚定不移的践行者、引路人。纵观毛泽东关于建立统一战线思想和同党内外、国内外及各方面民主人士合作共谋国事的实践，其主要特点有以下四点：

---

① 《毛泽东选集》第三卷，人民出版社1991年版，第810、809页。

1. 统一战线必须坚持中国共产党的领导

毛泽东认为：统一战线工作中的领导权问题，是统一战线工作最集中、最根本的一个问题，是关系到统一战线作用的发挥与革命事业成败的一个大问题。毛泽东说，由中国共产党领导的"各革命阶级各革命派别的统一战线"，是我们从过去28年的革命斗争中总结出来的一个"宝贵的经验"，"是我们战胜敌人的主要武器"之一。①毛泽东认为："领导中国民主主义革命和中国社会主义革命这样两个伟大的革命到达彻底的完成，除了中国共产党之外，是没有任何一个别的政党（不论是资产阶级政党或小资产阶级政党）能够担负的。"②因为中国共产党是中国工人阶级的先锋队，是中国各族人民利益的忠实代表，是领导我们事业的核心力量，"只有工人阶级最有远见，大公无私，最富于革命的彻底性。整个革命历史证明，没有工人阶级领导，革命就要失败，有了工人阶级的领导，革命就胜利了。在帝国主义时代，任何国家的任何别的阶级，都不能领导任何真正的革命达到胜利。中国的小资产阶级和民族资产阶级曾经多次领导过革命，都失败了，就是明证"。③

2. 重视并努力建立反法西斯国际统一战线

随着日本侵华的深入，毛泽东主张在坚持独立自主前提下，积极联合国际力量共同抗日。1935年11月，中共中央以中华苏维埃共和国中央政府主席毛泽东、中国工农红军革命军事委员会主席朱德的名义发表《抗日救国宣言》，表示要与"对中国抗日的民族运动表示同情、赞助或守善意中立的民族或国家，建立亲密的友谊关系"④。全民族抗战爆发后不久，为扭转中国抗战的不利局面，毛泽东主张有条件

---

① 参见《毛泽东选集》第四卷，人民出版社1991年版，第1480页。
② 《毛泽东选集》第二卷，人民出版社1991年版，第652页。
③ 《毛泽东选集》第四卷，人民出版社1991年版，第1479页。
④ 《毛泽东文集》第一卷，人民出版社1993年版，第361页。

地"争取国际的援助，加强抗战的力量"①，"在不丧失领土主权的范围内，和一切反对日本侵略主义的国家订立反侵略的同盟及抗日的军事互助协定"。②1938年2月，他呼吁世界反侵略者团结起来保卫世界和平，明确提出建立"三个反侵略的统一战线"，即"中国的统一战线、世界的统一战线、日本人民的统一战线"。③

1941年6月23日，即苏德战争爆发第二天，毛泽东在为中共中央起草的党内指示《关于反法西斯的国际统一战线》中指出："目前共产党人在全世界的任务是动员各国人民组织国际统一战线，为着反对法西斯而斗争"。④不久，毛泽东基于增强中国抗战力量的现实需要又提出了建立"东方的ABCD阵线"，即美、英、中、荷在远东建立对日警戒、防卫、协同作战的抗日同盟，以团结所有反日国家力量共同抗日。

综上所述，抗日战争时期，以毛泽东为代表的中国共产党人倡导并实践了建立反法西斯国际统一战线，把苏、美、英等所有与法西斯国家对垒作战的国家联合起来，组成强大的国际反法西斯阵线，大大增强了国际反法西斯力量。这也是毛泽东统一战线思想的一个独特之处。

3. 坚持统一战线工作的基本原则

（1）独立性原则。在强调民族统一战线的同时，毛泽东又指出，在坚持民族统一战线的工作过程中，"必须保持加入统一战线中的任何党派在思想上、政治上和组织上的独立性，不论是国民党也好，共产党也好，其他党派也好，都是这样。"⑤各党派互相联合，又独立存在。独立自主行使自己相对的自由权。

（2）局部服从全局的原则。共产党员在统一战线工作中"必须懂

---

① 《毛泽东文集》第二卷，人民出版社1993年版，第58页。
② 《毛泽东文集》第二卷，人民出版社1991年版，第355—356页。
③ 《毛泽东文集》第二卷，人民出版社1993年版，第90页。
④ 《毛泽东选集》第三卷，人民出版社1991年版，第806页。
⑤ 《毛泽东选集》第二卷，人民出版社1991年版，第524页。

得以局部需要服从全局需要这一个道理。如果某项意见在局部的情形看来是可行的，而在全局的情形看来是不可行的，就应以局部服从全局。反之也是一样，在局部的情形看来是不可行的，而在全局的情形看来是可行的，也应以局部服从全局。这就是照顾全局的观点。"① 在统一战线中，坚持顾全大局的同时，还要坚持团结多数及和同盟者一道工作的原则。这也是必须要坚持的。为了改造对方，就先要团结对方。共产党员决不可脱离群众的多数，置多数人的情况于不顾，必须注意组织先进分子与多数群众的联系，善于照顾多数。在一切有愿意和我们合作的民主党派和民主人士存在的地方，共产党员必须采取和他们一道商量问题和一道工作的态度。一个好的统一战线的工作者必须善于照顾全局、善于照顾多数，并善于和同盟者一道工作。

（3）原则性与灵活性相结合原则。毛泽东强调，"我们的原则性必须是坚定的，我们也要有为了实现原则性的一切许可的和必需的灵活性"。② 统一战线虽然倡导统一，但是并不代表没有自己的主张，无产阶级和它的政治党派都有自己的独立性。原则性必须要坚持，灵活性也不可缺少。在提出的民主协商互让的要求中，其中就包含有一定的灵活性。

（4）坚持实事求是，一切从实际出发的原则。统一战线全部工作过程中客观实际情况是不断变化的，我们的思想、应对的办法等必须根据新的变化而变化。在我国的革命道路上，中国共产党一直都依据每个革命时期的矛盾变化调整统一战线的范围、性质、目标等等，使统一战线能适应革命的每一时期、每一阶段的实际需要。所以，中国共产党一直都在各种形势下尽可能地团结、联合最广大的人民群众，从而赢得了中国新民主主义革命与社会主义建设时期的一个又一个胜利。在统一战线全部工作过程中必须坚持实事求是，一切从实际出发的思想、原则和工作方法。

---

① 《毛泽东选集》第二卷，人民出版社1991年版，第525页。
② 《毛泽东选集》第四卷，人民出版社1991年版，第1436页。

4. 与党外人士相处交往肝胆相照

这是毛泽东在践行统一战线过程中待人做事的伟人风范和崇高境界。毛泽东与党外各方面人士相处交往,从无半点私心,从不谋半点私利,总是从党和人民的利益需要出发。毛泽东是一个纯粹的共产党员,在开展统一战线工作过程中,他从不顾及个人安危,总是服从全局、大局整体利益需要。他无私无畏,果断决策,敢上刀山,敢入虎穴。面对强敌,面对突发变化,他总是沉稳应对,据理力争,不卑不亢,立场坚定,观点鲜明,以理服人,以情感人。他与民主党派、无党派民主人士交往总是以诚相待,真心实意,肝胆相照。他话语真切,风趣幽默,谈吐自然,凡是与毛泽东交往过的民主人士、国家元首或是国内外的知名人士等等,无不对毛泽东敬佩之至。

翻开中央文献研究室编辑整理的《毛泽东书信选集》,该书收集了毛泽东1920—1965年期间的书信共372封,其中除了给周恩来、刘少奇等中央领导同志以及各地方各部门的负责同志的工作信件外,还有一些是写给毛泽东自己的老师、亲戚、家人的信,剩下很大部分都是写给党外民主人士的。其中有给宋庆龄的4封,给黄炎培的17封,给周世钊10封,给柳亚子6封,给章士钊的3封,等等。仅从这本书信选集中,我们约略可以看出,毛泽东践行统一战线思想是何等用心、何等深入、何等周到。

一封封书信,是毛泽东践行中国共产党统一战线思想的一个个行动;一个个行动,构筑起毛泽东践行中国共产党统一战线思想永垂不朽的丰碑。毛泽东开创、构筑起来的中国共产党统一战线思想在新的历史时期仍然具有鲜活的生命力。

二、毛泽东开展统一战线工作的片段

毛泽东开展党的统一战线工作,同党外民主人士、不同政治力量民主合作共谋国事的故事非常多,也很感人,下面仅介绍几个片段,从中我们能看到毛泽东统一战线思想的独特智慧。

1. 诚邀宋庆龄参加新政协筹备会,共商建设大计

宋庆龄是孙中山的夫人,也是国民党左派领袖人物。她一直高举孙中山的革命旗帜,反对蒋介石的反共内战政策,为中华民族的独立和解放作出了很大贡献。她在全国人民心目中的地位不言而喻,她若能应邀北上,必能聚拢大批民主人士的心,对顺利开好新政协会议至关重要。为了能邀请到宋庆龄参加新政协会议,中共中央和毛泽东、周恩来很是费了一番心思。

孙中山逝世后,宋庆龄一直在上海生活。1949年1月19日,毛泽东、周恩来便联名给宋庆龄发去电报,邀请她参加新政治协商会议筹备会。电报全文是:

庆龄先生:

　　中国革命胜利的形势已使反动派濒临死亡的末日,沪上环境如何,至所系念。新的政治协商会议将在华北召开,中国人民革命历尽艰辛,中山先生遗志迄今始告实现,至祈先生命驾北来,参加此一人民历史伟大的事业,并对于如何建设新中国予以指导。至于如何由沪北上,已告梦醒与汉年、仲华切商,总期以安全为第一。谨电致意,伫盼回音。

毛泽东
周恩来
子皓①

宋庆龄接此电报,但终因健康原因未能立即成行。5月,上海解

---

① 《毛泽东文集》第五卷,人民出版社1996年版,第237页。

放。此后，毛泽东和周恩来商量派人专程去上海邀其北上。邓颖超的党内地位和社会声望都很高，又与宋庆龄有过多次交往，周恩来建议派她去。毛泽东想了想，补充说，廖仲恺之女廖梦醒曾长期在宋庆龄身边担任英文秘书，深受其信任，一同去迎接会更好。

6月19日，毛泽东再次提笔写信给宋庆龄，真挚而恭敬：

庆龄先生：

  重庆违教，忽近四年。仰望之诚，与日俱积。兹者全国革命胜利在即，建设大计，亟待商筹，特派邓颖超同志趋前致候，专诚欢迎先生北上。敬希命驾莅平，以便就近请教，至祈勿却为盼！专此。

  敬颂

  大安

毛泽东①

通过这封信，毛泽东既简约明晰地表达了邀请宋庆龄赴北京共商大计之意，又以最高的规格表达了对宋庆龄的敬重和仰望。可以说，其简约，以至于每个字都得到精确驾驭；其准确，以至于每个词都精准达意；其恭敬，以至于每句话都饱含浓重的敬意。

邓颖超即将出发时，周恩来也给宋庆龄写了一封信，诚挚地邀请她："现全国胜利在即，新中国建设有待于先生指教者正多，敢借颖超专诚迎迓之便，谨陈渴望先生北上之情。敬希早日命驾，实为至幸。"②周恩来的信中字字句句也充满对宋庆龄的尊重和敬意。

6月25日，邓颖超、廖梦醒带着两封信抵达上海。廖梦醒先行一步，见到了宋庆龄，转达了毛泽东、周恩来的诚挚邀请。宋庆龄表

---

① 《毛泽东文集》第五卷，人民出版社1996年版，第238页。
② 《建国以来周恩来文稿》第一册，中央文献出版社2008年版，第18页。

示,北平是她最伤心之地,怕到那里去。等想好了再通知廖梦醒。尽管宋庆龄未直接答应,但廖梦醒却从她的情绪中看到了希望,向邓颖超汇报说"盼其赴平似有希望"。

不久,宋庆龄邀请邓颖超去做客。邓颖超到宋庆龄寓所,送上毛泽东、周恩来的亲笔信,并向她介绍了新政协筹备情况,郑重地说:"新的政治协商会议即将在北平召开,中央人民政府也将正式建立。党中央、毛主席恳切盼望您能北上共商建国大计。"宋庆龄接过信,深知其中的分量。仔细看完信,认真思索一会儿后说:"这事容我再仔细想一想。"邓颖超忙说:"这事不忙马上定下来,先生可以从容考虑再作定夺。"

为了说服宋庆龄北上,邓颖超留在上海耐心等待着。这期间,又几次去看望宋庆龄。通过各种途径了解、解决她的困难,向她解释中国共产党的政策。并多次受邀参加宋庆龄主持的有关孤儿的公益活动。考虑到宋庆龄的病痛,邓颖超在给中央的电报中说:"据其病情,乘火车赴平确不无困难。"周恩来迅速给出解决方案:"嘱上海铁路管理局备头等卧车。"并对其来京后的住所、饮食、参会身份等一一作了细致安排。

经各方面共同努力,宋庆龄愉快地接受了北上的邀请。8月26日,宋庆龄在邓颖超、廖梦醒陪同下,坐上火车,离沪北上。8月28日下午4时,宋庆龄乘坐的列车徐徐驶入北平前门火车站。这一天,毛泽东特意穿上浅色中山装和那双平时不大穿的胶底皮鞋,提前来到车站准备迎接,陪同他一起前往车站的还有朱德、周恩来、林伯渠等人。

宋庆龄乘坐的列车刚刚停稳,毛泽东便快步走进车厢,迎上前去。毛泽东和周恩来与宋庆龄热烈握手。毛泽东说:我们恭候你来。建立一个新的国家,我们有许多事情要向你请教。宋庆龄笑着说:你们做得很好,我愿意为建立新中国的伟大事业尽自己的绵薄之力。

9月21日至30日,宋庆龄出席了中国人民政治协商会议第一届

全体会议。会议选举毛泽东为中央人民政府主席，宋庆龄与朱德、刘少奇、李济深、张澜、高岗一同当选副主席。10月1日下午3时，宋庆龄到天安门参加开国大典，紧随着毛泽东和朱德，一步步登上城楼。当毛泽东宣布中华人民共和国成立，30万群众在广场上欢呼雀跃，宋庆龄看到广场上矗立的巨幅孙中山画像，第一面五星红旗冉冉升起的时候，这位坚强的女性不禁热泪盈眶。她说："回忆像潮水般在我心里涌起来，我想起许多同志们牺牲自己的生命换得了今日的光荣。连年的伟大奋斗和艰苦的事迹，又在我眼前出现。但是另一个念头紧抓住我的心，我知道，这一次不会再回头了，不会再倒退了。这一次，孙中山的努力终于结了果实，而且这果实显得这样美丽。"①

2. 与黄炎培的"诗作交往"和关于"周期率"的谈话

黄炎培是毛泽东交往的朋友中书信往来最多的一位党外民主人士。在《毛泽东书信选集》中，收入的毛泽东致黄炎培的书信就有17封（其中有两封是致黄炎培、陈叔通的）。从1949年到1960年的11年时间里，毛泽东与黄炎培这两位老朋友几乎年年都有书信往来。

毛泽东与黄炎培的交往总是以朋友相待，在他给黄炎培的信中开头总是称其为"任之先生"、"黄任老"，字里行间都凝结着领袖的谦逊和朋友的真诚。最能体现毛泽东这一品格的是1952年9月5日《致黄炎培》的长信中提到的对黄炎培在中国民主建国会北京市分会会员大会上讲话稿的几处修改。毛泽东不仅遵嘱对讲稿作了几处重要修改，而且细致解答了修改的原因。毛泽东在信中写道："讲稿用意甚好，惟觉太激进了一点，资产阶级多数人恐受不了，因此遵嘱作了某些修改，是否妥当，还祈考虑酌定。"最后，毛泽东又写道："因为先生对于我的高度的信任，故率陈鄙见如右，是否有当，还祈审察赐

---

① 《宋庆龄选集》上卷，人民出版社1992年版，第476—477页。

教。"①毛泽东的话语是多么谦逊，毛泽东与朋友相处是多么真诚。毛泽东与黄炎培相处，从不以领袖自居，总是那么谦逊、真诚。

因为黄炎培对毛泽东这个朋友的"高度的信任"，所以，他每有诗作，总是先"敬献"或"敬呈"毛主席。黄炎培呈献给毛泽东的诗，都是用毛笔书写的，大都是楷书和行书，是诗作，也是黄老的书作。黄老的行书流畅自如，自成风格；楷书功力深厚，笔力遒劲，端庄刚健，尤为擅长。对黄老的书法，毛泽东很爱看。黄炎培的墨迹诗稿大都是50年代送给毛泽东的，毛泽东辞世时，游泳池书房里还放有黄炎培送给他的诗稿墨迹册页。毛泽东把黄炎培的诗作墨迹一直摆放在自己的书房里，由此可知，毛泽东对黄炎培的书法是很喜爱的。

黄炎培经常给毛泽东送诗稿墨迹，毛泽东收到之后除及时复信外，也常有回赠。1956年12月4日，毛泽东在《致黄炎培》的信全文写完之后，特意又加写了这样一句话："去年和今年各填了一首词，录陈审正，以答先生历次赠诗的雅意。"②毛泽东在信中说的"去年"应为前年，即1954年。这一年他填的一首词是《浪淘沙·北戴河》。全词如下：

> 大雨落幽燕，白浪滔天，秦皇岛外打鱼船。一片汪洋都不见，知向谁边？
>
> 往事越千年，魏武挥鞭，东临碣石有遗篇。萧瑟秋风今又是，换了人间。

毛泽东在信中说的"今年"即1956年填的一首词是《水调歌头·长江》，1957年《诗刊》1月号公开发表时题目改为《水调歌头·游泳》。

---

① 《毛泽东书信选集》，中央文献出版社2003年版，第405—406页。
② 《毛泽东书信选集》，中央文献出版社2003年版，第475页。

全词是这样的：

> 才饮长沙水，又食武昌鱼。万里长江横渡，极目楚天舒。不管风吹浪打，胜似闲庭信步，今日得宽余。子在川上曰：逝者如斯夫！
>
> 风樯动，龟蛇静，起宏图。一桥飞架南北，天堑变通途。更立西江石壁，截断巫山云雨，高峡出平湖。神女应无恙，当惊世界殊。

毛泽东这两首词，都是1957年《诗刊》1月号公开发表的。1956年12月，毛泽东将自己尚未公开发表的词稿录陈黄炎培审正，"以答先生历次赠诗的雅意"，可见他对老朋友的尊敬和信任。黄炎培在得到毛泽东这两首词的墨迹之后，兴奋不已，时以展示同好，还对游泳一词提出了修改意见。毛泽东在2月11日复信：

任之先生：

> 惠书盛意可感！那些东西，既已发表，不改也可。游长江两小时飘三十多里才达彼岸，可见水流之急。都是仰游侧游，故用"极目楚天舒"为宜。顺致敬意！
>
> 毛泽东[1]

信写得亲切坦率，足以看出毛泽东与黄炎培之间真诚的友情。

说到毛泽东与黄炎培的交往，还有一段著名的历史佳话，那就是在延安时期，毛泽东同黄炎培关于中国共产党领导的政权，如何跳出历代统治者从艰苦创业到腐败灭亡的历史周期率的一次谈话，史称"窑洞对"。

---

[1] 《毛泽东书信选集》，中央文献出版社2003年版，第481页。

这次谈话的经过是这样的。1945年7月1日，黄炎培、褚辅成、冷遹、左舜生、傅斯年、章伯钧六位国民参政员，应毛泽东之邀来到延安访问。这一行六人到达延安后，受到中共中央领导人的隆重接待。毛泽东和黄炎培握手时说："我们二十多年不见了！"黄炎培感到愕然，心想这是第一次见面呀！毛泽东似乎看出了黄炎培的心理，便笑着说：1920年5月某日在上海，江苏省教育会欢迎杜威博士，你主持会议，在讲话中说中国一百个中学毕业生，升学的只有多少多少，失业的倒有多少多少。那一大群听众之中就有一个毛泽东。听了毛泽东的这一席话，黄炎培高兴得连连称赞毛泽东记性好。黄炎培从延安回到重庆之后，每次讲到延安之行时，都要津津乐道这个有趣的细节。他十分自得地说：想不到在大群听众之中，竟有这样的一位盖世的豪杰！

到延安之后的第二天下午，黄炎培一行六人应约到杨家岭与毛泽东会面。

杨家岭是中共中央机关所在地，离延水河稍远，风景很好。高高矮矮的山坡上有一排排窑洞，毛泽东等中共中央领导人就在这些窑洞里居住。住所的当中有一座规模较宏伟的大会堂，依山面阳。黄炎培一行从大会堂的右边走上山坡，绕到后面，来到毛主席接待客人的会客室。这个会客室呈正方形，光线充足，中间摆放着一张长桌，四周摆放着各式椅子约可坐二十来人。会客室的四壁还挂着几幅画，其中有一幅画是沈钧儒次子沈叔羊画的，画着一把酒壶，上写"茅台"二字，壶旁有几只杯子。画上的一首七绝就是黄炎培所题：

喧传有客过茅台，酿酒池中洗脚来。
是假是真我不管，天寒且饮两三杯。

面对这幅熟悉的画，黄炎培侃侃而谈起来。黄炎培说，这幅画是1943年在国民党掀起第三次反共高潮中，叔羊为他父亲"画以娱之"。在请他题词时，他忽然想起谣传，长征中共产党人在茅台酒池

里洗脚。针对这个谣传，他题了这首七绝以讽喻。可是他怎么也没有想到，这幅画竟挂在中共领袖的客厅了！当黄炎培在此时此地看到这幅画时，一股暖流流遍了他的全身。

7月4日下午，毛泽东邀请黄炎培和冷遹到他家里做客。毛泽东问黄炎培，来延安考察了几天有什么感想？黄炎培坦率地回答说："我生六十多年，耳闻的不说，所亲眼看到的，真所谓'其兴也浡焉'，'其亡也忽焉'，一人，一家，一团体，一地方，乃至一国，不少单位都没有能跳出这周期率的支配力。大凡初时聚精会神，没有一事不用心，没有一人不卖力，也许那时艰难困苦，只有从万死中觅取一生。既而环境渐渐好转了，精神也就渐渐放下了。有的因为历史长久，自然地惰性发作，由少数演为多数，到风气养成，虽有大力，无法扭转，并且无法补救。也有为了区域一步步扩大了，它的扩大，有的出于自然发展，有的为功业欲所驱使，强求发展，到干部人才渐见竭蹶、艰于应付的时候，环境倒越加复杂起来了，控制力不免趋于薄弱了。一部历史，'政怠宦成'的也有，'人亡政息'的也有，'求荣取辱'的也有。总之没有能跳出这周期率。中共诸君从过去到现在，我略略了解的了。就是希望找出一条新路，来跳出这周期率的支配。"

听了黄炎培这一席情真意切的肺腑之言，毛泽东高兴地答道："我们已经找到了新路，我们能跳出这周期率。这条新路，就是民主。只有让人民来监督政府，政府才不敢松懈。只有人人起来负责，才不会人亡政息。"①

毛泽东同黄炎培的这一次谈话，黄炎培在他写的《延安归来》中作了记载。这本小册子1945年由重庆国讯书店出版，初版2万册，几天内就被抢购一光，成为大后方轰动一时的畅销书。后被收入黄炎培所著《八十年来》一书。

---

① 以上参见黄炎培：《八十年来》，文史资料出版社1982年版，第148、149页。

3. 促成程潜和平起义，亲邀其来京参加新政协会议

程潜，国民党元老、原国民党湖南省政府主席，参加过辛亥革命，在国民党内地位很高。历史上有过同共产党合作的关系，同蒋介石等有矛盾。人民解放军渡江前夕，程潜已在考虑同共产党合作，实行"应变"。考虑到程潜在国民党内的地位和影响，为推动和争取湖南和平解放，毛泽东作了大量工作。1949年3月，程潜的故旧章士钊受共产党委托，在南京见到程潜，转达了毛泽东对他的殷切期望，使程潜坚定了起义的决心。6月下旬，程潜慎重地将致中共中央和毛泽东的《备忘录》书写在一幅绢帛上，请中共湖南省工委迅速密送中共中央和毛泽东。收到密信后，毛泽东指示时任华北军政大学总队长的前国民党高级将领李明灏，速赴武汉配合林彪争取实现湖南和平解放的谈判。7月11日，程潜收到毛泽东的复电，其中写道："所提军事小组联合机构及保存贵部予以整编、教育等项意见，均属可行。此间已派李明灏兄至汉林彪将军处，请先生派员至汉与林将军面洽，商定军事小组联合机构及军事处置诸项问题。为着迅赴事功打击桂系，贵处派员以速为宜。如遇桂系压迫，先生可权宜处置一切，只要先生决心站在人民方面反美、反蒋、反桂，先生权宜处置，敝方均能谅解。诸事待理，借重之处尚多，此间已嘱林彪将军与贵处妥为联络矣。"①

程潜反复看过几遍后，高兴之情溢于言表。他告诉前来送信的地下工作者："湖南的问题，去年就开始酝酿，由于没有得到毛主席的指示，宝盒子还没有揭盖，顾虑很多，现在有了这封信，真是湖南人的喜讯"，并表示决心"早日实现湖南和平起义"。

1949年8月4日，国民党湖南军政首脑程潜领衔、37位国民党军政要员联署起义通电发布。8月5日，湖南各界著名人士100余人

---

① 转引自《毛泽东传》第二册，中央文献出版社2011年版，第945页。

通电响应起义。当晚,人民解放军进驻长沙,湖南宣告和平解放。这件事在国民党统治集团内震动很大,对加速中国大陆解放起到重要推动作用。

8月16日,毛泽东特意致电程潜等起义将士:"诸公率三湘健儿,脱离反动阵营,参加人民革命,义声昭著,全国欢迎,南望湘云,谨致祝贺。尚望团结部属,与人民解放军亲密合作,并准备改编为人民解放军,以革命精神教育部队,改变作风,力求进步,为消灭残匪,解放全中国人民而奋斗。"①

毛泽东高度重视程潜来北平。8月30日,他亲自草拟电文发给程潜:"新政协召开在即,拟请我公及仇亦山、陈子良出席,共商国是,倘能命驾,无任欢迎"②,并嘱周恩来、聂荣臻沿途对其悉心保护照料,事前安排住处并组织迎接。9月7日晚,程潜到达北平,毛泽东率一百余人前往迎接。

毛泽东亲自到火车站迎接参加新政协会议的党外民主人士,一个是宋庆龄,另一个就是程潜。可见毛泽东对程潜的重视和他们之间的深厚情谊。

4. 支持章士钊晚年撰写出版《柳文指要》

章士钊,字行严,湖南长沙人,著名爱国民主人士。北洋军阀统治时期曾任段祺瑞执政府司法总长兼教育总长。1949年中国共产党和国民党和平谈判时,是南京国民党政府代表团成员之一,因国民党政府拒绝在国内和平协定上签字,遂留在北平。中华人民共和国成立后,曾任政务院法制委员会委员、全国人民代表大会常务委员会委员、政协全国委员会常务委员、中央文史研究馆馆长。早在1920年,章士钊在上海时就曾帮助毛泽东送新民学会的部分会员去欧洲勤工俭

---

① 《毛泽东年谱(1893—1949)》下卷,中央文献出版社2013年版,第552页。
② 《毛泽东年谱(1893—1949)》下卷,中央文献出版社2013年版,第563页。

学筹集了两万块银元。两万块银元，在当时，对毛泽东这些穷学生来说，这可是一个不小的数目啊！就是因为有了这两万块银元，欲去欧洲勤工俭学的蔡和森一家、徐特立、李富春等人才得以成行。对于章士钊的这次帮助，毛泽东尤为感激，一直深深地记在心中。章士钊定居北京后，特别是20世纪60年代初的困难时期，毛泽东对章士钊的生活、住房等很为关心，他常派秘书去看望章士钊，章士钊也常给毛泽东写信和送书。为了帮助章士钊解决生活上的困难，从1963年春节起，每年正月初二，毛泽东都让秘书从他的稿酬中取出2000元给章士钊送去。一直到1972年，年年春节如此。这就是后来广为流传的所谓"毛泽东十年还债"的故事。

章士钊不仅是一位颇有影响的政治活动家，还是一位究心文史、用力精勤、著述颇多的学者。章士钊酷爱柳宗元的文章，他曾用大半生的闲暇时间研究柳宗元的文集，《柳文指要》就是这一研究成果的重要体现。章含之（即章士钊之女）回忆说，章士钊从1960年开始着手撰写《柳文指要》，他几乎把自己全部精力投入到这部作品，到1965年，完成了全书初稿。毛泽东得知初稿完成，就让秘书与章士钊联系，看看能不能把书稿先送他一读。而这正是章老的心愿。所以，秘书一提及此事，章老就很高兴地立即派人将《柳文指要》初稿送到中南海毛泽东处。

笔者知道，在这过程中，还曾有这样一段佳话：章士钊是毛泽东很为尊敬的长者。他与毛泽东的情谊不一般。毛泽东收到《柳文指要》书稿后，按古人的做法，当日（即1965年6月26日）就派通讯员给章士钊送去桃杏各5斤，还给章行老写了一封很有趣味的信。原信全文如下：

行严先生：

　　大作收到，义正词严，敬服之至。古人云：投我以木桃，报之以琼瑶。今奉上桃杏各五斤，哂纳为盼！投报相反，尚乞谅

解。含之同志身体如何？附此向她问好，望她努力奋斗，有所益进。

毛泽东

一九六五年六月二十六日 ①

信中的"义正词严，敬服之至"八个字，是毛泽东对章老大作的真挚评价。

《柳文指要》初稿，章行老皆是用毛笔书写的。看过章士钊墨迹的同志都知道，章行老行书得心应手，运笔流畅自如，自成风格，堪称一家。毛泽东素来爱看名人墨迹，所以，对章行老的大作，他自收到书稿后，从头至尾，逐字逐句阅读的时候，自然也含有对章行老墨迹的欣赏之意。不过，这里毛泽东重点不是在欣赏章行老的墨迹，而主要是在用心研读这部颇有新意的专著。

《柳文指要》是当时国内第一本全面、系统研究柳宗元文集的新作，毛泽东称之为"解柳全书"。所以，毛泽东不仅从头至尾非常仔细地阅读，非常认真地把原稿中的错别字改正过来，而且还逐章逐段、逐字逐句地研究，凡是他认为不恰当的地方，他都一一提出具体的修改意见，请作者考虑，有若干处他还亲自作了修改。如《〈柳文指要〉跋》的第五段中，原来书稿文字是这样的："此一新兴文运，上同象魏之悬，下无宗派之争，雍容揄扬，著于后嗣，永远相持于不敝。斯诚游夏神游于文学之表所莫赞一辞，而是迥然别开一新纪元，以与古文相形而特显其壮大。以事过烦复，即不多论。"毛泽东将这段文字中的"永远相持于不敝"7个字删掉，文字改写成为"微论大言小言，各适其域，推之工也，农也，商也，学也，兵也，其中多数人，皆能参与文事之列。经济有变化，反映经济之政教亦将有变化，文事亦将有变化。一成不变之事，将不可能。"对《跋》中原稿文字"以

---

① 《毛泽东书信选集》，中央文献出版社2003年版，第561页。

奉教于巨人长德"，毛泽东把它改成"以示一二友人"。"所受长者督教"一语，毛泽东把它改为"所受友人督教"，等等。毛泽东对《柳文指要》初稿字字句句的修改意见，充分表达了毛泽东对章行老的深情厚谊。章士钊对毛泽东的修改意见很为重视，并一一重新做了研究和修改。

从6月26日收到初稿，到7月中旬，《柳文指要》上下部，毛泽东已经从头至尾读过一遍，并支持它的公开出版，期望本书的出版能引起学术界的关注，开展文史哲诸方面的争鸣。出于对柳宗元文章和这部"解柳全书"的喜爱，毛泽东读完一遍后，1965年7月18日，又给章士钊写信说"还想读一遍"。信是这样写的：

行严先生：

各信及指要下部，都已收到，已经读过一遍，还想读一遍。上部也还想再读一遍。另有友人也想读。大问题是唯物史观问题，即主要是阶级斗争问题。但此事不能求之于世界观已经固定之老先生们，故不必改动。嗣后历史学者可能批评你这一点，请你要有精神准备，不怕人家批评。……柳文上部，盼即寄来。敬颂康吉！

毛泽东
一九六五年七月十八日①

这封信中所说的"指要"、"柳文"，都是指《柳文指要》。从信中我们可以清楚地看出，毛泽东不仅直率地指出了这部书的问题，而且又从作者世界观的实际出发，没有求全责备，没有发号施令，没有强加于人。由于作者对唯物史观还缺乏了解，因此，他不可能运用辩证唯物主义和历史唯物主义的观点来解释柳文，因而在具体的阐述时缺乏对柳宗元这一历史人物的阶级分析，过分夸大他在历史上的作

---

① 《毛泽东书信选集》，中央文献出版社2003年版，第562页。

用。对此,毛泽东并没有要求章士钊改变世界观。只是明确地告诉作者:"嗣后历史学者可能批评你这一点,请你要有精神准备,不怕人家批评。"

对章士钊的这部百万字的巨著,毛泽东一直很为重视,很为关心。不仅自己反复研究和阅读,而且在1965年8月5日将这部书推荐给康生阅读。他在给康生的信中说:"无事时可续续看去,颇有新义引人入胜之处。"这里,毛泽东又一次肯定《柳文指要》。在这封信中,毛泽东还对《柳文指要》做了更深入地分析和评价:"大抵扬柳抑韩,翻二王、八司马之冤案,这是不错的。又辟桐城而颂阳湖,讥帖括而尊古义,亦有可取之处。惟作者不懂唯物史观,于文、史、哲诸方面仍止于以作者观点解柳(此书可谓《解柳全书》),他日可能引起历史学家用唯物史观对此书作批判。"①

毛泽东对《柳文指要》内容的分析和评价,特别是对书中存在的主要问题直言不讳地提出了自己的看法。章士钊先生根据毛泽东的意见,对《柳文指要》再次作了修改。章士钊也深感自己的著作会有不足之处,因此他在该书的总序里表示:"当世硕学,如认为有笑破口而竹坨我;何时获知,当即力事补正。夫学问者、不足之渊泉也,每当得一新解,不足之念,即习习然而至,数年之假,得以读易补过,企望之情,倍百恒品。"1965年9月,章士钊先生将《柳文指要》修改稿再次送请毛泽东审阅。毛泽东收到修改稿后,又一次阅读了全书。大约1965年底,毛泽东再一次给康生写信表明他同意出版《柳文指要》的意见,并将章士钊的修改稿一并送给康生阅。1966年1月12日,毛泽东又给章士钊回信说:"……大著《柳文指要》康生同志以读完交来,兹送上。有若干字句方面的意见,是否妥当,请酌定。……"在这封回信的最后,毛泽东还特意加了一个附注:"附件两纸,另康生同志来信一件,均附上,又及。"

---

① 《毛泽东论文艺论集》,中央文献出版社2002年版,第336页。

章含之回忆说，毛泽东把康生复信原封不动连带信封一起转给章士钊了。信封上的字原是康生写的："请教主席　康生寄"，毛泽东把"主席"二字圈掉，亲笔在旁边写上"章行严先生阅"。

照理说，到此《柳文指要》出版应当是没有什么问题了。可是，修改后的书稿刚刚送到中华书局，"文化大革命"就开始了，国内形势的突然变化，使出版《柳文指要》的希望又变得渺茫。花费了近10年的时间，在年近90高龄的时候才完成的这一巨著，出版又将成为泡影，此时作者章士钊的内心当然是难以平静的。作者日复一日，年复一年地盼望着。大约是到了1970年，章士钊先生再次给毛泽东并康生写信重提《柳文指要》的出版问题。收到信后，毛泽东才知道《柳文指要》还没有公开出版。即让秘书给有关方面打电话问及此事。在毛泽东的关心和催促下，有关部门方决定将文稿发排铅印。1971年9月，《柳文指要》才由中华书局正式出版发行。

《柳文指要》的正式出版，使章士钊先生在精神上得到了莫大的安慰。章含之说：章士钊先生拿到出版的新书时，激动得两手都发颤了。《柳文指要》的正式出版发行，离不开毛泽东的支持和关心。所以，一经出版，章士钊用自己的钱买了上百部，并亲笔题字，送给他的朋友们。首先就是送给毛泽东、周恩来各一部。1976年9月毛泽东辞世时，那部《柳文指要》还放在他卧室的书架上。

从1971年到1976年，毛泽东时常翻阅《柳文指要》。中华书局还送给毛泽东一部《柳文指要》，1972年初，毛泽东将这部书转送给他的女儿李讷同志。李讷同志是学习历史的，对《柳文指要》当然也很喜欢。

说到《柳文指要》出版的事，还有这样一个小故事。1972年2月，美国总统尼克松访华即将圆满结束，周恩来总理在上海友谊大厦举办送别晚宴。宴会气氛十分活跃。席间，周恩来与美国国务院官员弗里曼（后曾任美国驻华公使）交谈，得知弗里曼先生的古汉语造诣很深，不仅读过司马迁的《史记》，还读过不少其他史书。周恩来深为赞赏，专门向他介绍了章士钊先生晚年撰著的《柳文指要》，并说，这部书

完全是在毛主席的关怀下才得以公开出版的。弗里曼对此很感兴趣，问了很多问题。周恩来就对章含之（当时担任翻译）说："弗里曼先生那样有兴趣，含之，你送他一部《柳文指要》嘛！"

《柳文指要》的正式公开出版，了却了章士钊晚年的心事，也是他最重要、最关切、倾注了很多精力的大事，其中凝结着毛泽东对章士钊的深厚情谊。

5. 支持李鼎铭"精兵简政"的提案并与其成为好朋友

李鼎铭原名李丰功，1881年生于陕西省米脂县的一个农民家庭。早年曾在家乡创办国民高等小学，担任校长。同时，他又开办医馆，治病救人，医术高明，群众颇多赞誉。1923年，李鼎铭担任榆林道尹公署科长，1926年因病返回故里，一面行医，一面为地方公益事业服务。由于他为人公正，主持正义，因而在当地群众中声望很高。七七事变后，他就逐步接受中国共产党领导，拥护中国共产党团结抗日的政治主张。

1941年11月，陕甘宁边区第二届参议会在延安开幕。这次会议上，李鼎铭当选为副议长。在热烈的掌声中，李鼎铭登上主席台发表讲话，提出了"精兵简政"的提案。他在这次会议上还当选为陕甘宁边区政府副主席。

抗战时期，陕甘宁边区按照中国共产党的政策主张不断扩大抗日民族统一战线，在政权建设中遵循"三三制"原则，即在政权人员分配上，规定共产党员占三分之一，非党的左派进步人士占三分之一，中间派人士（中等资产阶级和开明绅士）占三分之一。1941年11月，在陕甘宁边区第二届参议会第一次会议上，李鼎铭等11位参议员提出了《政府应彻底计划经济，实行精兵简政主义，避免入不敷出的经济紊乱之现象》的提案。主要内容是：为了更好地解决边区经济薄弱，人民生活困苦，使经济和军政平衡发展，需实行"精兵简政"措施；提出政府应实行计划经济，提高生产力，加强经济基础；军事应实行精兵主义，以兵皆能战、战必能胜为原则加强战斗力；政府应实行简政主义，以人少事精、胜任职责为原则充实政府机构；规定供给条例和提倡节约。李鼎铭的提案提出后，得到了与会绝大多数同志的支持，但也遭到了一些人的批评，甚至有人怀疑李鼎铭提出提案的动机。毛泽东看到这个议案后非常重视，他把重要的段落用红笔圈画并摘录在本子上，还加上了批语。"精兵简政"提案提交大会讨论时，李鼎铭刚发完言，毛泽东就站起来，一边鼓掌一边走到台前，向李鼎铭点头致意。毛泽东极其深刻而又生动地阐述了实行精兵简政的必要性，对一些不正确的批评进行了反批评。他生动地解释道：在抗战初期，采取精兵主义自然是不对的，但现在情况不同了，全面抗战已经四五年了，人民经济有很大困难，而我们的大机关和不精干的部队，又不适合今天的战争环境。教条主义就是不管环境变了，还是死啃不合时宜的条文。他同时还对党内同志的宗派主义情绪进行了批评，严肃地指出，我们的党是为人民服务的，不论谁提出的意见，只要对人民有好处，我们就照办。毛泽东的这一席话，使李鼎铭深受感动。11月18日，"精兵简政"这一提案终于在参议会上通过了。毛泽东还亲自为《解放日报》写了《一个极其重要的政策》的社论，社论说："精兵简政何以是克服物质困难的一个重要的政策呢？很显然，目前的尤其是今后的根据地的战争情况，不容许我们停留在过去的观点上。……根据地已经缩小，在今后的一个时期内还可能再缩小，我们便决然不能还像过去那样维持着庞大的机构。……假若我们还要维持庞大的机构，那就会正中敌人的奸计。假若我们缩小自己的机构，使兵精政简，我们的战争机构虽然小了，仍然是有力量的。而因克服了鱼大水小的矛盾，使我们的战争的机构适合战争的情况，我们就将显得越发有力量，我们就不会被敌人战胜，而要最后地战胜敌人。所以我们说，党中央提出的精兵简政的政策，是一个极其重要的政策。"①

---

① 《毛泽东选集》第三卷，人民出版社1991年版，第881—882页。

此后，不仅陕甘宁边区实行了精兵简政，而且党中央还把这项政策推广到党所领导的各个抗日根据地去。精兵简政的实施，对于解决"鱼大水小"的矛盾，减轻人民负担，度过抗日战争最艰苦的阶段，坚持持久抗战发挥了重要作用。

1944年6月，英国记者斯坦因采访李鼎铭时问："你是一个地方人士，在政府起什么作用？"李鼎铭笑着回答说："我第一次见到毛主席提出了'精兵简政'提案，毛主席在本提案旁写了这样一段批语：这个办法很好，恰恰是改造我们机关主义、官僚主义、形式主义的对症药。"①

广开言路，认真听取并吸纳了党外人士的意见，这是毛泽东一直的做法。在毛泽东的带动、努力下，这已成为我们党治国理政的一条重要经验。

李鼎铭当选为边区政府副主席之后，便食宿在政府机关，专心致志，忙于政务。1941年底，旧历年关到了，李鼎铭决定返乡探亲。毛泽东闻讯，特派出爱国华侨送给他的那辆福特牌轿车送他回乡。当李鼎铭携带家眷返回延安时，毛泽东又派专车接他到杨家岭，热情地把他迎进窑洞。聊起自己搬家的情况，李鼎铭告诉毛泽东，已把全部家产献给边区政府了。毛泽东说："留一点吧。"李鼎铭口气坚决地说："一点也不留。"毛泽东听了哈哈大笑地说："你真是开明人士！"

从此之后，毛泽东和李鼎铭交往更加密切。李鼎铭每次到杨家岭，毛泽东工作无论怎样忙也都要接待、交谈。毛泽东还经常到边区政府看望李鼎铭，总是恭敬地称他为"李老先生"。

毛泽东从思想上高度重视统一战线，从行动上十分用心谋划统一战线，在实际工作中善于同党外人士肝胆相照、真情交流，善于同不同政治力量民主合作，坚持原则，顾全大局，共谋国事，这是毛泽东统一战线工作的一条成功之路，也是我党统战工作的优良传统。

---

① 参见《毛泽东的110个故事》，中共党史出版社2003年版，第327页。

第十一讲　虚怀若谷学习科学知识

学习的敌人是自己的满足，要认真学习一点东西，必须从不自满开始。对自己，"学而不厌"，对人家，"诲人不倦"，我们应取这种态度。

——《中国共产党在民族战争中的地位》（1938年10月），《毛泽东选集》第二卷（人民出版社1991年版，第535页）

自然科学是很好的东西，它能解决衣、食、住、行等生活问题，所以每一个人都要赞成它，每一个人都要研究自然科学。有人认为中国历来就没有自然科学，这是不对的。

——《在陕甘宁边区自然科学研究会成立大会上的讲话》（1940年2月），《毛泽东文集》第二卷（人民出版社1993年版，第269页）

"虚心使人进步,骄傲使人落后"、"满招损,谦受益",这两句名言,毛泽东始终是内化于心、外化于行的。他一生虚心好学,博览群书,既读"有字之书",又读"无字之书",从社会科学到自然科学,包括哲学、历史学、社会学、地质学、动力学、遗传学、天文学、生命科学、物理学、化学等等,甚至"基本粒子"等纯理论的科学知识,毛泽东都充满兴趣,逐一涉猎探究,渴求了解,力求理解。特别是新中国成立后,为了谋求新中国科学技术的飞速发展,毛泽东常常把当时国内一些有名的科学家、各领域著名专家学者请到中南海,当面虚心求教,渴求新知。

下面,着重介绍毛泽东虚心好学、不耻下问、探求新知的故事。

一、学习钻研自然科学知识

毛泽东对自然科学的重视、学习和钻研,融贯他的一生。早在青少年时代,毛泽东就用心读过达尔文的《物种起源》、赫胥黎的《天演论》等自然科学著作。这些世界名著对青年毛泽东的人生发展产生过重要影响。毛泽东晚年还多次提到过赫胥黎和达尔文。1970年他在一个批示中写道:"《人类在自然界的位置》请找一本给我。《天演论》前半是唯物的,后半是唯心的。"①这两部书都是赫胥黎的著作。对达尔文及其著作,毛泽东也是十分钦佩的,在他的著作和谈话中,曾多次提到达尔文和进化论。在《关于正确处理人民内部矛盾的问题》一文中,毛泽东指出:"历史上新的正确的东西,在开始的时候常常得不到多数人承认,只能在斗争中曲折地发展。正确的东西,好的东

---

① 龚育之等:《毛泽东的读书生活》,中央文献出版社2003年版,第91页。

西，人们一开始常常不承认它们是香花，反而把它们看作是毒草。哥白尼关于太阳系的学说，达尔文的进化论，都曾经被看作是错误的东西，都曾经经历艰苦的斗争。"①

据有关史料记载，1974年英国首相希思来中国访问时，送给毛泽东一张达尔文的照片，上面有达尔文的亲笔签名和达尔文自己写的一段话："这是我的确十分喜欢的一张照片，同我的其他照片比，我最喜欢这一张。"还有达尔文的《人类原始及类择》第一版，希思对毛泽东说：这些是达尔文的后人提供的。毛泽东看了达尔文的照片后对希思说：达尔文，世界上很多人骂他。希思说：但我听说，主席很钦佩达尔文的著作。毛泽东点头说：我读过他的书。帮他辩护的，叫Huxley（赫胥黎）。希思点头说：他是十分杰出的科学家。毛泽东说：他自称是达尔文的咬狗。②可见毛泽东对达尔文、赫胥黎这些自然科学家是非常熟悉的。

毛泽东更为关注的是建立在自然科学规律基础上的人类社会发展史。早在1943年12月，毛泽东就在给胡乔木的一封信中写道："请你就延安能找到的唯物史观社会发展史，不论是翻译的，写作的，搜集若干给我。听说有个什么苏联作家写了一本猴子变人的小说，我曾看过的一本赖也夫的社会学，张伯简也翻过（或是他写的）一本《社会进化简史》，诸如此类，均请收集。"③这本"猴子变人的小说"，是指苏联科普文学作家伊林和他的夫人谢加尔合著的《人怎样变成巨人》一书，这是一本讲人类发展史的通俗读物。

4天后，毛泽东给刘少奇写信，向他推荐一本上海泰东图书局出版的《从猿到人》的小册子。毛泽东在信中写道："此书有恩格斯两篇短文，十分精彩，可以看。郭烈夫的一篇亦可一阅。"④这本书收入

---

① 《毛泽东文集》第七卷，人民出版社1999年版，第299页。
② 参见龚育之等：《毛泽东的读书生活》，中央文献出版社2003年版，第91—92页。
③ 《毛泽东书信选集》，中央文献出版社2003年版，第195页。
④ 《毛泽东书信选集》，中央文献出版社2003年版，第196页。

的恩格斯的两篇文章是《劳动在由猿进化到人的过程中的作用》和《人类进化的过程》（即《〈自然辩证法〉导言》中的一段）。信中提到的郭烈夫（原名波·伊萨科维奇）的文章宣扬的是马克思主义观点下的达尔文主义。以上这三篇文章都是以马克思主义唯物史观来谈论人类进化问题的，是自然辩证法领域的重要文献。这些文献对丰富毛泽东的唯物史观产生了重要的作用。

在1948年至1949年曾经兼任中共中央图书馆主任的自然辩证法专家于光远，曾深情地写过一篇《毛泽东与自然辩证法》的回忆文章。于光远在文章中写道："在这个图书馆的藏书中，有毛泽东同志阅读过的书籍，其中有不少他圈点过、划过杠杠、作过记号、批注有字句的书籍。这些书中有不少本是自然科学方面的。虽然我当时没有特别注意学习其中有哲学性的批注，但是有一个印象是明确的，那就是毛泽东同志在抗日的烽火中，在日理万机的情况下，仍不时阅读自然科学和自然哲学方面的书籍。"①这段简短的文字为我们揭示了毛泽东延安时期读自然科学书籍的鲜为人知的一面。

从后来保存下来的藏书中我们看到，延安时期的毛泽东很关心自然科学。他收藏、潜心阅读了不少自然科学的书籍。他反复阅读钻研过恩格斯的《反杜林论》和《自然辩证法》，还读过麦开柏的《进化》、杰德·约翰的《进化论发现史》、伏古勒尔的《天文学简史》、罗素的《原子说发凡》、王刚森的《电学A.B.C》、汤姆生的《科学大纲》、普朗克的《科学到何处去》、秦斯的《环绕我们的宇宙》、爱丁顿的《物理世界的本质》等。这些自然科学书籍，有的是从当时的图书馆借来的，有的是从外地购买转带到延安的。从图书馆里借阅读过的自然科学和自然哲学方面的书籍，许多地方他还作过圈点批注，其中有不少的书都退还给图书馆了。

这一时期，延安开办了第一个气象训练班培养自己的技术科学干

---

① 《难忘的回忆——怀念毛泽东同志》，中国青年出版社1985年版，第101—102页。

部，但缺少业务教材，遇到一些困难，毛泽东便把自己珍藏多年的一本《自然地理》送给了训练班，书上清晰地盖着"毛泽东藏书"的印章。1940年2月，延安召开陕甘宁边区自然科学研究会成立大会，毛泽东作为发起人之一事前听取了会议筹备工作的汇报，开会时又亲自到会讲了话。毛泽东在讲话中说："自然科学是人们争取自由的一种武装。人们为着要在社会上得到自由，就要用社会科学来了解社会，改造社会，进行社会革命。人们为着要在自然界里得到自由，就要用自然科学来了解自然，克服自然和改造自然，从自然里得到自由。"在讲话最后，毛泽东号召广大共产党员和科技工作者："马克思主义包含有自然科学，大家要来研究自然科学，否则世界上就有许多不懂的东西，那就不算一个最好的革命者。"①陕甘宁边区自然科学研究会遵循毛泽东的指示，组织大家学习和研究恩格斯的《自然辩证法》，用马克思主义哲学指导科学研究工作，使自然科学紧密地为现实服务，推动了边区工农业的建设。此后，延安又创建了自然科学院，晋西北地区也成立了自然科学研究会，实行科学种田的光华农场也开办起来了。当时在延安学科学、用科学渐成风气，边区工农业建设日益兴旺发达。

在延安时期，毛泽东不仅自己潜心学习，还鼓励自己的子女们用心研读自然科学著作。1941年1月，他给在苏联上学的两个儿子岸英、岸青写信，他说："你们长进了，很欢喜的。……惟有一事向你们建议，趁着年纪尚轻，多向自然科学学习，少谈些政治。政治是要谈的，但目前以潜心多习自然科学为宜，社会科学辅之。将来可倒置过来，以社会科学为主，自然科学为辅。总之注意科学，只有科学是真学问，将来用处无穷。"②毛泽东这一席话对广大青年学生成长、成才都有重要的指导意义。

新中国成立后，我国工农业生产经过恢复走向发展。20世纪50

---

① 《毛泽东文集》第二卷，人民出版社1993年版，第269—270页。
② 《毛泽东书信选集》，中央文献出版社2003年版，第152页。

年代和60年代期间，毛泽东亲自主持制定国民经济发展的五年计划、全国农业发展纲要、十二年科学发展规划，等等。为了领导这些工作，毛泽东常常通宵达旦学习阅读农业、土壤、机械、物理、化学、水文、气象等自然科学方面的书籍。他不仅自己这样做，而且要求全党的同志这样做。就读自然科学方面的书而言，毛泽东最喜欢的是生命科学、天文学、物理学、土壤学等。1951年4月中旬的一天，毛泽东邀请周世钊和蒋竹如到中南海做客，对他们说："我很想请两三年假学习自然科学，可惜，可能不容许我有这样长的假期。"[1]

在党的八大的第二次预备会议上，毛泽东进一步提出这样一个重要论点：我们对新的科学技术还不懂，还要做很大的努力。现在中央委员会是一个政治中央，还不是科学中央，将来，中央委员会就是科学委员会了。[2]

1958年7月，在中南海瀛台参观一机部的机床展览后，即要秘书给他寻找《无线电台是怎样工作的》、《1616型高速普通车床》等科技小册子。1958年9月，在外出视察工作的列车上他聚精会神地看一本冶金工业的书。1958年10月，在参观各研究所成果展时，他对中医经络人体模型非常关注。1959年1月，苏联发射了月球1号探测器，第二天他就向有关人员要了若干本关于火箭、人造卫星和宇宙飞船的通俗著作。1960年11月，看到《光明日报》哲学专刊上一篇题为《从设计"积木式机床"试论机床内部矛盾运动的规律》的文章，大为赞赏，并请《红旗》杂志给论文的作者写信并加以转载。

这样的故事非常多，毛泽东说，他"很喜欢读这类文章"，"还想懂得多一点"。这说明他谦虚好学，对科学研究、技术研究抱有很大的兴趣和高度的关注。

1962年七千人大会上，毛泽东谦虚地说过："拿我来说，经济建

---

[1] 龚育之等：《毛泽东的读书生活》，中央文献出版社2003年版，第4页。
[2] 参见《毛泽东文集》第七卷，人民出版社1999年版，第102页。

设工作中间的许多问题，还不懂得。工业、商业，我就不大懂。对于农业，我还懂一点。但是也只是比较地懂得，还是懂得不多。要较多地懂得农业，还要懂得土壤学、植物学、作物栽培学、农业化学、农业机械，等等；还要懂得农业内部的各个分业部门，例如粮、棉、油、麻、丝、茶、糖、菜、烟、果、药、杂等等；还有畜牧业，还有林业。我是相信苏联威廉斯土壤学的，在威廉斯的土壤学著作里，主张农、林、牧三结合。我认为必须要有这种三结合，否则对于农业不利。所有这些农业生产方面的问题，我劝同志们，在工作之暇，认真研究一下，我也还想研究一点。但是到现时止，在这些方面，我的知识很少。我注意得较多的是制度方面的问题，生产关系方面的问题。至于生产力方面，我的知识很少。"①

新中国成立以后，毛泽东对自然科学的学习和研究是下了很多功夫的。曾担任过国家主席、中央办公厅主任的杨尚昆回忆说：毛泽东提倡学习，不是说说而已，他买了许多书来读，还把中学物理、化学实验的仪器买来摆在寝室外面。他的求知欲是没有止境的。有一次他外出的时候，李烛尘陪着他，他就跟李烛尘学化学，谈起硫酸是什么成分，他还能写出硫酸的分子式。毛主席记得很多的化学分子式。

毛泽东虽然不是一位专门从事自然科学、技术科学研究的专家，但他却是一位对自然科学研究、技术科学研究有着浓厚的兴趣，并予以高度重视的伟大领导人。他一生都在尽可能地从繁忙的工作中挤出时间来学习和了解自然科学、技术科学的发展情况。延安时期如此，全国解放了也是如此，直到逝世前几年，视力很差了，全身患病了，卧床不起，每天他还非常用心地阅读一些印成大字的自然科学书刊，如达尔文的《物种起源》、杨振宁的《基本粒子发现简史》、《动物学杂志》、《化石》杂志、《自然辩证法》杂志、《科学大众》等。直到1976年，在他生命的最后岁月，他还在读英国人李约瑟的多卷本《中

---

① 《毛泽东文集》第八卷，人民出版社1999年版，第302—303页。

国科学技术史》。实践证明,毛泽东对自然科学、技术科学的关注和重视有力地推动了我国科学技术事业的发展。

二、虚心向科学家求教

20世纪五六十年代,我国许多著名科学家都曾应邀到过毛泽东中南海的书房。在这里,他们受到毛主席热情的接待,常常是清茶一杯,纵谈天地古今。大至宏观世界的天体起源、日月星辰;小至微观世界的细胞构成、原子裂变。主人不拘形迹,或坐、或卧、或来回踱步,与科学家谈笑风生,幽默风趣,交换意见完全是商量、探讨、研究的口气,不强加于人。客人们不感到拘谨,像在老朋友家做客一样,畅所欲言,各抒己见,无所顾忌。这种亲切坦率的会见是经常有的。毛泽东从科学家那里学到了丰富的自然科学知识,科学家们从毛泽东那里得到辩证唯物主义的哲学启迪。宾主相得益彰,尽欢而散。

毛泽东很重视虚心向科学家求教自然科学技术知识。1952年,他关心即将全面展开的社会主义经济建设中的石油资源问题。他在一次会议上见到了地质学家李四光,劈头就问:你那个山字形构造是怎么回事?你是不是给我讲一讲?李四光很诧异,心想:毛泽东日理万机,怎么对地质学这样一个专门性的概念都注意到了?他详细地给毛泽东讲了在力的作用下,大地形成的山字形的构造是怎么回事。

第一个五年计划之初,国内外的一些专家都认为中国是个贫油国家,肯定找不到石油。1953年的一天,毛泽东把当时担任地质部长的李四光请到中南海,周恩来和朱德也在场。毛泽东问李四光:在我们的地底下究竟能不能找到石油?第一个五年计划已经开始,天上飞的,地下跑的,都离不开石油。要是找不到天然石油,我们就要走人造石油的道路,可别耽误了!李四光谈了自20年代以来他对这个问题的考察情况,满怀信心地说:我们中国的地质条件很好,问题在于我们的勘察工作要跟上去。我主张广泛地开展石油普查工作。

毛泽东很重视李四光的意见。根据李四光的地质力学理论，我国地质科学工作者和石油科学工作者广泛开展普查勘探工作，先后找到了华北、大庆、胜利、大港等大油田。毛泽东对这项成就给予很高的评价。1964年元旦，毛泽东邀请李四光到中南海怀仁堂看豫剧《朝阳沟》，两人坐在一起，边看戏边谈话。当谈到我国发现石油时，毛泽东高兴地说，你们两位（指地质部长和石油部长）都有功劳。1964年2月，毛泽东把李四光、竺可桢和钱学森请到了中南海，在自己的卧室，与这三位科学家就天文、地质、尖端科技等重大科学问题进行了亲切而广泛的交谈。李四光回家后对家里人说："主席知识渊博，通晓古今中外许多科学的情况，对冰川、气候等科学问题了解得透彻入微。在他的卧室里，甚至他的床上，摆满了许多经典著作和科学书籍，谈到哪儿就随手翻到哪儿，谈的范围很广，天南海北，海阔天空。"在这里我们看到的是一个对自然科学津津乐道的毛泽东的生动形象。

1969年5月，毛泽东接见来自全国各地的群众代表，陪同接见的人员中也有李四光。毛泽东俯身凑在李四光的耳边低声问："身体好吗？"进了休息室后，毛泽东还特意请李四光在身旁坐下。他们谈话内容很广泛，谈到了多少亿万年前的事情，从天文、地质、天体起源谈到了生命的起源。在谈到古今中外的科学家关于太阳系起源的种种说法时，毛泽东说：我看康德、拉普拉斯讲得还有道理。我不大相信施密特的说法。告别时，毛泽东殷切地对李四光说：我很想看看你写的书，希望能给我找几本。另外，还请你帮助我收集一些国外的科学资料。我不懂英文，最好是中文的资料。

"主席想要读哪些方面的资料呢？"李四光问。毛泽东用手在面前画了一个大圈，说："我就要你研究范围里的资料。"

回到家里，这位已经患病、年近八十的科学家，为了能让毛泽东节省一些时间，少耗费一点精力就看到他所需要的书，在秘书的帮助下用了将近一年的时间，看了大量的国外资料，整理完一套七册的资

料,用大号铅字排版,定名为《天文·地质·古生物资料摘编》,送给了毛泽东;还将他自己写的书,选出有代表性的两本——《地质力学概论》和《地质工作者在科学战线上做些什么?》一并送去。① 毛泽东收到这些精选的资料和书籍后,非常高兴,都一一仔细阅读。

我国其他许多科学家同样很受毛泽东的尊重。著名气象学家竺可桢曾在日记中谈到1964年2月6日他和毛泽东一次会面的情况:"毛主席电话要我去中南海谈话,并说只约了仲揆(即李四光——笔者注)和钱学森。我到中南海,见毛主席卧室摆满图书……与我握手后,我坐下正要问好,他就先说见到我关于《论我国气候的几个特点及其与粮食作物生产的关系》一文,我说明这是去年在杭州地质学会上提交的论文……毛主席说,农业'八字宪法'水肥土密保种工管,尚有缺点,还应加上光和气(日光和气候)。未几,仲揆和学森来,大家就谈地球形成之初情况如何,空气合成了许多煤与石油,动植物如何进行。他又谈到无穷大与微观世界,正电子与反电子的辩证法……仲揆谈到造山运动和冰川,因此谈到地质时代气候变迁,毛泽东问到近来有否著作可以送他看。3点告别。"

竺可桢回来后,又给毛泽东送去了自己写的论文《历史时期气候的波动和物候学》一书。

也是这一年,毛泽东和周培源等几位科学家谈话时,曾提到北大化学系傅鹰教授关于氢氧合成水要经过几千年的说法与社会上一般说法不同,他关心这几种不同意见的讨论情况。周培源不知道傅鹰教授的说法出自何处,毛泽东告诉他是在讲义中提到的。周培源敬佩地说:"毛主席连北大化学系印发的讲义都看过,真是博览群籍!"

在毛泽东关注的自然科学当中,有一门专门研究生命的科学——遗传学,这在当时中国还是新兴学科。在遗传学研究中,曾出现过摩尔根学派和苏联李森科学派之争。1948年,李森科曾在全苏农业科

---

① 参见《博览群书的毛泽东》,吉林人民出版社1993年版,第285—286页。

学院会议上，发动了一场对摩尔根学派的粗暴批判。随后，当时的苏联又错误地把学术问题同政治问题混为一谈，用行政命令来解决遗传学中的两派之争。他们把从西方发展起来的现代遗传学说成"资产阶级遗传学"，把"基因学说"说成"资产阶级唯心主义的捏造"，而把李森科的遗传学理论说成是"无产阶级遗传学"。同时又以行政的手段和政治压力取消了摩尔根学派的课程讲授和研究工作。这股学术上的不正之风，随着报刊的介绍和苏联专家来华讲学在我国有所传播，并在学术界产生一定影响。这一切毛泽东都看在眼里。

1950 年，我国一所大学里发生一起粗暴对待一位摩尔根学者事件，引起一些自然科学家的不满。这所大学的领导给刘少奇写了一个报告，为自己的粗暴行为申辩。毛泽东看了这个报告，于 7 月 16 日批道："这个报告里所表现的作风是不健全的。"这位同志"思想中似有很大毛病"。同一天毛泽东还批阅了反映同一问题的另一份材料，指出必须彻查这个学校的领导，"并作适当的处理"。查处的结果，解除了这位同志在大学的领导职务。先在会议上后来又在报纸上，批评了这位大学领导对待知识分子和对待科学问题的简单粗暴的做法。①

由于毛泽东等中央领导同志对于这一学术问题的正确认识，避免了在中国出现类似苏联那种学术派别之间的政治斗争。1956 年 8 月，在毛泽东"学术方面的百家争鸣"精神推动下，中国科学院和高等教育部在青岛召开了遗传学座谈会。会上不同学派的遗传学者各抒己见，会议充满了民主的气氛。

此后不久，毛泽东从 1957 年 4 月 29 日的《光明日报》上读到了遗传学家李汝琪的文章《从遗传学说谈百家争鸣》，毛泽东十分重视。4 月 30 日，毛泽东写信给胡乔木："此篇有用，请在《人民日报》上转载。"他还亲自代《人民日报》拟写了编者的按语："这篇文章载在 4 月 29 日的《光明日报》，我们将原题改为副题，替作者换了一个肯

---

① 参见龚育之：《〈党史札记〉末编》，人民出版社 2014 年版，第 179—180 页。

定的题目，表示我们赞成这篇文章。我们欢迎对错误彻底的批判（一切真正的错误思想和措施都应批判干净），同时提出恰当的建设性的意见来"。毛泽东把这篇文章的题目修改为："发展科学的必由之路"。这个简明而精辟的论断，是对科学发展规律的重要概括，对百家争鸣方针的深刻阐述。

20世纪60年代初期，我国科技界的各大工厂掀起了科技革新的热潮。这一时期，数学家华罗庚出版了《统筹方法平话》一书，用通俗语言介绍了如何在实际生活中运用统筹学的方法。起初，他的理论没有在实践中取得成功。后来，他应邀到西南的一些施工现场进行推广，取得了不少成果。这使华罗庚十分高兴。他给毛泽东寄去了一本他写的《统筹方法平话》。1965年7月21日，毛泽东给华罗庚写了一封信："来信及《平话》，早在外地收到。你现在奋发有为，不为个人，而为人民服务，十分欢迎。听说你到西南视察，并讲学，大有收获，极为庆幸。"[①]这封回信，肯定了华罗庚使科学研究走向实际生活的做法，极大地鼓舞了这位数学家继续从事基础科学研究的积极性。后来，华罗庚又在实际生产中推广优选法，并取得了很大的成功。

新中国成立后，在面对百孔千疮、百废待兴的诸多实际情况，毛泽东在千方百计凝聚力量、集中精力抓经济建设的同时，还非常重视和关注自然科学技术的发展。诸多自然学科的建立和发展，诸多科学研究工作的开展和普及，诸多自然科学领军人才的发现、培养，诸多科学技术研究基地的建设和各项研究工作的开展，一件件，一项项，都是毛泽东重视自然科学技术、关注自然科学技术的具体体现。回顾新中国成立之后到毛泽东逝世，在这短短的二十多年中，我国自然科学技术事业的发展，成绩是显著的，进步也是巨大的。

毛泽东作为新中国科学技术前进发展的推动者、谋划者、倡导者和领导者，对我国科技发展可谓是居功至伟，影响巨大。

---

① 《毛泽东书信选集》，中央文献出版社2003年版，第570页。

三、关注前沿科学讨论

《自然辩证法研究通讯》杂志是根据1956年制定的《1956—1967年科学技术发展远景规划》，在中国社会科学院哲学研究所设立的自然辩证法组创办的一个通讯性质的杂志。这个杂志发行量不大，开头发行2000份，后来增加到10000份。读者范围大致限于自然辩证法工作者和一些对自然辩证法有兴趣的教师和学生。当时哲学界多数人对这本杂志不大注意，1960年一度停刊。1963年复刊后的第1期，刊发了日本物理学家坂田昌一的《基本粒子的新概念》一文。这篇文章引起了毛泽东的注意。

毛泽东在读《自然辩证法研究通讯》中的这篇文章时，密密麻麻地画了横线，有的文字下面还画了两道横线，在标题前画了三个圈，在作者"坂田昌一"四字下也画了横线。他称赞坂田关于基本粒子不是不可分的观点是站在辩证唯物主义立场上的，他对此极为重视。1964年8月，毛泽东在北戴河同几位哲学工作者谈话时，特别讲到坂田昌一的文章，赞赏他的观点。他说："坂田说基本粒子不是不可分的，电子是可分的。……不但原子可分，电子也可分，而且可以无限地分割下去。庄子讲'一尺之棰，日取其半，万世不竭'，这是对的，因此，我们对世界的认识也是无穷无尽的。"①

1964年8月，北京召开了一次规模很大的国际性的科学讨论会。毛泽东会见了作为日本代表团团长的坂田，对坂田说："你的文章我看过了，写得很好。"这使坂田既惊讶又兴奋。后来游颐和园，于光远告诉坂田，毛泽东非常重视他引用列宁关于电子不可穷尽的论述，非常重视他关于"基本粒子"可分的见解，还告诉他，毛泽东在1957年莫斯科会议上就说过，原子核里头有质子和中子的对应统一，质子里又有质子、反质子，中子里又有中子、反中子……坂田很感兴趣，

---

① 《毛泽东文集》第八卷，人民出版社1999年版，第389页。

说：可惜他原来不知道毛泽东的这些意见，如果早知道，他的文章一定会引用的。坂田回国以后，多次写文章讲到毛泽东的这一见解。①

这段时期，毛泽东对"基本粒子"可分的问题想得很多。在会见坂田昌一的第二天，毛泽东又把著名物理学家周培源、于光远等请到中南海住地，专就这个问题进行了交谈。在长达3个多小时的讨论中，毛泽东和两位科学家还比较系统地谈了他对自然辩证法的一些见解。讲到宇宙的无限：宇宙从大的方面是无限的，从小的方面也是无限的，是无限可分的；讲到细胞的起源；讲到地球和人类的未来；讲到认识的主体和认识的工具；讲到哲学就是认识论；等等。

在当时召开的北京科学讨论会上，以及两年以后在北京召开的暑期物理讨论会，中外科学家对毛泽东的这一哲学思想进行了热烈讨论。在这前后，西方物理学家发展了基本粒子重粒子结构的"夸克"学说。从那时以来，这方面研究工作取得长足的进展，"基本粒子"有更深层次的结构，在物理学界已得到公认。

毛泽东逝世后，1977年在夏威夷召开了第七届粒子物理学讨论会。诺贝尔物理学奖金获得者格拉肖提议把构成物质的所有这些假设的组成部分命名为"毛粒子"（Maons），以纪念已故的毛主席，因为他一贯主张自然界有更深的统一。这个建议并不是对粒子命名的一个具体建议，而是表达了一位科学家对一位哲学家的深刻见解的敬意，也是自然科学家们给予毛泽东的"哲学的最高荣誉"。

说到毛泽东晚年对"基本粒子"研究的浓厚兴趣，还有两段历史佳话。

一是1973年夏天，八十高龄的毛泽东在中南海书房会见美籍华裔物理学家、诺贝尔物理学奖获得者杨振宁博士。对毛泽东的这次会见，杨振宁回忆说：

---

① 参见龚育之等：《毛泽东的读书生活》，中央文献出版社2003年版，第107—108页。

我到中国既不是以记者身份去的，也不抱有任何具体的目的，唯一的目的是想促进中美两国间的相互了解。所以当我去见毛主席的时候，我没有任何拟定的问题要问他，也一点不知道谈话大概会怎么进行。其实，这样倒也好，因为这是一次非常轻松和漫谈性的谈话，毛主席非常有办法使我不感到拘束。

他问我们在物理学研究方面正在做些什么，当我告诉他我们正在研究"基本粒子"的结构的时候，毛主席对此非常感兴趣。使我感到惊奇的是，他显然是一直密切注意着当代高能物理学的某些发展情况，特别是"基本粒子"是否可分的问题。我告诉他这个问题仍然在激烈地辩论，迄今还没有作出明确的结论。

我觉得毛主席对物理学的兴趣确实是浓厚的。我估计他在哲学方面的兴趣同他对于我们想在实验室里弄清楚的东西的了解和好奇心有关系。

我们的谈话涉及到许多方面。比如，他告诉我，中国古代哲学家也曾推测过物质的结构，他还引了一些古典著作中的话，我很乐于了解这些著作，因为我原先还不知道有这些东西。

谈话间，毛主席问我："在你们的领域里对'理论'这个词和'思想'这个词是如何用的？"啊，我可未曾想过这两个词之间的区别，因此我不得不想一想。经过一番思考之后，我做了一个未能说清问题的答复。接着我们就讨论这两个词在日常中文和英文中的含义，以便同它们在物理学学术方面的含义作比较。这两个词的含义的区别是细微的，这次讨论没有得出任何具体的结论，但是却给我留下了深刻的印象。毛主席还和我讨论了不同程度的概念问题，并非常仔细地把他要用的每一个词句都用得确切。①

---

① 《巨人中的巨人——外国名人要人笔下的毛泽东》，中共中央党校出版社1993年版，第321—322页。

杨振宁博士的《基本粒子发现简史》这本论著，原是英文本，英文本面世后不久即又译成俄文、德文和意大利文。中文本是由杨振玉和范世藩翻译，上海科学技术出版社1963年9月出版的。中文版出版之后，杨振宁就赠给毛泽东一本，并在这本书的扉页上用中文恭恭敬敬地写了一段话，表达对毛主席的敬意，请伟大领袖指教。毛泽东把这本书一直放在自己的案头，时常翻阅。

二是1974年5月30日毛泽东在中南海书房会见美籍华裔物理学家、诺贝尔物理学奖获得者李政道。对毛泽东的这次会见，李政道这样回忆道：

> 没想到那天清晨约6点钟，我住的北京饭店的房间里电话突然响了。我被告知，毛主席打算在一小时后，在中南海住处见我。尤其使我感到惊讶的是，见面时他想了解的第一件事竟是物理学的对称。
>
> 根据韦伯斯特（Webster's）词典，对称（Symmetry）的意思是"平衡的比例"，或者"产生于平衡的比例的形式美"。在中文里，对称是几乎完全相同的含义。从本质上说，这是个静止的概念。而根据毛泽东的观点，社会进化的基础在于变革，动态，而非静态，才是唯一重要的基本要素。他强烈地感觉到这种认识对于自然界肯定也是对的，所以奇怪为什么对称会在物理学中占有那么崇高的地位。
>
> 在我们的会见中，我是唯一的客人。我们的坐椅之间是一个小茶几，上面放着铅笔、笔记本和两杯绿茶。我把铅笔放在笔记本上，把笔尖指向毛泽东，然后再把笔尖转向我。铅笔转过来又转过去。我指出，这运动没有一刻静止，但这整个过程却具有对称性。毛泽东很欣赏这种演示，并且问到对称的更深含义，问到物理学家能否仅仅根据对称性原理真正描述出普遍规律。我解释了爱因斯坦根据等价原理的对称要求而建立的相对论所具有的深

远意义，我们讨论了粒子和反粒子之间的对称以及它们产生和湮灭的动力学过程。看起来对称所具有的美感简洁性与其含义的深刻普遍性的统一给毛泽东留下了很深的印象。他为自己一直没有时间学习科学而遗憾，但他仍记得并很欣赏生物学家阿瑟·汤姆森（J.Arthur Thomson）所著的一套著作，那还是他年轻时读过的。

我们的谈话逐渐从自然现象转到人类活动。我谈到教育同创造性、同社会的健康是不可割裂的。谈话结束时，毛泽东接受了我的建议，中国的教育应该加强。后来这导致大学"少年班"的建立，让那些聪颖过人的十三四岁优秀学生跳级进入大学学习。

在"文化大革命"制造的巨大混沌中，这次会见带来的只不过是微量有序。然而，它在某种意义上却揭示出人寻求自然界对称的迫切愿望同他建立有意义的平衡社会的强烈要求之间的相互关系。第二天，我在机场收到了毛泽东的送别礼物：一套阿瑟·汤姆森的1922年版原版著作《科学概要》（Outline of Science）。①

这次会见，从头到尾，毛泽东紧紧围绕着"粒子和反粒子之间的对称"这个主题进行交谈。为了加深对李政道观点的了解，毛泽东还嘱咐我们将李政道写的《不平常的核态》一文，印成大字线装本，之后又多次仔细阅读。

毛泽东和以上两位美籍物理学家的会见，时间虽已过去近半个世纪了，但毛泽东对基本粒子研究的关注，以及垂老不倦、用心阅读《基本粒子发现简史》、《不平常的核态》等自然科学论著的日日夜夜，都还清晰地记载在我国科学技术发展的史册上。

毛泽东的一生是追求革命、追求真理、追求共产主义的一生，毛

---

① 《巨人中的巨人——外国名人要人笔下的毛泽东》，中共中央党校出版社1993年版，第295—296页。

泽东的一生又是虚心好学，探求新知，从不满足，全心全意为人民服务和谋利造福的一生。毛泽东的读书、求知与人生的全部实践都是值得我们学习与研究的。

第十二讲　毛泽东的精神风范、高尚情怀和独特气质

"与天奋斗，其乐无穷！与地奋斗，其乐无穷！与人奋斗，其乐无穷！"
——《毛泽东年谱》(1893—1949)上册(中央文献出版社2013年版，第24页)

孩儿立志出乡关，学不成名誓不还。埋骨何须桑梓地，人生无处不青山。
——《毛泽东年谱》(1893—1949)上册(中央文献出版社2013年版，第8页)

一、毛泽东的精神风范

1. 青少年时代的精神追求

毛泽东从青年时代就胸怀祖国，放眼世界，决心拯救中国乃至全世界受苦受难的人民。这就是毛泽东青少年时期的精神追求。

1910年秋，17岁的毛泽东离开家乡韶山，走向外面更广阔的天地。临行前，他怀着非常激动的心情写下一首诗夹在他父亲每天必看的账簿里，以作告别："孩儿立志出乡关，学不成名誓不还。埋骨何须桑梓地，人生无处不青山。"毛泽东用此诗借以表达自己一心求学、胸怀祖国、面向未来的崇高志向、决心和追求。

为了实现胸中抱负，他努力读书，持之以恒。在湖南第一师范读书的时候，毛泽东有改写明人胡居仁作品而成的自励对联："贵有恒，何必三更眠五更起；最无益，只怕一日曝十日寒。"主张读书不必三更五鼓，贵在坚持，要有恒心。而后又在《致湘生信》中写道："为学之道，先博而后约，先中而后西，先普通而后专门。"从青年起，就对读书、治学有了清晰的认识。

实际上，青少年时代的毛泽东，已经在思想上、头脑里、心理上和实际的行动中立下了拯救民族于危难的远大志向。1919年，26岁的毛泽东，在《湘江评论》的"创刊宣言"中写道："时机到了！世界的大潮卷得更急了！洞庭湖的闸门动了，且开了！浩浩荡荡的新思潮业已奔腾澎湃于湘江两岸了！顺他的生。逆他的死。"年轻的毛泽东，"书生意气，挥斥方遒，指点江山，激扬文字"，既有"问苍茫大地，谁主沉浮"的仰天长问，又有"到中流击水，浪遏飞舟"的浩然壮气。毛泽东青年时期就形成的追求真理、拯救中华民族危难的远大志向，不是头脑里固有的，是在他读了马克思、恩格斯的著作《共产党宣言》之后逐步形成的。

《共产党宣言》是毛泽东读的第一本马列主义著作,从此,就确立了他对共产主义的终身信仰,开始了他对真理的执着追求。在此后的革命生涯中,不管是"倒海翻江卷巨澜",还是"雄关漫道真如铁",毛泽东始终都矢志不渝、执着地追求。

2. 用智慧书写"中国精神"

踏上革命征程,毛泽东用他的智慧和才能书写了一幕幕永载史册的"中国精神"。这种精神是凝心聚力的兴国之魂、强国之魂。以毛泽东为代表的中国共产党人,在革命战争和社会主义建设年代,充分发扬以爱国主义为核心的中国精神,通过艰苦卓绝、自强不息的奋斗,带领中国人民推翻了三座大山,建立了人民当家作主的新中国,实现了中国从几千年封建专制政治向人民民主的伟大飞跃,中国人民从此站起来了,把命运牢牢掌握在自己手中。从伟大建党精神,到井冈山精神、苏区精神、长征精神、遵义会议精神、延安精神,再到抗战精神、红岩精神、西柏坡精神、抗美援朝精神以及"两弹一星"精神等等,毛泽东都是创造这些"中国精神"的主要领导者、组织者和重要参与者、践行者。在这些"中国精神"的创造和形成过程中,闪烁着以毛泽东为代表的共产党人无限的智慧和才干。对马克思列宁主义的坚定信仰,对共产主义远大理想的执着追求,对伟大事业必胜的信念,全心全意为人民服务的思想和行动,对国家对民族的无限忠诚以及对人民和事业的无限热爱、无限忠诚等等,就是"中国精神"的真实写照,也是毛泽东个人魅力的集中体现。它们都已成为中国人民宝贵的精神财富,浓墨重彩地书写在中国革命斗争和社会主义建设的史册上。

3. "人是要有一点精神的"

毛泽东说:"人是要有一点精神的"。① 一个人的精气神是一个人

---

① 《毛泽东文集》第七卷,人民出版社 1999 年版,第 162 页。

上进、进取、获得成功的第一要素。精神好，充满活力，人的心情就好。精神好，心情好，这对克服困难、战胜危机，做好工作，创造业绩，夺取胜利是非常有利的。始终保持豪迈的、进取的、热情的精神状态，这是做好工作、完成任务、事业成功的可靠保证。

在艰苦卓绝的战争年代，以毛泽东为代表的中国共产党人带领中国人民正是凭着一种精神，推翻了"三座大山"，建立了人民当家作主的新中国。毛泽东同志豪迈地指出："这个军队具有一往无前的精神，它要压倒一切敌人，而决不被敌人所屈服。"①"我们中华民族有同自己的敌人血战到底的气概，有在自力更生的基础上光复旧物的决心，有自立于世界民族之林的能力。"②

新中国成立以后，面对建设国家过程中遇到的国内国外各种艰难险阻，毛泽东满怀信心、充满无限激情，他十分坚定地说："中国人死都不怕，还怕困难吗？"③"下定决心，不怕牺牲，排除万难，去争取胜利。"④

毛泽东不怕牺牲、不畏惧困难的英雄气概极大地激励和鼓舞着全中国人民在建设新中国的征途上，勇往直前。在他的精神的影响下，中国共产党人和全中国各族人民沿着社会主义建设的康庄大道阔步前进。

二、毛泽东的高尚情怀

毛泽东是一位富有情怀的伟大领袖。他的情怀不仅包括人民情怀、爱国情怀、民族情怀，还有山水情怀、师友情怀、故园情怀，等等。

---

① 《毛泽东选集》第三卷，人民出版社1991年版，第1039页。
② 《毛泽东选集》第一卷，人民出版社1991年版，第161页。
③ 《毛泽东选集》第四卷，人民出版社1991年版，第1496页。
④ 《毛泽东选集》第三卷，人民出版社1991年版，第1101页。

1. 人民情怀

毛泽东的一生，是全心全意为人民群众谋利造福的一生。他心里想着人民群众，一切为着人民群众。从柴米油盐到生老病死，一切与人民群众生产、生活相关的问题，毛泽东都想到了，他始终与全国各族人民心连心。

毛泽东的人民情怀，首先体现在他始终保持劳动人民的本色。无论在参加革命之前还是在走上革命道路之后，无论是在艰难困苦的战争岁月还是在新中国成立后住进中南海的岁月里，他始终都把自己当成人民的一分子，一直保持普通劳动人民的本色。生活上，众所周知，他爱吃辣椒，爱吃糙米、老玉米、红薯等，爱穿便装、粗布鞋，衣裤破了补了再穿，被子破了补了再用，茶喝完了吃掉剩下的茶叶渣子，走路累了捡一根树枝权当拐杖，等等。工作中，他反对走形式、讲排场，更反感戒备森严、警卫重重，把自己和群众隔开。看到戏台上穷人的苦难他会掉泪，尝一口农民无法下咽的窝窝头他也会掉泪，听到贫民饿死的事情他更会掉泪，听到唐山大地震死了20多万人的报告后他放声大哭，他心里无时无刻不装着广大人民群众。这种从内而外散发出来的劳动人民的本色，看起来似乎有点"土"，其实质则是毛泽东生于人民、心系人民的本性和一个真正的马克思主义者忠诚履行"为人民服务"宗旨的使命感。这种自内而外散发出来的人民情怀，使他始终都能和广大的劳动者打成一片，赢得了人民由衷的尊敬和爱戴。

毛泽东的人民情怀还体现在"全心全意为人民服务"。这是毛泽东人民情怀的出发点和归宿。在毛泽东看来，"共产党人的一切言论行动，必须以合乎最广大人民群众的最大利益，为最广大人民群众所拥护为最高标准。"① 战争年代，敌人对我们进行经济封锁，物资匮

---

① 《毛泽东选集》第三卷，人民出版社1991年版，第1096页。

乏，毛泽东反复强调：我们有困难，人民更困难，我们任何时候都首先要想到人民，我们宁可自己吃苦菜，也要把粮食分给群众，宁可自己盖稻草，也要把衣被分给人民。新中国成立后，尽管生活条件稍有改善，他又深恐自己和战友们重走李自成之路，反复告诫全党要谦虚谨慎、戒骄戒躁，要厉行节约、艰苦奋斗。他始终为政清廉，大公无私，不徇私情，不谋私利。亲朋故旧向他提出某些工作上、职务上、利益上的个人要求，他都公私分明地给予说服教育，坚持原则，按原则办事，按规定办事，决不搞特殊，决不以权谋私。对于子女，他的要求更加严格甚至达到苛刻的程度，反复告诫子女做一个普通人，明确给身边工作人员规定：不允许用公车接送子女，不允许孩子在他吃饭的饭堂吃饭，不准孩子打着他的名义办任何事。

全心全意为人民服务的人民情怀，这既是毛泽东作为一个马克思主义坚定信仰者的必然逻辑，同时也是其作为一个"共产党员"注重修身养德的必然行动，是马克思主义理论素养与中华民族传统美德的完美结合。也正是这种完美的结合，使毛泽东在人民心中树立起了崇高的形象和威望。

2. 爱国情怀

毛泽东从青少年时代起，就深深地爱着中华民族的壮丽河山和悠久历史。毛泽东在《中国革命和中国共产党》一文中写道："我们中国是世界上最大国家之一，……在这个广大的领土之上，有广大的肥田沃土，给我们以衣食之源；有纵横全国的大小山脉，给我们生长了广大的森林，贮藏了丰富的矿产；有很多的江河湖泽，给我们以舟楫和灌溉之利；有很长的海岸线，给我们以交通海外各民族的方便。从很早的古代起，我们中华民族的祖先就劳动、生息、繁殖在这块土地之上。""在中华民族的开化史上，有素称发达的农业和手工业，有许多伟大的思想家、科学家、发明家、政治家、军事家、文学家和艺术家，有丰富的文化典籍。在很早的时候，中国就有了指南针的发明。

还在一千八百年前，已经发明了造纸法。在一千三百年前，已经发明了刻版印刷。在八百年前，更发明了活字印刷。火药的应用，也在欧洲人之前。所以，中国是世界文明发达最早的国家之一，中国已有了近四千年的有文字可考的历史"。① 祖国的山河是这样的壮美，祖国的历史是这样的辉煌，祖国的文化是这样的灿烂，毛泽东对伟大祖国有着深情的爱、由衷的爱。

青年毛泽东，在面对国家四分五裂、民族备受凌辱、军阀混战不已、人民生活水深火热的历史危局时，以强烈的爱国主义情怀，以天下兴亡为己任的担当精神，立志为中华民族独立富强奋斗终生。在艰难曲折的革命斗争中，以毛泽东为代表的一批中华民族的脊梁、优秀的共产党人，高举爱国主义旗帜，创造性把马克思列宁主义基本原理运用于中国革命斗争的具体实际，领导全国人民进行不屈不挠的英勇斗争，推翻"三座大山"，打败日本侵略者，建立了真正由人民当家作主的、独立自主的新中国，实现了百余年来无数革命先烈和志士仁人梦寐以求的目标。

新中国成立后，为了解决社会主义革命和建设的问题，使国家早日富强、人民生活早日富裕起来，他坚持独立自主，不断探索适合中国国情的道路，自力更生、艰苦奋斗、勤俭建国，维护国家的主权和民族的尊严。为改变"一穷二白"新中国的面貌，他带领全党全国人民一不怕苦、二不怕死，下定决心，排除万难，在经济、政治、科学、文化等各个领域发生了翻天覆地的变化。

在纷繁复杂的国际斗争中，毛泽东不怕外来压力，坚决维护国家民族利益。1950年，美军武装干涉朝鲜内战，不顾中国政府一再警告，悍然越过三八线，把战火烧到了中国的边境，严重影响我国主权和领土安全。此时的新中国，百废待兴，但面对帝国主义的挑衅，应朝鲜党和政府的请求，毛泽东以非凡的气魄和胆略，作出了抗美援

---

① 《毛泽东选集》第二卷，人民出版社1991年版，第621、622—623页。

朝、保家卫国的历史性决策。中国人民志愿军雄赳赳、气昂昂，跨过鸭绿江，与朝鲜人民军一起迎战世界上最强大的帝国主义强国。讲话经毛泽东审阅修改，外交部长周恩来向外发出掷地有声的警告："中国人民热爱和平，但是为了保卫和平，从不也永不害怕反抗侵略战争。"①如此重大的考验与前所未有的外部压力，使党内和国内的一些人士都担心同美国人较量，会不会"引火烧身"？然而毛泽东没有对来势汹汹的外部压力屈服。经过两年多艰苦卓绝的战斗，美军败局已定，不得不举手投降，在停战协定上签字，抗美援朝战争取得了伟大胜利。抗美援朝战争的伟大胜利，是伟大爱国主义精神和革命英雄主义精神的胜利，具有深远的历史影响和重大意义。

毛泽东作为中国共产党人的杰出代表，是近代以来中国伟大的爱国者和民族英雄。他对中国乃至世界历史发展进程的影响都是极其深刻而长远的！

3. 师友情怀

毛泽东还是一位感情极其丰富的人，他看电影、看戏时常常泪流满面。他与人交往，时而似团烈火，时而似阵春风，时而似涓涓细流，使人感到温馨、亲切、真诚、自然。他很善于用亲切的称呼拉近人与人的距离。一声亲切的称呼便能立刻消除对方的紧张而变得情真意切、心情舒畅。

1951年春节，在中南海丰泽园住地，毛泽东握着他的亲姨表兄王季范先生的手，向家人介绍说："这是我九哥。没有他，就没有我。"这是毛泽东与王季范于1927年"马日事变"前分别后，时隔23年的再度会面。这短短的一句介绍，不仅拉近了距离，更表达出对两人相交日子的怀念。

王季范在同辈兄弟中排第九，后辈都称他为"九阿公"，毛泽东

---

① 《建国以来周恩来文稿》第三册，中央文献出版社2008年版，第360页。

一直称他为"九哥"。王季范从小就熟读四书五经，古典文学有较好的基础，后考入长沙优级师范即湖南大学前身，毕业后在湖南第一师范学校任教。1914年，毛泽东进入一师读书，他们之间既是表兄弟关系，又是师生关系，相互之间的感情自然就更深了。王季范对毛泽东不仅给予经济上的帮助，学业上也无微不至地教诲，而且对毛泽东参加的革命活动也尽力予以支持。这时的毛泽东接触了进步思想，积极组织和领导革命活动。因此，也常常惹出一些"麻烦"来，都是在王季范的帮助下才转"危"为安的。

1915年上学期，为了反对学校增收学生学杂费，毛泽东发起了驱赶校长张干的运动。校长大怒，要挂牌开除毛泽东等17名参加"闹事"的学生。后来是王季范和杨昌济、徐特立、方维夏等先生出面，召集了一个全校教职员会议，为学生鸣不平，对张干施加压力，才使张干不得不收回原拟定的开除方案。以后毛泽东又有几次在长沙进行革命活动被反动军警追捕，都是王季范救援掩护才得渡过难关。

王季范与毛泽东分别后，一直在长沙、湘乡等地从事清苦的教育工作，同时也在支持毛泽东领导的中国共产党和中国革命，多方赞助进步学生、进步教师的革命活动。全国解放后，毛泽东并不因为地位的变化而对王季范有所疏淡，与他的交往真诚又意浓。

1972年7月，王季范先生在北京逝世，终年88岁。毛泽东得知这一噩耗后，悲痛不已！为了表示对表兄的哀悼，毛泽东让身边的工作人员特地送了花圈，并写了"九哥千古"的敬挽。这是人民领袖毛泽东对"九哥"王季范老先生的深长情谊和师友情怀。

上文中说到一师校长张干，毛泽东也没有忘记他。尽管当年在校读书时张校长欲开除他，但他对张校长的教育之恩也一直记在心里。1951年秋，张干校长应毛泽东之邀请来到首都北京。这对师生分别35年之后终于又重逢了。9月26日上午，毛泽东派车接张干校长和青少年时代的老师罗元鲲、李漱清及少年时的私塾同学和邻居邹普勋，到中南海丰泽园住地吃午饭。张干一行人一下车，就见到身材

魁伟、容光焕发的毛泽东笑盈盈地迎候在厅堂前,和他们一一握手问好,并动情地说:"老朋友来了,欢迎!欢迎!"随即把客人们请进客厅,请大家就座。毛泽东躬谨谦和,定要张干、李漱清先生坐上方,他自己坐下方。

叙谈当中,毛泽东叫来子女,向他们介绍自己的老校长和师友,风趣地说:"你们平时讲,你们的老师怎么好,怎么好。这是我的老师,我的老师也很好。"师友们顿时消除了拘谨情绪,心里说不出的温馨和慰藉。

张干有点坐立不安,想到当年那场风波和要开除毛泽东的事,如鲠在喉,欲吐为快;又觉得师生久别重逢,气氛融洽,此刻道出来不好。可他还是控制不住自己的感情,自责了起来:"一师闹学潮那阵,我主张开除你,真是对不住呀……"毛泽东缓缓摆手,不让老校长再说下去:"我那时年轻,看问题片面。过去的事,不要提它了。"随即转换话题,询问起张干现在工作和生活的情形。

午饭时,毛泽东亲自为几位师友夹菜,又一个一个地敬酒。饭后,毛泽东陪同师友参观中南海,看电影。晚上,毛泽东又派人送来被褥、布毯、毛呢服等应用物品,每人一套。他们事后得知,这些用品都是毛泽东用自己的稿费购买赠送的。张干在这天的日记中写道:"毛主席优待我们,可谓极矣。我们对革命无所贡献,而受优待,心甚惭愧!"

9月27日,毛泽东又托卫生部副部长傅连暲来为张干等师友检查身体。在这样规格的待遇面前,几位老人感慨万千。

在京期间,张干不仅有幸在国庆时登上天安门观礼台,游览京津名胜古迹;还第一次乘坐飞机鸟瞰长城和首都风光。

11月,张干等人将启程南归时,毛泽东又派人送给每人一些零用钱、一套衣服和一件呢大衣。毛泽东还请来人转告他的关照:望老师多多保重身体。①

---

① 参见于俊道、李捷编:《毛泽东交往录》,人民出版社1991年版,第295—296页。

三、毛泽东的独特气质

毛泽东独特的气质令人民钦佩、令朋友称赞、令敌人胆寒。这是毛泽东与众不同的一个显著标志。纵观毛泽东一生创立的思想、理论和革命斗争、工作生活的实践，对毛泽东独特的气质，笔者有以下几点认识和理解。

1. 反抗斗争的气质

新中国成立以后，毛泽东在谈自己的革命生涯，谈中国共产党的历史经验时，还颇有感触地说：革命家是怎样造就出来的呢？他们不是开始就成为革命者的，他们是被反动派逼出来的。我原先是湖南省的一个小学教员，我是被逼迫这样的。反动派杀死了很多人民。最后他借用《水浒传》的故事归纳成一句话："每个造反者都是被逼上梁山的。"①

反抗斗争的气质，是毛泽东从青少年时代就具备的。面对压迫，面对不合理的社会旧状，少年毛泽东是敢于反抗的。1916年12月9日，他曾在日记本上写道："与天奋斗，其乐无穷！与地奋斗，其乐无穷！与人奋斗，其乐无穷！"②此时，毛泽东才23岁，一个23岁的青年，就具有这种勇于反抗、斗争的气质，多么令人敬佩！他是这样写的，一直就是这样做的。例如：1919年11月，长沙赵五贞女士因被迫婚嫁"填房"，用剃刀自杀于花轿内，引起社会强烈反响。年轻的毛泽东就此事在湖南《大公报》、《女界钟》上连续发表10篇评论文章，揭露、批评当时婚姻制度的腐败和社会制度的黑暗。又如：有一天，毛泽东正在私塾里读着《盛世危言》的时候，他忽然听到窗外急促的

---

① 毛泽东1964年1月同安娜·路易斯·斯特朗的谈话。转引自《毛泽东哲学思想研究》1986年第6期。
② 《毛泽东年谱》（1893—1949）上册，中央文献出版社2013年版，第24页。

脚步声和人们的喊声:"快到祠堂里去呀,族长要打承七胡子啦!"毛泽东听到叫喊声,立刻放下手中的书,飞快地跑向祠堂。原来因族长毛鸿宾与贫农承七胡子因挑谷子事发生纠纷,毛鸿宾要动手打承七胡子。毛泽东立即上前制止。他问清事实,与族长理论,说得族长哑口无言。一场风波平息了。青年时代的毛泽东对学校里、社会上的种种不公平、腐败、黑暗的事件,总是敢于挺身而出,主持公道,站在劳苦大众一边,爱憎分明,为穷苦的劳动人民抗争和呐喊。

在 1920 年成为马克思主义坚定的信仰者之后,特别是 1921 年参加过党的第一次全国代表大会之后,他通过参加一次次艰苦卓绝的革命斗争实践磨炼,这种敢于反抗、敢于斗争的气质就越来越鲜明了,贯穿了他整个革命生涯。

1966 年,毛泽东第四次横渡长江之后,曾感慨豪迈地说过:"长江,别人都说很大,其实,大,并不可怕。美帝国主义不是很大吗?我们顶了他一下,也没有啥。所以,世界上有些大的东西,其实并不可怕"。① 寥寥数语,将他那勇于反抗斗争、毫无畏惧的气质清楚地显现出来。

2. 胸怀祖国、放眼世界的气质

毛泽东自幼就酷爱读书,善于思考。1912 年春,毛泽东以第一名的优异成绩考取了著名的湖南全省高等中学校。半年后他又离开了湖南省立第一中学,到湘乡会馆(依托湖南图书馆)自学读书。他在这里如鱼得水,在知识的海洋里遨游。每天图书馆一开门,他第一个进去,就又一直读到图书馆晚上关门,他才最后一个出来。这时候,他读书的兴趣主要是十八、十九世纪西方资产阶级民主主义和近代科学的著作,如卢梭的《民约论》、达尔文的《物种起源》、亚当·斯密的《原富》、孟德斯鸠的《法意》、赫胥黎《天演论》等,这些书籍的研

---

① 参见《跟着毛泽东在大风大浪中前进》,《人民日报》1966 年 7 月 26 日。

读，使他比较集中地接受了一次西方近代思想文化的启蒙教育。特别是他每天都能见到的图书馆墙上挂着的那张《世界坤舆大地图》，更使他开阔了眼界，受到了启迪，增长了见识。通过这张地图，他知道了世界之大，湖南之小。由此，他联想起很多，韶山的劳动人民生活苦，湘潭的劳动人民生活苦，湖南的劳动人民生活也很苦，那么全中国、全世界的劳动人民又何尝不是如此呢？这种大多数人受苦，少数人享受的现象，是绝对不合理的，应当彻底改造！从此就可以看出，毛泽东从青年时代就有胸怀祖国，放眼世界，决心拯救中国乃至全世界受苦受难的人民想法和气质了。

1919年在长沙第一师范读书时，他就发出这样的呼声："天下者我们的天下。国家者我们的国家。社会者我们的社会。我们不说，谁说？我们不干，谁干？"①。此后，从红船建党到安源罢工，从广州农运讲习所到组织秋收起义、挥师井冈山，从反"围剿"斗争到被迫战略大转移进行万里长征，从抗战胜利到解放全中国……这一切，原动力都是源于毛泽东胸怀祖国，放眼世界的英雄气质。毛泽东的这种以天下为己任的博大胸襟，同他的革命实践相结合，引领中国人民取得了新民主主义革命、社会主义革命和社会主义建设的一个又一个伟大的胜利。

3. 自信的气质

毛泽东是非常自信的人。自信气质贯穿他的一生。13岁写就的《咏蛙》诗作，便托物言志，展示了他的非凡的气魄与自信。1912年6月，毛泽东在湖南高等中学校读书时写的一篇作文，题目叫《商鞅徙木立信论》，老师称赞不已，给予很高评价，并批给同学"传观"。可是毛泽东却习以为常，并不在意。

随着革命实践的深入，他的自信气质体现得越来越鲜明。他曾多

---

① 《中国共产党重要文献汇编》第一卷，人民出版社2022年版，第137页。

次引用少年时期的诗作"自信人生二百年，会当水击三千里"来表述自己的志向和自信。如果说青年毛泽东的自信是一种志向和责任，那么参加革命，特别是革命进入艰难岁月时，实际斗争的锤炼又使他自信心和自信力有了很大的提升，他的能力和智慧也随之增长。在创建井冈山革命根据地期间，面对国民党来势汹汹的"围剿"，尽管敌我力量悬殊，但毛泽东没有惧怕，凭借"自信气质"，审时度势，结合实际，制定了"避敌主力，打其虚弱"的战略方针，让强大的敌人成为瞎子、成为聋子，任由红军调遣，在运动中被红军一一击破，取得了反"围剿"的重大胜利。建立井冈山革命根据地，走出一条农村包围城市、最后夺取城市的中国革命道路。

毛泽东的自信气质表现在革命实践和日常生活的各个方面。政治上，他坚信"我们不但善于破坏一个旧世界，我们还将善于建设一个新世界"，一生毫不动摇追求共产主义；生活中，他自信地一次又一次畅游长江，吟出了"不管风吹浪打，胜似闲庭信步"豪迈诗句，还给美国朋友说想到美国密西西比河去游一游，这就是毛泽东的自信。

毛泽东在后来的革命工作中，虽然也几经沉浮，但他从不曾灰心丧气，一直保持对共产主义崇高理想的执着追求。在那些极其艰难的岁月里，毛泽东不仅对自己充满自信，而且对党领导的革命事业充满自信。可以说，毛泽东身上的巨大能量和对理想目标追求的意志力是常人难以比拟的。中国革命斗争进行到最紧要关头，有的人害怕了，有的人逃跑了，有的人叛变了，而毛泽东却始终思考着、坚持着、战斗着，毛泽东始终坚信党的追求，坚信他自己的选择和追求。正如他自己所说的："这个军队具有一往无前的精神，它要压倒一切敌人，而决不被敌人所屈服。不论在任何艰难困苦的场合，只要还有一个人，这个人就要继续战斗下去。"[①] 这就是毛泽东自信的气质。

1945年国共和谈期间，重庆各界邀请毛泽东演讲，突然有人提出：

---

① 《毛泽东选集》第三卷，人民出版社1991年版，第1039页。

"假如此次和谈失败,国共再度开战,毛先生有无信心战胜蒋先生?"毛泽东机智巧妙地回答:"至于我和蒋先生嘛!蒋先生的'蒋'字,乃是将军的'将'字头上加了一棵草,他不过是一位草头将军而已。我这个'毛'字,可不是毛手毛脚的毛,而是一个反'手',反手即反掌。意思就是代表大多数中国民众意愿和利益的共产党,要战胜代表少数人利益的国民党,易如反掌。"此言一出,掌声雷动。毛泽东就是这样不经意间运用"幽默的语言"把他自信的气质明白无误表现了出来。①

毛泽东的自信不是盲目乐观,也不是自我满足;而是源于他对人类历史发展根本规律的洞察,源于他对社会矛盾的深入了解和精准判断,源于他为了崇高理想置生死于不顾的信仰与追求。

4.浪漫豪放、富于想象的气质

毛泽东是一个浪漫豪放、富于想象气质的人。他很爱读唐朝李白、李贺的诗,因为李白的诗文采奇异、气势雄伟、想象丰富,使人读了心旷神怡;而李贺的诗想象奇特、雄视千古,充满着幻想和浪漫情怀。

毛泽东欣赏李白、李贺的诗,他自己的诗也有这样的情怀和气质。不论是在革命战争年代还是在和平建设时期,不论身处顺境还是逆境,他每每以诗言志,以诗传情,他的每一首诗词就如同一幅中国革命的历史画卷,是他真情实感的抒发,更是革命斗争的写照。其中既有"我失娇杨君失柳"的柔肠,又有"为有牺牲多壮志"的豪情;既有"坐地日行八万里,巡天遥看一千河"的浪漫,又有"敢上九天揽月,敢下五洋捉鳖"的豪迈。每一段柔肠、每一段豪情无不透视出他的气质。最令人叫绝的词作《沁园春·雪》,以其撼动山河、摇曳历史的气势,成为中华诗词宝库中前无古人、后启来者的千古绝唱。据回忆,毛泽东早年在湖南安化拜访一位老先生时,老先生写了一副

---

① 参见孙宝义等编著:《毛泽东的幽默智慧》,人民出版社2015年版,第76页。

上联摆在桌上："绿杨枝上鸟声声，春到也？春去也？"毛泽东随即写出下联："青草池中蛙句句，为公乎？为私乎？"其语中的内涵让老先生欣赏钦佩有加。① 在大革命处于低潮时，当行军打仗人困马乏，吃不上喝不上，许多人悲观失望时，毛泽东坚信"星星之火，可以燎原"，并用诗一样的浪漫语言预言革命高潮的到来："它是站在海岸遥望海中已经看得见桅杆尖头了的一只航船，它是立于高山之巅远看东方已见光芒四射喷薄欲出的一轮朝日，它是躁动于母腹中的快要成熟了的一个婴儿。"② 语言的文采，文学的才能，想象的丰富，情怀的浪漫，幻想的豪迈，古往今来，又有几人能与毛泽东相比呢！

毛泽东独特的人生气质，体现在他一生的著作、诗篇中，体现在他一生的革命和斗争的实践中。

精神、情怀、气质这三大要素，对毛泽东来说，就如同是人生建功立业、创造人间奇迹的三件重要的精神武器。崇高的革命斗争精神是激励奋进、树立信心、忘我奋斗、开创未来、走向成功的最强大的心理支柱；坚定和深厚的人民情怀是抵御诱惑、经受考验、迎接挑战、坚守初心、永不变质的心理防线；令人敬服和钦佩的独特气质是增强斗志、永葆诚心、朝气蓬勃、勇往直前、创造业绩、打造辉煌的心理动力。

因为毛泽东具有伟大的精神、崇高的情怀、独有的气质，再加上他一生对共产主义崇高理想的不懈追求及"毫无自私自利之心"、"全心全意为人民服务"的笃厚实践，所以，毛泽东取得了一个又一个的胜利，获得了一个又一个的成功。

这就是毛泽东的奋斗人生。踏遍青山人未老，在革命先辈为我们铺就的康庄大道上，让我们携手奋斗，共创更美好的未来，用繁花似锦的盛世中国，告慰毛泽东等老一辈革命家！

---

① 参见刘汉民：《毛泽东诗词佳话》，人民出版社2013年版，第25—26页。
② 《毛泽东选集》第一卷，人民出版社1991年版，第106页。

后　记

　　毛泽东是中国各族人民的伟大领袖，是中国共产党、中国人民解放军、中华人民共和国的主要缔造者。他离开我们虽然已近半个世纪之久，但他的精神永远与我们同在，永远值得我们颂扬和学习。

　　笔者有幸作为毛泽东的专职图书服务管理员，在老人家身边工作十多年。亲眼目睹亲身经历了老人家为国为民废寝忘食、勤奋读书朝夕不息的日日夜夜，令人感佩至深、怀念至今。长久以来，笔者除了整理毛泽东读书生活的各类资料外，一直有一个思考萦绕在脑中：毛泽东的成功究竟是怎么得来的？是从天上掉下来的吗？是命里注定的吗？还是天才人物的个人奋斗？抑或是所谓时势造英雄？其实都不是。笔者认为，毛泽东的胜利，毛泽东的成功，他所取得的一个一个的辉煌，除了他本人立志高远、胸怀天下，热爱人民、敢于抗争，不怕困难、艰苦奋斗等主观因素外，还有其他诸多客观的因素，例如：马克思主义的思想引领、中国共产党的正确领导、革命同志的鼎力支持、广大人民群众的衷心拥护，以及国际形势、社会状况、自然环境等等因素。所有这些综合在一起，成就了毛泽东奋斗的人生。因此，可以说，毛泽东的一切进步、一切成就、一切成功，既有其主观方面的作用，亦有其客观方面的作用，二者缺一不可，都是非常重要的。

　　正是基于这些思考，我决心撰写一本研究毛泽东奋斗人生的著

作。经过长时间的思考和有关资料的搜集准备,从 2017 年初开始进行书稿的总体设计,之后一个部分一个部分地草拟书稿,经过近四年夜以继日、倾心致志的努力,终于完成了撰写工作。

从这个角度梳理毛泽东奋斗的一生,是笔者首次尝试,尽管思想上很为重视,也确实下了很多功夫,但由于本人知识水平、专业素质及研究能力有限,书中阐述的思想、观点定有不当、不妥之处,恳请读者赐教指正。

本书的撰写,是我的助理和团队几位工作人员共同努力完成的。江苏中远助学帮老基金会办公室的同志帮助做了许多的文秘工作。本书撰写过程中,参考并引用了有关部门、有关专家学者的研究成果,人民出版社的同志们也为本书的编辑出版做了很多工作,在此一并表示衷心感谢。

徐中远

2023 年 3 月 8 日

于北京望京北小河滨河公园玉兰花畔寓所

责任编辑：李之美

图书在版编目（CIP）数据

踏遍青山人未老：毛泽东奋斗人生十二讲 / 徐中远 著 . —北京：
人民出版社，2023.12（2024.2 重印）
ISBN 978-7-01-026201-7

I.①踏… II.①徐… III.①毛泽东（1893–1976）- 生平事迹 IV.① A752
中国国家版本馆 CIP 数据核字（2023）第 246762 号

踏遍青山人未老
TABIAN QINGSHAN RENWEILAO
——毛泽东奋斗人生十二讲

徐中远 著

人 民 出 版 社 出版发行
（100706 北京市东城区隆福寺街 99 号）

北京汇林印务有限公司印刷 新华书店经销
2023 年 12 月第 1 版 2024 年 2 月北京第 2 次印刷
开本：710 毫米 × 1000 毫米 1/16 印张：15
字数：200 千字
ISBN 978-7-01-026201-7 定价：68.00 元

邮购地址 100706 北京市东城区隆福寺街 99 号
人民东方图书销售中心 电话（010）65250042 65289539

版权所有·侵权必究
凡购买本社图书，如有印制质量问题，我社负责调换。
服务电话：（010）65250042